段伟／著

用文字捂暖教育生活

代先洲书之

華中師範大學出版社

新出图证(鄂)字 10 号
图书在版编目(CIP)数据

用文字捂暖教育生活/段伟著. —武汉:华中师范大学出版社,2017.6
(2018.10 重印)
ISBN 978-7-5622-7819-1

Ⅰ. ①用… Ⅱ. ①段… Ⅲ. ①中学教育—文集 Ⅳ. ①G63-53

中国版本图书馆 CIP 数据核字(2017)第 133950 号

用文字捂暖教育生活

©段 伟 著

责任编辑:缪 玲 **责任校对:**肖绪旭 **封面设计:**甘 英
编 辑 室:职业培训教材中心 **电话:**027-67867165
出版发行:华中师范大学出版社
社址:湖北省武汉市洪山区珞喻路 152 号 **编邮:**430079
电话:027-67863280/3426(发行部) 027-67861321(邮购)
传真:027-67863291
网址:http://press.ccnu.edu.cn **电子信箱:**press@mail.ccnu.edu.cn
印刷:北京虎彩文化传播有限公司 **督印:**王兴平
字数:253 千字
开本:710mm×1000mm 1/16 **印张:**15
版次:2017 年 6 月第 1 版 **印次:**2018 年 10 月第 2 次印刷
定价:30.00 元

欢迎上网查询、购书

序：一位中学教师的“底色”

在碎片化和浅阅读的网络时代，应当尊敬那些依旧愿意精心雕琢文字的作者，并感谢他们能让我们从浮躁中安静下来，慢慢地阅读，领悟出一些道理。

经历过农历蛇年最后一个节气后，除了交替的霾与风，这个冬天干涸无水，也许这将是我所经历过的最干燥的冬天之一。与此同时，段伟先生的新作《用文字捂暖教育生活》穿过寒冷，带着炭火的余温摆在了我的书桌上，这摞厚厚的书稿，在我眼中成为一道催生春意的风景，虽然温暖的视域需要在思想中打开花苞和未来的图景。大概是真先生之故，他的书稿专程托人带给我，又无什么要求，莫非是想借用我曾经北京大学的招牌，想想自然有些浅笑。应该为他写几句。

看着书稿的相关回忆段落，我打开了尘封经年的记忆，有必要梳理一下我与段先生的结缘。三十年前我和段先生为了人生的第一考同窗了两个冬夏，那时他给我印象最深的是他不但有国士之风，而且码字来得比我们要快。三年前，易中天教授建议我踩一踩段先生的空间。我在网上读到段先生的一系列文章，不禁为之动容。在我看来，段先生的每篇文章，都有一种穷尽生活命题的雄心和精彩，在这个从博客发展到微博写作的时代，对空间写作如此精耕细作的写作者屈指可数。段先生的勤奋与他如艺术家般对待作品的精益求精成为正比，对于阅读过段先生空间和蒲公英工作室文章的读者来说，我所言大家有目共睹，而一旦将段先生的文章放置在这个风声大作的年代里来观察，不得不说，段先生的文章足以令一干“写作明星”黯淡无光。看得出，他是一个有自己“底色”的老师。这个底色是什么？是主见，是立场，是价值观。尽管他已经踟蹰在天命之年的门槛，但“批判现实主义”的传统在老酒（亦是老九）队伍里已是薪火传继有人。

2012年，段先生的《当年炸米香》《莫言代表中国作家兑现世界“诺”言》成为60后读者的宠儿，不仅收获了广大读者的口碑，也掀动了一场涤荡教师思想的蝴蝶效应。对于段先生的《我的学术生涯》《难忘那顿年夜饭》和《村庄是一块精神胎记》，我的细微感受已经汇聚成文。在本文中就不再赘言，只是想就这本《用文字捂暖教育生活》表达一些私人感想。

说来有趣，《春节随想》是这本书中我最先接触到的段先生作品，而《读书是种“翻墙术”》《感恩教育，别搞花架子》等倒是之前未曾品读过的作品。在这些文章中，我重温初读段先生时的感动和锋利，并寻迹与曾经渴望在血性和咆哮中打开身体与自己相遇。而我的期待是徒劳的，就像目睹自己思想与读写的流变；而除了一些众所周知的涉及当下中国出版以及表达途径的问题外，《用文字捂暖教育生活》也许最大程度上保留了段先生文章的精神，即使我自知这种被现实打过折扣的文章难以保持其完整的思想辐射，而“杏坛语丝”依然在教育随笔类的诸多书籍中成为当下汉语写作的标杆和风旗。

就收录在这本新作中的文章而言，虽然仅仅算得是管窥段先生的文章，但是我以为还是粗略勾勒出了段先生关注与思考的向度，就像书名《用文字捂暖教育生活》一样，这本新作是段先生对“教育、教师”“社会、生活”的独立思考与回答，而对同样生活在当下的国人来说，我们也面临着同样的问题，而对于这些问题的认领，也许，也包含在了“中国教育、教师”的谱系之中。

段伟先生的《用文字捂暖教育生活》不仅是对如何消除教师的职业倦怠做了响亮回应，也代表了作为个体的人的觉醒，这一对于独立、逃避、爱好等诸多价值的不懈追求，只有在成为普遍共识的前提下，才会引起社会大众的共鸣。面对纷繁复杂的当代人际关系，“回味”是一个不错的出处。那么，思考与表达，就成为我们期待不远春天的凭证。

黄　璇

2014 年 2 月 25 日夜于北京

（作者系《经济日报》总编辑、研究员，

北京大学文华学院特聘教授、博士生导师）

梦的家园(自序)

我人生之旅，有过很多的挫折，但也有一些收获和值得回味的东西。它们让我在颇感失意的时候，却又由衷感到些许快活。如果不是及时记下这些稍纵易逝的情感和时过境迁的景物，它们绝大多数会与岁月一起流逝。所以，我十分感谢生活的丰富多彩、人生的坎坷和对语言文字的情有独钟。

当然，如果没有大自然的生机无限，没有人生漫漫、岁月的蹉跎，没有一颗善良、易感的心，也不可能有这么多的思辨与顿悟。是语言文字让我找到自信，找到释放窗口，找到精神寄托；是语言文字让我于困顿、潦倒之时不失尊严和勇气。回首过往，从小学三年级始我一直没有停下读和写的脚步。仔细思量我已经不再是那个空虚、寂寞、无聊的我，不再絮絮叨叨、满腹怨言，不再试图用高分贝的喧哗来证明自己的存在。读和写让我变得温婉理性；文字使人宁静而柔和。文字神奇且又具有韧性的力量指引我前行，为自己的生命着色。

去岁冬天，左脚大拇指骨折，刚刚能正常行走，身体又有些不适，生活的些许不如意，陡然间我觉得自己真的老了。妻子劝我出外走走。我选择了到合肥、郑州、长沙等地转悠。一路上，我见证了都市的繁华、过客的浮浪、凡尘的浮躁，以及一些过去不曾见过亦不能理解的东西。如上学时读过的“日出江花红胜火，春来江水绿如蓝”这句，想象着春天江水应该是碧波荡漾才对。哪知从山里走向长江边时，每每在黄冈、宜昌、黄石、九江等地见到的江水却是浑浊不堪的，便一直以为白诗不合情理咧。哪知，在橘子洲头，眼前的一江碧水又让我惊诧不已！橘子洲尾伟人雕像旁大师名人留下的石刻及感慨，或豪放，或简约，或霸气，或灵动。此时，我才自愧知识的贫乏与认识的肤浅。

是的，行走本身就意味着生命本能的恢复、创作资源的蓄积以及灵感的给养。我在感受大自然美丽的同时，经年积久的病痛也被“医治”好了。

一个人，不可能没有梦想，也不应该没有精神家园。守望梦中的家园，是一种生活境界、一种雅致情趣、一种知识修养、一种人生精彩。

浪迹笔墨江湖四十年，凝眸自己的精神家园，未必枝繁叶茂，却也赏心悦目。尤其是在苦心经营的随笔园地里，我更是付出了较多的时间、精力和汗水。我的随笔，不是雨后疯长的绿色苔藓，喜欢阴暗潮湿的环境；也不是傲然挺立的参天大树，能够留下不老的高度。我的随笔，只是默默无闻的青青野草，在枯荣交替中真实记录着岁月的足迹；或者是痴情不改的朵朵葵花，在灿烂的阳光里昭示人生的追求和不变的情怀。

相当长的日子里，同事朋友中为了晋升有很多人托我代笔，我写作时难免翻看往年的作品，尽管有些稚嫩歪斜，但几近质朴本色，我油然萌生结集的念头。适逢中国少年儿童出版社与我签约重新修订《顶好双语作文》，我便将旧年的札记和随笔选编成集，《用文字捂暖教育生活》一书也因此成形。承蒙华中师范大学出版社编辑老师的辛勤劳动，数篇在《中国教育报》《中国教师报》等媒体上已经刊发的稿子在这次编校中作了适当删改，以期臻于完善。

随笔并非我们生活之外的装点，而应该是生活的一部分。有人说随笔的感觉类似于品茶，有的苦甘参半，有的先苦后甘，有的醇厚绵软、沁人心脾；有人说随笔的感觉类似于旅行，像一个人在飞翔，既是一种孤独的超脱，同时也是一种艰辛的找寻；有人说随笔的感觉类似于聊天，自然是跟知心的人将心比心地聊，总是一个倾诉，一个聆听，然后陷入沉默。随笔纵然有各种不同的感觉，也都是精神在天地间的遨游，是心灵素养的提升——“随笔”是人生的一种享受。

有些年头了，我们教师都感叹书越来越难教，一些孩子难管，一些家长难处。置身教育，我老爱回味昔时的师生之情，愈加渴望获得一种内在的精神层面的暖和，这个时候暂时逃避现实与文字同行是个不错的方式。漆黑的夜，我分明触摸到它可感的温度：“绿蚁新醅酒，红泥小火炉。”无论是朴实率真，还是婉约凄楚；不管清新优雅，抑或激昂浓烈，文字，就像是滴滴美酒佳酿，片片红炉木炭，一直温暖着我沧桑而又快乐的教育生活。与文字相处，共度华年，视文字如故人，情谊深入骨髓。

回望前路，我很庆幸自己职业生涯中除了神采飞扬的传道授业，还能与文字结伴而行，行生新知，在我的“教育理想国”里，有真实的故事，有对现实的理性反思，有充满矛盾的妥协，有理想化的探索。

起身，站在东四十条的天桥上，晒着深秋温暖的太阳，看着轻轨如巨龙般滑过，我的心如夏日夜来香花瓣，亦如出水芙蓉般慢慢舒展开来。往日那些灰色的念头蓦然似晨雾，经风一吹，无踪影了。

我知道，《用文字捂暖教育生活》一书是对我沉睡灵魂的召唤，我应该毫不犹豫地向世人献出我的文字！在这本书付梓之际，我还想用一句话作为自己的心语低诉：对于“梦中的家园”，守望是永恒的，“遥望”却不是终极。

段　伟

2011 年深秋于中国少年儿童出版社

目　录

读书旅行

生 活 碎 片

杏坛语丝

读书旅行

1
要读一些需要“啃”的书

我以为，要想自己的审美能力和水平在“上台阶”式的阅读中不断提升，就必须摒弃那些庸俗、低俗、烂俗的书。也就是说，读书要追求精神“进化”，最好是读需要“啃”的那种书，即经典和原著。

20世纪80年代初，我刚进大学时到图书馆借书，我向一位图书馆理员请教：“我是新生，应该借些什么书阅读呢?”他说：“先找一些经典和原著打基础吧!”旁边有位教“训诂学”和“典章要籍和检索”的老者笑眯眯地告诉我，他能从一年级学生的借书卡上的借书记录中预测出这些学生将来的成就：毫无规律胡乱借书的难有希望，借书卡上空空荡荡的令人叹息，借书卡上密密麻麻的也叫人摇头。大学生的课外阅读是其走向精神成熟的起点，因而先要做一点打基础的工作。垫什么底，就会建出什么样的楼。因此要尽量把底垫得结实一点。四年时间不长，要选择一种省俭方式，而最省俭的打基础方式就是选读经典和原著。我听了很感动又受启发。

为何要多读经典和原著？因为经典和原著的思想内涵和知识含量是非经典所不能比拟的，“经典一部胜杂书万卷”。经典不仅仅具有无可复制的文学性，更是著作者表达和交流的工具。经典要表达的多是作者对生活的所感所思和他自己的欢欣与疼痛。他不会刻意迎合什么，自顾自驰情抒怀，至多是等待有分量的读者。曹雪芹在“寒冬噎酸齑，雪夜围破毡”的窘境中写《红楼梦》，只是想写出“一把辛酸泪”，并没有想到把它做成畅销书，赚它个盆满钵满。

经典大多关注事物的内部，触及事物坚硬的内核，旨在揭示生活的本质。对于轰动一时的新闻事件，经典总能深入其中，烛照出事件背后人性的晦明。《安娜·卡列尼娜》和《包法利夫人》都取材于当时沸沸扬扬的桃色事件，是大报小刊追逐之“八卦”，人们往往好奇“爱河饮尽尤饥渴”而忽视驱动故事萌生、推进的内力。列夫·托尔斯泰和福楼拜这样的作家，凭借他们天才的洞察力，“废寝辍食，锐意穷搜”地描绘了主人公的热情和梦想、挣扎和无奈，揭示了人性的丰富和局限。

由于经典过于在意那些本质的东西，所以常常会忽略表层和细节，在表现形式上，大多“冷脸示人”，少了轻盈妩媚的姿容，往往让那些渴望阅读之“轻”的读者易对经典产生隔膜，以至无缘触及来自人类杰出大脑的感受、智慧和发现。

品读季羡林等编著的《禅与东方文化》和一些大家的散文随笔，经典的显性轮廓逐渐清晰，转而形成了一个明确的认知。那就是，但凡经典的作品，莫不是作家用自己的心血凝结而成，人融于文，人文合一，莫不是作家的人格魅力和作品的艺术魅力完美统一。

季先生的作品是他心灵的一面镜子，真实地映照出其近九十年坎坷、曲折、追求、奋斗的人生历程。他的文字朴实中蕴含幽美，静穆中饱含热情，飘逸中不失遒劲；淳朴亲切的娓娓道来蕴含着深刻的人生哲理，行云流水般的文字凸显着一代学人的人格魅力。很多时候，不知是季先生的作品感染了我，还是季先生的人格感动了我。

常听到人们说：原著总是艰深的，“经典太难懂了，我啃不进去”，不如读第二、第三流的作品省力。当然，人各有志，选择读什么旁人不能干涉，但不得不说：仅仅为消遣读书，就会被那些稀释了的书籍框住，自己的情趣、格调、眼光、追求等也会难有提高。

读经典和原著的确很难，但如果费点力地深入到书里，你便能知其足可以一当十，给人指点迷津，费些力也是值得的。毕竟，注释本和今译本隔了一层。真正的读书人，要截断众流，还归本义，最好少看赏析类作品，因为解读和赏析可能导致“先入为见，迷人眼睛”；真读书、能读书的人应从解释者的角度跳出来，充分发挥想象力，用心去体悟原著，学以致用，择善而从。

慢啃《汉书》，方知班固批评太史公“是非颇谬于圣人”；重观《史记》后“温故而知新”，常有“横看成岭侧成峰”的丰富感，皆与班固“其文直，其事核，不虚美，不隐恶”评价有关，风物互证中，让我们领略到不一样的风景。

作家秦牧在谈到读书时，主张采取牛和鲸的吃法，即“牛嚼”与“鲸吞”。“牛嚼”顾名思义：老牛白日吃草之后，到深夜十一二点还动着嘴巴，把白天吞咽下去的东西反刍，以嚼烂嚼细。他指出，我们对需要精读的经典和原著也应该这样“熟读玩味”，嚼得极细再吞下。与其花时间去挖无数个浅坑，不如专注地凿一口深井，因为甘甜的泉水总是深埋在地下。

“一切诸经，皆不过是敲门砖，是要敲开门，唤出其中的人来，此人即是你自己。”这段话可以从不同角度理解。我则想借它来说明在阅读经典的过程中，读者的角色与经典一样重要。经典很难读懂，炼的是耐心，磨的是心性。《尤利西斯》部头很大，它用意识流表现手法，描述了都柏林一个苦闷的小市民在某一昼夜间的琐碎经历。这样的作品，需要以一种宁静、平和的心境去咀嚼。20 年前，始读《道德经》，感觉很难懂，但我还是坚持“啃”下来了，读了一段时间，感觉我古文水平提高了许多，对世界的认知也变深刻了一些。阅读《传习录》时，我陡然发现自己不再只是“照着讲”，偶尔也会“接着讲”，自己的生存状态和精神状态随之也有了较大的改变。这一经历似乎印证了无论是“照着讲”还是“接着讲”，最终还“是要敲开门，唤出其中的人来，此人即是你自己”。

（原刊于《中国教育报》2016 年 6 月 6 日）

2
阅读是种安静的力量

“读书之乐何处寻，数点梅花天地心。”我的文学素养，应该是从初中开始的，属于中西合璧、古今耦合较为繁复的那种。

讲述抗战初期冀中白洋淀地区抗日故事的《新儿女英雄传》，是我读的第一部小说。激起我欲穷尽其详的是开篇第一句：“牛大水二十三岁了，还没娶媳妇。”及至高中，语文老师说这是设置悬念，把读者引入牛大水和杨小梅充满了矛盾冲突的爱情风波，从而进入了故事的激流。闲时得空及暑假期间，我读了《青春之歌》和《林海雪原》。稍后，一位来自书香世家的同学给我带来了节奏舒缓、文笔细腻、意境隽美的外国文学《牛虻》。《堂吉诃德》是我第一部“根底”书，似有神助，它是我在澡堂洗澡时捡回的。杨绛的译笔风格颇有《西游记》的趣致，前几年我看钱锺书的《堂吉诃德》读书札记，屡次以《西游记》的文辞意境与之比较，方识缘由。后通过屠格涅夫、周作人、索飒等人的分析重观故书，才见出第二部中有少不更事时难以察觉的世态炎凉。结尾“魔侠”重见自我一节，尤有意味，无此节便收不起整部大书的“满纸荒唐言”。

“There is always room for the top.”（顶尖的人永远有位置。）许是天意，大二时英籍教师 Dominic（多米尼克）成了我学习生涯中至关重要的人，他告诫我刻苦努力，多读书，争取成为一个旗帜性的人物。我的欧美文学名著阅读，十之七八都是在这一时期完成的，最打动我的是普希金的《欧根·奥涅金》。这与二十岁上下的青春萌动虽不无关系，但查良铮的译笔委实让人一咏三叹。读毕，尽数日之功抄录精彩华章，至今仍珍藏私箧。毕业后方知查良铮就是诗人穆旦，偶读过别家译本，却大有“曾经沧海难为水”之感，凡是查良铮所译新印本我一定收藏，试图找回那“巫山上的一片云”。

那时我手不释卷，读书成瘾，几近疯狂。寒暑假的晚上我都是带着对于故事下一步发展的猜想，在母亲的催促下依依不舍地上床睡觉的。巴尔扎克、司汤达、福楼拜、托尔斯泰等的作品都是我鲸吞的对象。印象深刻的是陀思妥耶夫斯基的《白痴》和《白夜》，外在行为是如此现实，内心世界又是如此理想。雨果的《悲惨世界》也属于此类，既是如此真诚，又是如此残酷。

“有回忆才是完美人生”，在文学研究领域，《追忆逝水年华》已经被捧到很高的高度。那种漫长得风雅、细致到繁复、“把一根头发劈成四根”的文风，真乃阳春白雪，敬然后远之，有一次都读到还差五分之四左右了，我死活读不下去了，因为觉得这位大师的路子我已经熟悉得差不多了。倒是同样云淡风轻、含蓄蕴藉揭示一个家族三代人命运沉浮、纠结爱情悲剧的《穆斯林的葬礼》让我曲终掩卷、回肠荡气。

成家后，迫于工作和生活诸多琐碎之事，几乎没有时间满足自己的爱好，阅读跟着影视风行的感觉走。钱锺书“锱铢积累”的《围城》，一些评论认为其把语言运用到了登峰造极的境界，可我感觉作品固然文采斐然，但“无人不讽，无处不讽”过于随意，有些繁化比喻，初看新奇、玄妙，细推敲喻义难明，有卖弄之嫌。张艺谋《红高粱》在柏林拿回“小金熊”后，意象奇诡瑰丽而又充满诗意的莫言作品成了我解乏解渴的主要读物。莫言的作品，很多故事题材来源于乡村，乡土气息浓重。某日我在地摊上淘了一本《丰乳肥臀》，偷偷摸摸地带回家，阅读后发现，书中深重的民族灾难让人忽略了穿插其间的男女情事，不仅没有解我的“荷尔蒙之馋”，反而引发了我对人性和道德的思考。

电视剧《汉武大帝》热播之时，我想作为读书人居然没有完整地读过一本史书实不应该，刚好有人推销印刷精美的《资治通鉴》。原来文字如此简洁直白，那流畅自然、富有节奏感的文笔读着读着总让人油然而生一种想要开口朗读起来的冲动。不过，相对于虚实相间的小说，史书有太多芜杂的琐碎记载，把主线遮蔽得有些模糊不清。然而细节有细节的精妙之处，因为虽然撰写史书的史官难免也受到某些思维导向的影响而有意无意地隐此扬彼，但所谓“细节之中有魔鬼”，某个历史人物的性格会在一些细节之中若隐若现。尤其当这性格其实不同于史官以浓墨重彩着力涂抹出来的印象时，是非常有趣且引人遐思的。细细思量，揣测着历史中那个人的真实性格，就跟看推理小说时绞尽脑汁地破案一样有趣。

这些年，读过的经典越来越多，让自己特别触动的书却越来越少，对很多书虽有认同，却很难再有震撼。看到报刊媒体总是说到一元论和多元论，我追根溯源的犟劲起了作用。以赛亚·伯林的《俄国思想家》，让我感受到了久违的“读书震撼”。“狐狸多知，而刺猬有一大知”，伯林从这一隐喻中获得启发，进一步发展出思想史研究的两种理想类型，用以阐释一元论与多元论的不同思想类型。其实，伯林本身便是一位狐狸式的人物。他由价值论的多元论发展出方法论的多元论，即研究方法依对象的变化而变化，这恐怕才是他偏爱“借他人之酒杯，浇自己之块垒”，即通过思想史来拓展政治理论研究的原因所在。从根本上说，我们便不能用刺猬的标准（一元论的万能体系）来衡度狐狸的才情（多元论的思想风格）。他月旦人物，裁量文章，不但能够一语传神，而且谑而不虐，饱含智慧与幽默。对于那些观念、性情、风格绝异，文化背景也迥不相侔的人物，他尤擅挖掘这些不同人物的内心世界。牛津爵士一生身泰名遂，可他对于那些笔端老辣多刺、思路狞猛怪异、性情畸零寡合之“思享者”，偏偏独多精识慧解，犹如老吏断狱，推理层次分明，往往是一掴一掌血，一鞭一条痕。

鉴往知来，汲古启新，少时嗜读说部，图一个“好玩”，连缀人事与语言，揣摩情怀与智趣，潜移默化中，也影响到我后来在学术思想与文章修辞方面的表述。在姗姗来迟的“志于学”的年纪，我总算找到了读书的方向。然而，真正影响我的书，是那些以个人的记忆、智慧乃至生命都无法全然掌握的经典。它们的灵魂随时可被唤醒，却又在遥不可及的时间尽头向我招手。

深宏俊迈，颇具汉赋气象典范之《曾文正公全集》是为首选，在人情世故上，哪有臻于化境“本来无一物”？能遇上个把懂得“时时勤拂拭”的，已很难得，曾国藩光风霁月、出神入化，堪称无二。“非上上智，无了了心。”简练明隽、儒释道兼修的《菜根谭》虽字数不多，但却融入了人生最深的感悟。细细回味，竟如润水溪流于口，那种滋味实是清凉至极。顺藤摸瓜我开始接触阅读生涯里感到如登山崖、如临渊谷的《周易》《庄子》《道德经》和佛家经典。

始读易经，发愤研习三月后进入境界，万籁俱静的黑暗谷底，仿佛登临文明的巅峰：易经达到天人之际，触击了本体世界，但并未深入讨论本体世界与现象世界的关系，更未能反转本体与现象，以达到颠覆现象世界的奇效。结果只是在现象世界擦边打转，殊为可惜。

与大多数研修佛家信众相同，我涉猎的内容也是最有哲学意味并深入本体世界的般若部，而般若部的翘楚又当推那部简短的影响深远的《般若波罗蜜多心经》。五祖寺方丈正慈法师告诉我，六百部的《般若经》可以浓缩为一部五千字的《金刚经》，而《金刚经》再可浓缩为二百六十字的《心经》，《心经》的一个“照”字，可以概括六百卷《大般若经》，所谓“破微尘出大千经卷”。每当闲暇信手拾来，展卷开阅，顿觉豁然开朗：如此清新空灵的文字，可以贯通现象与本体，反转两者及其关系，助人颠覆现象世界，进入本体的光明。它流进人们的心田，开出无数幸福安详之花。此刻，阅读是一种水滴石穿的力量，涓涓淙淙地影响着你，自有一种取法乎上，绵不绝、清澈底。

靡不有初，鲜克有终。生命是一段旅程，在经年中前行。越是没有功利的阅读越能涵养人的性灵，阅读是生命超越的力量。作为一种内力，阅读的力量是生长性的。以技能训练为指归，而以兴味的涵泳、人格的滋养为本真。他像古典诗境里那个乘兴而来、尽兴而归的隐逸者，自觉远离功利的推手，让思想在白云生处放歌起舞。这样的力量，或许一时还难于对应具体的、世俗的目标，但，这种力量从来不会消逝。一点一滴，一页一行。

（原刊于《中国教育报》2016 年 2 月 22 日）

3
我阅读和思想的进化史

少时跟着成人到处看露天电影，幕布带来了一个陌生的世界。电影里的人穿的衣服、说的话、吃的食品以及喝的咖啡，都让我感到陌生。这种差异打破了我对世界固有的认知，让我的内心在僻静的乡村里接收到了外面的一束光。

在那个饥饿逼迫着我们的时代，外面的世界对我来说是无用的。我被身边极其贫乏的生活状态裹挟着，我关心的是如何果腹，如何蔽体。大米白面与什么搭配都好吃，趁着大人们都到远处施肥除草，邀上发小躲入甘蔗田偷偷嘴，事后感到唾液都是甜的。

那时候的欢喜多是感官的。喜欢春节，春节意味着可以穿上一身新衣服，吃上鱼和猪肉。猪肉，差不多是一个家庭的存折。湾子里如果谁家多买了两斤肉，都会引起全湾子人的注意，这家孩子在玩伴中的地位都会有所变化。

这种贫穷而封闭的生活状态，虽有悲凉但也安静。盛夏纳凉，在老人讲古中吮吸《瓦岗寨四十六友》《薛刚反唐》和《封神榜》，与故事里的人物同喜同悲。九岁那年的一天，在满是苍蝇蚊子的茅坑砖缝中我得到一本残缺不全的《神笔马良》，尽管弄不清“半半的半个童话”、“向左左左转先生”这些绕口的名字，但似懂非懂中我特别希望拥有“一盏不灭的灯”和满足我夜间行走、看书的“夜明珠”。

对远方的想象与渴望，是我思想发生改变的开始。

我的中学在一个离家几里外的小镇上，当时寄宿住校，大约所穿所用几无变化，思想上发生的改变也并不大。唯一变化的，是分数，是年月的积累以及对青春期孤独的抵抗。这一时期的阅读，是最混沌的经历，没有儿时的清灵空寂，也没有后来的高雅幽深。只是一味饿呀，渴呀，如同泥沙俱下，茹毛饮血地去读，好似大火炒猪肝，起锅就吃，不问腥臊。有许多“来路不明”的书出现。班级里总有一个富有藏书的少年，而他本身不怎么爱读书，只是乐得被众人围堵。比如，一个叫“三狗儿”的同学，他总是源源不断地提供大量“老书”：《东周列国志》《三言二拍》《七侠五义》，甚至还有《水浒传》。我当然全借来读了，现在似乎也并没太多印象，不过，每一本书都被翻得像泡了3年的咸菜疙瘩。毕业前大多数孩子想着毕业回家如何致富，我则有一点不甘心，特别渴望能去体验体验儿时看过的电影里所展现给我们的生活场景。一位来自武汉的知青老师单独找我谈话，鼓励我把书读下去，告诫我多读几本大部头以增加知识储备量，避免日后胼手胝足，面朝黄土背朝天。约莫一年后他走了，不过目的地不是武汉，而是美国。我的一些“不合群的想法”源于他送给我的《青春之歌》和推荐的几本读物，尤其那本《牛虻》，读，摘，评；再读，再摘，再评，百读不厌，“赔”了不少时间。即便自此我们再无往来，但在我记忆的锦盒里，始终珍藏着他的情、他的恩。

我的高中在离家较近的县城，小山城破败，充满市井气，有一股泼妇骂街、披头散发的味道。学校就在闹市区，前后左右都有深巷子，特别是左边和前面，人入巷子，会见到打牌的老人、被老婆骂的男人，和一只手提着尿桶一只手拿着油条的“传奇”少妇等。课余时间喜欢跑到后面师范学校的院子里，那里橱窗的报纸准时更换，常常听到外地口音老师对时政的评论。之后我几乎每个星期天都不得空，成了老师们的“御用”帮手。但是这些来自京沪穗和省城的老师，其饮食习惯让我大开眼界，花样繁多的食物，让我对以前的生活方式有了质疑。尤其是对相同的一件小事不同的处理方式，加深了我对“一方水土养一方人”“人上一百形形色色”的认知。我的思想发生了变化，我想待在城市，实在不行县城也可以，我想摆脱饥饿感，它比孤独感来得更持久和猛烈。

我没有按照老师跟我说的“读出未来”，而是被老师推荐到农村中学做代课教师，小兽一般，多动、热情，但感觉还是像待在“笼子”里。从一开始我就觉得自己迟早要离开那种状态。工作也好，生活也好，多是浅薄而激烈的。乡村教师大多“白天站讲台，晚上守婆姨”。作为物质和精神双重匮乏的夜间留守教师，我唯一可做的就是读书。我卧室兼办公室的隔壁住着一位曾经兼任过省革委会副主任的武汉大学教授，因“文革”而到乡村中学任教。即便是“黑五类”，他依然不卑不亢，智慧无穷，口吐莲花犹如懂美学的牛顿、懂人类学的梵谷、懂孙子兵法的甘地。他有超常的记忆力，读过的书信“口”拈来，令我想起了唐代的“两脚书橱”李善和当代的钱锺书。他那自信从容的面庞，是我所见过的最具轮廓最帅气的一张脸。他见我读《资料卡片》《读者》和四大名著，特意手书“一本一本的书，就像一节一节的脊椎，稳稳地支撑一个不一样的人”的条幅送给我。同事看着这幅结构奇险率意、变幻灵动，形态清新飘逸、力透纸背的条幅，特别羡慕，妒忌我跟他投缘。要知道县城大礼堂里他给写的五个大字，他每个字收费一百，比他一年挣的还多。他好读书又不尽信书，每有已见，便形成文字，常有文章在报纸、杂志上发表。得益于他的影响，我读书而能思考，思考而能动笔，就是从那时起步的。每见我手持书卷，他会微笑示意，多次调侃“尔乃乡村老九的一抹惊艳”。他鼓励我坚持阅读，成为一个痴迷执著的阅读者、一个挑剔刻薄的欣赏者。大概是身处逆境，他不想多言，建议我除了小说应多涉猎一些东西方的哲学书籍。后来《诗经》《楚辞》的世界，老庄孔孟的思想，李白杜甫的辞章，也构成了我生命中激荡两年的青春时光。

得益于《美学概论》，我对《掷铁饼者》即将抛出的一刹那，空间中凝固的永恒；诉说雨后一尘不染的天空，湛蓝、悠远、纯净的Canon钢琴曲，始有粗略了解，充满奇妙幻想律动的声像世界里，我进入了另一个世界，恍惚间自我感到有些升值，加了些许“本钱”。

每每杯酒微醺，我会情难自禁地把玩《兰亭序》，那遒美劲健的笔姿、疏朗静雅的字态、从容平和的气息令人心神往之。也不知何年何月起，我特别渴望得到羲之先生不激不厉、道法自然、博涉众美之密码，那玄之又玄的众妙之门能否为我而开？

有时候思想的改变，未必定然是深刻和正确的，比如利益的诱惑，当我们被赞美，会被这赞美的掌声牵制，会在很长一段时间里骄傲且自我满足。当《点拨中高考》和《黄冈中高考兵法》被大江南北学子奉为“秘籍”时，很多教辅“大牛”都找上门来，非要我写上一个章节，我欣然接受了他们的要求。我年轻、勤奋，将自己所有才华都给予了出版商和英语专业报刊编辑，并博得生存的宽裕。这一切仿佛都没错。错的是什么呢？我的认知，是我对生活的理解。

我所理解的生活在某个细小部分分了岔。这是一个可以深入的话题，事关价值观的不同和对人生重要性事物的排序。一个人如果在追求物质丰富的路上走得很快，那么，便容易被物质所俘获。这样的人比比皆是，我们不能谴责那些为了生存而抛弃梦想的人。一个人只有解决温饱之后才有资格谈梦想。但尽量远离那些被物欲框住、整天谈房子和金钱的人，他们会消解你的意志。

退一步来观察生活和人群，我们会更加宽容，允许成功者的自恋和吹嘘，更要理解失败者的愤慨和抱怨。成功是一个人的圆满，失败是一个人的尝试。这些都是人生的伴随，是经历，是以后可以回忆的段落。生活老是藏满许多秘密，而答案，往往挂在我们未来之路的某棵树上，你不走到那里，就无法看到。

从"剪刀加糨糊"到"复制加粘贴"的教辅制作过程中，因满足"扯虎皮拉大旗"丛书序言之需要，在出版社和策划人的介绍下我接触了一些学者和文化名人。一跟他们谈话，我就像一个站在文化碎片上的透明人，苍白的脑袋无法隐藏。他们以王者的形象在我面前闪耀，举手投足间都透露出阅读后的自在风采。相较之下，我只是一台在 MP3 时代里的录音机，过气也无法调整。我最引以为傲的论述，恐怕只是他多年前书架上某本书里的某段文字。我原以为看了太多的书籍，在一定的圈子里是老到的。此时我才发现自认为的极限其实只是别人的起点，跟大家过招，我脆弱得像一支暮夏的柳条，经不住什么风雨。

这个认知让我重拾书本，从"韦伯：黎明将至，长夜漫漫。正因如此，才更凸显社会守夜人的品格，更体现知其不可为而为之的悲壮"出发，翻阅黄梵的《第十一诫》，比萨特的《恶心》还让人恶心。在主人公齐教授身上，我们看到走向堕落的知识分子"象征性的背影"，权力正在通过金钱和地位来诱惑知识分子放弃道义与良知。费振钟的《堕落时代》，与其说它是一本关于晚明文人的书，不如说它是一部有关人的现代性的书。走近晚明的文人，让我们嗅到了"堕落时代"的酒气，让我们看到了"堕落时代"酒色过度后的回光返照。他们酒后佯狂、装疯作傻，倚疯作邪的病态成为常态。而晚明文人的病，绝不仅仅只属于晚明的文人。

借助披沙拣金、剥茧抽丝式的阅读，从中发现文质俱臻、衔华佩实的优秀作品，是件激越难耐、感奋惬意的快事幸事。我开始渐渐修正之前的认知，在重新认识这个世界的过程中，我渐渐变得理性和温和。如同我看书，四十岁之前读书，我在阅读过程中处处与作者为敌，老是疑问，"这怎么可能呢?"而四十岁之后读书，一定是先读完全书，在理解了全书之后，再去细思其中的合理性。

我所修正的人生观细小部分停留在日常生活上。比如，我开始吃一些早期回避的食品：生姜、香菜和大蒜，这些气味独特的食物曾经“伤害”过我，现在我的胃口记忆松动，开始食用它们。也许，时间才是修正我们眼光的精密仪器。这样的经验，我估计每个人都有：多年以后，发现某个人并不像自己想的那么坏，或者，并不像自己想的那么好；甚至，曾粗暴地对待过某个人，不免心生愧疚。很多情感和心境，我们总要在很久以后才能有所体验，有的或许已转化成生活的礼物，有的则铸成一生的遗憾。

2015 年我加入中国教育报刊社蒲公英评论，随后升级为特约评论员，与《中国教育报·读书周刊》（文化版）和《中国教师报·课堂周刊》（评论版）编辑相遇，既意外，又似乎心中有约。我开始从多年积淀的错误或经验里汲取养分，滋养着我一路走来心路历程的文字，加之思考的宏富，笔下的妖娆，成了签约教师中的高产作者。《“一带一路”需要中国版的“跟我学”》一文得到人民网领导的认可，成为“新丝路中华文化推广及属地采风团”15 人中的一员。写然后知不足，我需要用更多的知识来填补自己，让思考变得有普遍意义，让灵魂更饱满，更完善。

这个暑假我变得特别慵懒，侃大山、上网和打牌俱感兴致索然，静坐一隅拿起书本方得舒适。我意识到阅读无法从我生命中剥离，它如同载歌载舞的流水，给了我生命的鹅卵石温润和美丽的花纹，滋润着我生命之根。

（本文被北京师范大学出版社和人民教育出版社
《国培这几年——学人者说》收录）

4 我的学术生涯

尊敬的刘道义教授，尊敬的各位专家、各位同仁：

大家下午好！

我叫段伟，来自毕昇故里、丝茶之乡的湖北省英山县。

作为一个普通的中学教师，写钦定的文章“我的学术生涯”实是有些惶恐。提到我的学术生涯，说白了就是我的教书生涯，即20多年来从教的经历和感慨。20多年了，当摸到学术大门的门槛之后，再回顾那爬摸而过的弯弯的小路，沉思那踉踉跄跄的足迹，酸甜苦辣，五味杂陈。如普希金所言：那过去的，就会成为亲切的怀念。

我是一个半途出家的中学英语教师。高中毕业没能力和运气挤过独木桥，在“峥嵘岁月”中，登上了中学讲台，“为人师表”。天知道，我中学时代的学生生活，既难为人“师”，更不堪一“表”：学业严重偏废。

十五岁来到县城，那时候我虽外表羞涩，但心智颇为成熟。家穷，比不上人家，我相信命运，所以没有怨言；但我爱好看书，为自己制造许多幻想。兄弟姊妹多，我排行老幺，父母自然关照不到我。曾经的贫穷，情感的落寞，成了我生命的空洞，深入骨髓，亦成了人生不菲的财富。

20世纪80年代初，国人时兴“学好英语数理化，走遍天下都不怕”。青年学生多半一心扑在英语数理化上。而我则是“天不怕地不怕，唯一头痛数理化”。上一节数学课，简直比坐一年牢还难受。曾记得，我中学时代的数学老师是一位说广东话的男老师，恨铁不成钢的他，对我“恨之入骨”。发练习本时，他总是亲自发到每个同学的座位上；可每每到我时，他从不肯屈尊到我身边，而是像浴室的服务员扔毛巾一样，“呼啦”一下掷到我的桌上。不知咋的，这种刺激非但没有激起我的奋发，反而倍添我对数学的厌恶。

有人打击，也有人抬爱。政治老师就蛮喜欢我。我这辈子当的最大的

“官”，也许莫过于那位先生曾赏赐我的政治科代表了。

人在成长的记忆中，若有残缺或亏欠，便设法去填补。于是，我带着木箱，把自己抛入一个边缘的职业——代课教师。

踏入教师的第一步我就后悔了。迷茫，不知所措，几乎让我窒息。代课教师社会地位低，没有经济保障，时刻有被炒鱿鱼的危险，萍飘如絮，有种“处处无家处处家”的悲哀。经济的拮据，精神的困惑，生活的艰辛，让人灰心之至，万念俱寂。我一咬牙，决计参加高考，心中暗想，横竖就一次。真是老天有眼，第一夜我躺在大学宿舍的床上，看着上铺的床板，发愣：“癞蛤蟆真的吃上了天鹅肉?”宛若范进中举，疑在梦中。

笔走至此，难免有些自怜自叹。生活之路是曲折的，代课所获得的可怜薪水，想买件像样的遮羞布都难。一日，有同事告诉我：段伟，你的文笔那么好，咋不去写稿子赚钱？×××每个月的稿费有百多块呢（当时教师工资月平均不足50元）。不知憋了多少汗水，熬了多少夜，结合教学所得和他人成果，才写出来一个《So…that句型及其他》的“豆腐块”，不知天高地厚地投进了《中小学外语教学》编辑部。大概是歪打正着之故，约两月后，还真的收到了平生第一本样刊和19元稿酬。乐得我翻了一夜“烧饼”，难以成眠。也因此踌躇满志起来，以为吃了人间的小菜，就可以作天下的文章，对“豆腐块”已有些不感兴趣了，梦想搞一篇“大块头”的文章，或一本教辅读物一惊四座。于是，写论文的欲念就这样萌发了。写什么呢？我就凭借肠子里那么两滴墨水，一点可怜的教学经验，东拼西凑，妄想写出一鸣惊人的文章来。奈何，闭门造“车”，车的轱辘无法转动，屡屡试笔，屡战屡败。几次败北，每当退稿信传到同事手中，他们总故意捉弄我，说是稿费寄来了，要我请客。他们的话无异于掴了我一耳光，那狼狈窘境至今铭于心怀。

打那以后，一接到编辑部的来信（90年代后绝大部分稿件是泥牛入海，各编辑部因人手不够都不退稿了），我就像一个捉襟见肘之人，偶尔在马路上拾到钱包一般，匆匆往口袋一塞，避开同事，怀着忐忑不安的心情，拆开编辑部的信。连我自己也奇怪，意志较薄弱的我，竟没因校长对我“不务正业”的斥责，没因他人的嘲讽而放下手中的笔。我咬着牙，厚着脸皮，坚持在学术这条曲折的小道上探索。佛说“心诚则灵”，我相信它！终于，我收到《中小学外语教学》编辑部给我的一封出自易代钊教授之手的退稿信（后来才知道作为中国最权威的英语杂志的资深编辑，他扶持了很多像我这样的作者）。其大意是告诉我宜先从练习和词汇讲解入手，厚积而薄发。那滋味，不亚于生了孩子到派出所上户口一样兴奋。其时，在一个学术会议上有幸结识了两位学有建树的前辈：原黄冈中学杨方正老师和湖北省教研室陈辉岳老师，他们宅心仁厚、其直如矢；其学问、襟抱、道德、文章，尤令后学敬仰。在他们的奖掖、擢拔和编辑老师的悉心扶植下，在学术的道路上，我开始留下了一些歪斜而清晰的履痕。

说到学术探索的历程，不得不提的是我形形色色的“改行”。因为我认为改行使我的稿件质量陡增。这里所说的改行，不是真正意义上的改行，而是校内分工的变动。

代课期间，由于没有“合法身份”，我是“革命的一块砖，哪里需要哪里搬”。教过除语数以外的中学其他所有课程。令人啼笑皆非的是，我从没学过生物学，所在学校因生物老师调离，校长安排我教植物。当时我刚好参加专业合格证语文学科培训，学校准备安排我下学年起教语文。所以，一边学着中文专科的教材，一边教着风马牛不相及的植物；一边听着老师讲唐诗宋词、说文解字；一边又给学生讲遗传变异、植物的分类。朋友们戏称我为“杂家”。我自个儿想：“专家”也罢，“杂家”也好，我不仅要把书教好，而且还要把稿子写好。

大学毕业后，我想这下算是“功德圆满”，教英语有“护身符”了。哪知，重新分工后的学校领导安排我当微机室管理员。每天开门锁门、开机关机，跟培训学员讨价还价，添置财产、购买配件等东西，形色匆匆地往返于学校和商铺之间。一些同事见我这般模样，便笑，他们笑，我便也笑，只是笑的味道不一样。不过管理微机，让我较之其他同行，先接触到电脑，为日后“高产作者”的形成埋下了伏笔。

1994 年后，我才调到了现在的这所重点中学，正儿八经地教起了英语。满以为这是所“人丁兴旺”的中学，自己是科班毕业，应该是顺风顺水、波澜不惊的了，优哉乐哉地干了三年。1997 年因受小学学制五改六的影响，学校教师过多，得到校长的“赏识和器重”，推荐我到一所乡村中学去支教。那是一所教师奇缺的学校，因我有“万金油”的美称，领导安排我除教英语外，还搭上节假日辅导学生写作、办校报的任务。适逢省教研室组织论文评选，领导极力鼓动我以该校教师的身份写两篇论文，一篇是英语，一篇是语文。结果语文教学论文是一等奖，而英语教学论文仅得二等奖。新老同事们都一头雾水：英语教师写的语文教学论文竟得了一等奖！

1995 年在《英语辅导报》武汉编辑工作会议上，经华中师范大学舒白梅教授引荐，我有幸结识了刘道义教授，她严谨的治学风格、宽厚的待人原则、执著的人生追求影响了一代学人。通过半年的联络，她给我定调为：煮酒论艺，品茗著书，精育桃李。在她的鼓励和点拨下，多年来我热衷于写商榷和质疑等方面的稿件；我的性格特质本身就是属于那种幼时欠修理、长大欠收拾的“二愣子”，因而我的稿件，有时像《皇帝的新装》中的那个孩子，敢问所有人都疑惑但碍于各种理由无法问出的问题。1998 年 9 月发表在《中小学外语教学》的《JEFC 教材误点榷谈》就是这一阶段的作品，人教社总编辑龚亚夫教授戏称我是“嬉皮笑脸的人做了冷峻坚毅之事”。2006 年《英语学习辅导报》6 月号社论《中考改革与试题同行》和 2004 年 9 月发表在《英语辅导报》的《试论中学英语教学“知”与“能”的关系》分别被评选为当年年度十佳稿件。由于刘教授的提携，《英语辅导报》《英语周报》《学英语》《英语学习辅导报》《考试研究》《现代教育报》先后均约请我担任了专栏作者。

回首纵观，25 年的教学之旅，确实还没正经地教过几年英语，总是身不由己地“改行”兼带“搭头”。正如鲁老前辈笔下的阿 Q：没有固定的职业，只给人家做短工，要割麦便割麦，要舂米便舂米，要撑船便撑船。现在已教了九年英语，去年又兼带地理，离退休还有十多年，不知还会不会“改行”。

同学改行的倒不少，当厅长、书记、县长、局长、教授的都有，和这些“功成名就”的同学在一起，总感到没面子。所以同学聚会有些不太情愿参加，而他们往往又派车来接，因而常常是最后一个到场。一些不知情的同学就问是什么职务，便调侃地说：主任。再问，在哪个单位，负责哪个部门，只好说：班——主——任。人生滋味，俱在不言中。

尊敬的各位专家、各位同仁，我的学术根底浅，生活底子薄。“浅、露、平”基本概括了我的稿件特点。我明白自己能吃几碗干饭，是成不了大气候的，但我仍要探索。回顾走过的坎坷小路，尽管步履蹒跚，但毕竟是幸者：摸到了学术门槛的边缘。刘道义教授去年在承德告诫我：学术的大门好进，上台阶就难了。言之有理。但我有信心和决心，政治上跟政府同德同心，学术上刻意求新，力争一步一个脚印，高标准严要求，向着学术的“高栏”跳跃，循着弯弯小路的曲径，不断前行。谢谢大家，谢谢！

（注：本文是作者 2007 年 7～8 月应邀参加由人民教育出版社举办、英语杂志联盟承办的全国 VIP 英语教师“一纲多本教材研讨会”教育学术会议的一篇“量身定做”之作）

5
Hold住教育信念，做一个幸福快乐的教师

“黄冈名师”，虽不是“共和国脊梁奖”，但作为教师算得上一个比较高的专业奖项。承蒙大家的错爱，心中的感激之情难以言表。请允许我用一个鞠躬来答谢领导及各位同仁对我们的厚爱。谢谢！

我获此荣誉，除感谢局、校领导及各位同仁的厚爱外，感到肩上的负荷更重了。其实，荣誉只是人生旅程一道不经意的风景，是生命空间一道璀璨的流星，更是我们人生旅程的加油站。我们只有更加努力地工作，才能无愧于我们头上的这顶帽子。

在假冒伪劣产品充斥我们的经济生活中，在因“躲猫猫”“开水有毒”“动车追尾”等事件层出不穷、社会公信力空前下降的当下，作为班主任老师的我们应当如何引导学生“求真”?

在“名爹”比拼、“老人扶不起”等事件拷问人们最基本的道德底线的当下，作为班主任教师的我们应当如何引导学生“崇善”?

在“凤姐”和“犀利哥”走红的当下，作为班主任教师的我们应当如何引导学生“立美”?

这一切的一切，都说明做教师难，做班主任教师更难，做优秀班主任教师则是难上加难。

然而，正因为难为，才需要我们自觉、积极、主动去有所作为。我们怎样从一名普通教师成长为优秀教师呢？我们在座的都是优秀教师，都能品味自己成长过程的酸甜苦辣，都有自己独特的人生感受。就我个人而言，我认为，要从一名普通教师成长为优秀教师，必须解决以下几个最基本的问题：

第一，解决为师的动力源问题，也就是教师的职业幸福感。幸福是一种心态，是一种感受。电影《求求你表扬我》里杨红旗有一段非常形象而精辟的话，他说：“在很饿的时候，你有一个馒头，而我没有，你就比我幸福；

在很冷的天里你有一件棉袄，而我没有，你就比我幸福；在很急的时候，你有一个茅坑蹲而我没有，你就比我幸福。”

教师职业的幸福感，主要不是来自高额的薪水与福利、学生考试的进步与成功、家长的问候与祝福、领导的肯定与鼓励，这些都是外在的、暂时的；教师的幸福感主要来自教师自身，来自教师对学识、能力、情意等素质升华的渴望，来自教师在平凡的工作中享受为师的快乐。幸福是一种灵魂的香味！当你将教育工作视为自己的神圣使命时，你就会发现教师的幸福感就在你自己的心中流淌。

第二，做好为师的三个“关键词”：乐学、善教、精研。我们都知道，企业的发展有一条“微笑曲线”，其中的三个关键点是：生产、研发、销售。同理，教师的成长也有一条“微笑曲线”，其中的三个关键点就是：学习、教学、研究。在这条“微笑曲线”中，“教学”是最重要的，但其成长空间最小，而“学习”和“研究”的成长空间最大。作为教师，要“乐学”、“善教”、“精研”。

“乐学”，就是要快乐学习，要向专家、向书本、向同行、向学生学习。教师要多读书，要约束自己每周上一次图书馆，每周或每月认真地读一本书，不能只是整天就是围绕一本教材与相关的教师教学指导用书转。

“善教”，就是要善于教学。课堂既是教师创造的舞台，又是教师的产品。教师要立足于课堂教学，在教学内容扩展、教学方法改革、教学艺术创造、教学手段更新、教学思维激活等方面下功夫，努力提高教学的质量与效益，使自己成为一名深受学生欢迎的好老师。

“精研”，就是要精心研究教育教学，探求教育教学规律，并用以指导自己的教育教学实践。教师不能只是“教书匠”，而必须成为一名学者型、专家型和研究型教师，要“在研究状态下工作，在工作状态下研究”。

作为教师的我们要有敬业的教育情怀、勤奋的钻研精神、精湛的教育教学艺术。也许最重要的是要 hold 住教育信念，守得住清贫，耐得住寂寞，不为名利所诱惑，不为他人所左右，执著地干自己想干也值得干的事，从而创造出卓越的教育教学成果与成效。

最后，祝愿大家一路顺风，在今后的人生旅程中收获更多的幸福！

谢谢！

6

读书人的气场

据说，人都有个气场，看不见摸不着，但是确实存在。什么样的人就有什么样的气场，替代不了，也藏掖不了。想想也是，有的人钱多得不得了，本人倒不一定怎么盛气凌人，或故意炫媚摆阔，可是举手投足间的那种气势，任其百般掩饰也会不经意地流露出来，大概“财大气粗”就是指的这个。还有的人，握着权柄，在他发号施令的范围内，任他怎么想方设法地“平易近人”，或以“公仆”自律，但总让人觉得不真实，甚至越“平易近人”越让手下人紧张得手足无措。

现在许多人看起来满脸泛光，油滋滋、甜腻腻的，却又让人觉得不可信任。有时我在想，如果他是老板，可能会卷款而逃；如果是官，可能会贪；如果是教授，则可能会据学生的作品为己有，他们身上弥漫着一股陈腐的气味，上海人称肉夹气，这也是气场的一种。

看来人还真有气场，尽管不一定都写脸上，但一定与人自身如影随形、若隐若现，抹不去，洗不掉。

至于读书人的气场，大概就是人们常说的魏晋遗风、唐宋风骨了。但真要达到那境界大概非要是才高八斗、学富五车的高人。我们现在上了点学、读了点书的人，哪怕贵为博士，也与之差距甚远。但读书人和不读书的人还是很容易鉴别的。也许说话最见颜色，读书与否、读多读少、读深读浅，一开口便原形毕露。

读书、做学问，在读书中采撷思想的精华、参悟天地；在做学问中追求剑胆琴心、励精图治。连接古今，贯通中外，积淀思想，积累知识，蓄势待发，如此则养气升格，底蕴十足，慧眼明流，洞察人生。读书人的气场无边无涯。

7
读书是种“翻墙术”

我读书一向随兴所至，漫无边际，缺少条理和系统，但是后来发现，那些书与书之间存在着隐秘的联系。我被翠绿的树冠吸引，初始只觉树与树之间相隔很远，渐渐发现地面之下盘根错节。经由这些文字，我们可以分享作者的知识经验，感受也许自己永无机会体味的生活滋味，可以像读张爱玲、金庸的文字一般，被引领入一个神秘且韵味绵长的全新世界——张的爱恨上海滩，金的情仇江湖录。

一本泛黄的《唐宋诗词选》，让我在中国古代文学史上两座并肩而立的高峰中探幽览胜，以小博大，激起了我对文学的浓厚兴趣：大漠里的直上孤烟，客船上难眠的渔火，让人叹为观止，凝结着辽远，负载着磅礴；梧桐上洒落的细雨，明月下闪过的鹊影，让人目不暇接，蹁跹着缠绵，氤氲着温柔。

文学是大地通向天空的道路，读和写能让自己变得强大。《红楼梦》当然伟大，可相当长的时间内，我对于娓娓讲述的繁华旧梦，贵族男女青春风花雪月的悲剧人生，没有迸发出应有的热情；以“天命”与“人道”为命题的《三国演义》尽管展现的是帝王将相的权力角逐，但离我的生活很远，可不知咋的就是因为有智而近妖的孔明，我对其爱不释手；对于述说边缘人生草莽群像苦乐悲欢的《水浒传》和苦行者歌吟的《西游记》我则与很多人欣赏角度相反，我喜欢幻毫生花、借幻写真的这种较温和的反抗方式；为特定时期的中国知识分子“写真”的《儒林外史》，由于学过《范进中举》，所以对其有切肤之痛、公心刺世的理解较深。因为在这些貌似浅俗的背后，在这些热闹的故事里，夹杂着许许多多的厚重。

这种思辨审慎的读书法慢慢得到了印证，大学期间，西方哲学思潮席卷而来，青年学子对国家的前途和命运尤为关切，萨特的存在主义、尼采的意志论、弗洛伊德的精神分析和罗尔斯的正义论，深深影响了一代人。《窥视者》《通向奴役的道路》和《政府论》给了我诸多的思考。多年过去，眼见着现实里太多的无序、细碎、隔绝，纷乱又冷漠，事物多缝隙，没有什么能预知，这些感受总离我很近，也无意识中离印象早已模糊的《窥视者》很近。

我对音乐、对友谊、对爱情的启蒙源于罗曼·罗兰的《约翰·克里斯朵夫》，三十年了，我仍觉得克里斯朵夫与奥多和奥里维之间的友情、与葛拉齐亚的爱情是至纯至美的人间绝唱。尽管"托尔斯泰代表俄罗斯文学的广度，陀思妥耶夫斯基代表俄罗斯文学的深度"，但大概是因为诺奖情结，我对身份复杂的"红色经典"《静静的顿河》情有独钟，小说一方面出色地描绘了顿河宁静的草原上哥萨克人本真的生活；另一方面刻画了革命和战争的残酷与冷漠。而今苏联政权已经瓦解，重读这部作品不难发现，和彼时苏联主流文学截然不同，它处处流露出对苏联"国家乌托邦主义"的颠覆，我想《静静的顿河》被称为"红色经典"实在是一个美丽的误会。

进入不惑之年，也许是人过四十天过午，也许是传统知识分子"立德、立功、立言"不朽价值观的鞭策，我有了系统读经的愿望，但心力修为浅薄，虽然我读得多，但真正读懂的却甚少。其中《心经》《大涅槃经》是必读的入门，我并非想去皈依，而是通过圆润流畅、典雅质朴的文字试图触摸彼岸，寻找灵魂的家园。至于中国哲学，我下功夫最大的亦是《老子》《庄子》以及儒家的四书。在我看来，它们才是当之无愧的中国文化经典。你要是不理解道家老庄，不但理解不了魏晋的玄学，而且也理解不了唐代的禅宗；后者区别于天台宗、唯识宗的最大特点，就是和老庄以及玄学的精神结合起来了，所以才能成为最有中国特色的佛教宗派。

心中有梦，粲然若花。旧时的一点中国心早已化在血液里，不露峥嵘，贞立人格；徜徉在欧美优秀外来文化中，激荡心智，沐浴灵府。以今视昔，看过的风景，读过的书，指引着我走到现在。读书其实就是在自己的心里洒满阳光，让自己的语言充满魅力，把"味精"带进课堂。自然界有一种植物叫"爬山虎"，随着它的成长，一步一步向墙上爬去，尽管它的"手"向四处延伸，但它的目标始终向上。当它攀得够高时，便能翻过那座高墙，领略高处的风景。读书也能帮人翻越眼前的障碍，使人达到更高的境界。

（刊于《中国教育报》2016年1月27日）

8

读和写是教师成长的咖啡伴侣

生活中一些人钟爱咖啡，恋上咖啡入口时那沁人心脾的苦味，入喉时那醇香甘洌的微甜。其实读和写何尝不是如此：阅读要采撷书中思想精华，是参悟天地之苦；写作须追求行文的骨骼血脉，是谋篇遣词之苦，但匀速行进中缱绻了多少品读的愉悦，氤氲着多少写作的乐趣，恣意张扬挥洒多少与文字相处的别样气息。

阅读，是生命的一种状态，也会沉淀为一种素养，升华为一种视角的高度和宽度。夜静伏案，一卷在手，驰骋古今，经天纬地。人生的这种体悟，正如宋代程颐所言："外物之味，久则可厌，读书之味，愈久愈深。"浸润在书香里，品读文字，虽不都是吉光片羽，但雪泥鸿爪亦可能成为生命中的"伏笔"，或神秘而美妙的"线索"。看小说，丰富生命的阅历；读散文，品味人生的滋味；颂诗歌，感受世间的情怀。

阅读是种健康向上的精神状态，力臻高格的追求。爱读、善思考，慢慢会走出狭隘和肤浅，变得内涵丰富、乐观进取。因读书而积淀的"魏晋遗风、唐宋风骨"，如影随形，若隐若现，抹不去，洗不掉。读着、读着，你会发现你不再人云亦云，你有你的"筋骨"，心有戒、行有界，"唯心亨，行有尚"。

阅读是为自己寻一处灵魂的栖息地，"取法乎上"的自我成全。阅读的广度，改变你生活的内涵；阅读的深度，决定你思想的高低。"文章千古事，得失寸心知。"读着、读着，你会发现你越来越有悟性，悟出"不迁怒，不贰过"的修身奥秘；你愈来愈有"问题意识"，会很快甄别出哪些人是同根同源，哪些事同性同体。

阅读经典方能"不窥牖，见天道"，让你慧眼明流，洞察人生。经典不是炒作，是经过历史沉淀淘洗后的精华。品读经典和品咖啡一样，吸的是一种幽香，品的是一种心智。读着、读着，你会发现你越来越有底气。陶醉于经典绝妙的文字中，你自然而然地“律己”而“恕人”，你会超越寻章摘句，去关注术的精深；会看淡情节的悬念和表达的匠心而侧重道的广博。

阅读既是吸纳也是“牛嚼”，让新旧知识发生碰撞产生“化学反应”变成你自己的养料。咀嚼文字的微言精义，“愈挖愈出，愈研愈精”。“我思故我在。”读书，不要仅仅满足于开卷有益，读书还须思考，“尽信书，不如无书”。学进来的东西，如果没有同你原有的知识发生碰撞和糅合，就只能存储在那里。读着、读着，你会发现你越来越有自己的思想，有新的审美期待，较之于那些流光溢彩的美文，你会不自觉地倾向质朴平淡、直抵心底的真话。

读书是输入，一种继承；写作是输出，一种传播。以写之法去读，以读之法去写。写作能拓展我们的心灵疆界。经由自己的文字，我们可以从眼前的世界进入更多、更丰富的“可能的世界”。

写作是思想的磨刀石，写作是教师阅读、思考的外显性标示。思考固然可以不动笔，但不动笔、不形成文字的思考往往是肤浅的、零碎的、浮光掠影的。写作能让你静下心来，是一趟深层的思考之旅。写作过程中你会把模糊变成清晰、破碎变得完整、零乱变得有条理，你会去反复推敲，反复思考，一路走下去，一路记下来，边走边记，等回过神来，纸上文字便是这趟思考之旅的见证和收获。写作的过程成了一种吸收性极强的学习。

有人说锤炼语言，就是锤炼思想，追求表达的独特与精致，也就是追求思想的独特与精致。文章不厌百回改，反复推敲佳句来。众多名家出大作的经验证明：真正要写出一篇好文章，没有贾岛的“吟安一个字，捻断数茎须”的推敲精神不行，没有王安石的“春风又绿江南岸”的磨砺精神不行，没有郑板桥的“删繁就简三秋树，领异标新二月花”的创新精神不行。写着，写着，你会发现你旁搜远绍的文字越来越简洁明了，钩玄猎秘的思路愈来愈通透畅融。

好的文字是一种唤醒，而不是强迫，是心性里淌出来的一泓清泉。当写作成为一种需要之后，你会发现“写然后知不足”，由此激发你再阅读的渴求。

写着，写着，便写成一种习惯。你会拿捏写作的“思路”和“机关”。你知道哪里要泼墨如水，汪洋恣肆；哪里要惜墨如金，跌宕顿挫；哪里要流岚虹霓，小桥流水。你会记录工作中的精彩瞬间或无奈与苦涩，让“行走中的生命风景”加以定格。你会将点滴的生命记忆和工作感悟串联成思想的项链；去写青春年少的痴心谵语；去写人到中年的雍容淡雅。让心，在一行行文字中跳舞；让情，在一个个故事中荡漾。

写着，写着，竟写成一种自我。你的语言变得俊逸清新，你的眼睛灵动而独到，会“借他人之酒杯，浇自己之块垒”，月旦人物，裁量文章，不但能够一语传神，而且谑而不虐，饱含智慧与幽默。你有你的精识慧解，会观察生活、记录生活，甚至会对某个话题产生持久的关注与思考。穿梭在读、写、思之间，会不自觉地“诗文随世运，无日不趋新”，你的文字议论精当，斐然成章。

石蕴玉而生辉，水藏珠而川媚，读和写相辅相成，相互促进。教师自我补钙的同时，为给孩子们源源不断地输送最鲜活、最人文、最壮骨骼的营养提供了保障。读和写是教师成长过程中不可或缺的咖啡伴侣。

（原刊于《中国教育报》2016 年 9 月 12 日）

9 用文字捂暖教育生活

时下，浮躁的风气几近让人无可逃逸，产生一种欲言难言的自我困惑。其实，浮躁，是丧失定力，虚浮夸张；是随波逐流，一片泡沫。人生在世，谁都有各种各样的追求和欲望，古今中外，概莫能外，这本无可非议。然《道德经》讲，轻则失根，躁则失君。人活一辈子，要想做些实事，实现自我价值，就必须避开社会的喧嚣，拒绝外来的诱惑，祛除内心的焦躁，而不要被外界的喧嚣浮躁所裹挟。特别是我们做老师的，“传道”不光为学生指明眼前迷惑，更有高蹈出尘；“授业”既有泥土的芳香，又有书斋气息。要想自己口齿生香，和学生的兴趣共此时，要想打通了专业“奇经八脉”，虽说不是千年修炼的“狐”，但必须经历一番寒彻骨，养成阅读和写作的好习惯，在披沙沥金中摄取精华。

我出生在20世纪60年代中期，我成长的岁月，很幸运地遇上了我们国家“文艺复兴”的年代。人们从压抑和封闭的状态苏醒，每个人都对知识充满神往和崇敬，空气中飘着书香，浓郁的知识氛围如同现在的无线网络（Wi-Fi）一样无处不在，卢梭、黑格尔、弗洛伊德是青年学子最时尚的话题，每一个人都会对知识分子投以敬重的目光。读书，特别是文学，成了我最甜蜜的娱乐。

电影《后会无期》中有这样一句台词：“你连世界都没观过，哪来的世界观？”世界那么大，出去走走看看确实是见世面、长阅历的好方法。然而，世界观不只依赖于观世界，阅读同样可以洞察芸芸众生、大千世界。

“昼短苦夜长，何不秉烛游？”穷极一生，我们通过感官感知的生活经验是有限的，行万里路替代不了读万卷书。人的灵魂是用文字雕刻出来的，所以阅读意味着灵魂的成长。阅读是提高生活品质的最佳途径，阅读让人自信、有丰富的内心世界；在外，有找到生活中最好东西的洞察力；在内，则能居陋巷而依然能创造愉悦多元的心灵空间。善读者，以书为针，穿针引线，抽丝剥茧，淡去虚荣、欲望、名利的重负，明心见性，读懂生活的真谛，探得生命的意趣，练就“看山还是山，看水还是水”之慧眼。

阅读的过程是一个自我实现的过程。不读书，接触到的世界就和纸一样单薄；多读书，学识、阅历乃至生命体验会随着页码的递增而不断厚重。借助别人的心灯，照亮自己生活中迷失的心路。从《儒林外史》“功名富贵无凭据，费尽心情，总把流光误”方知纯粹之难得；读东坡词，琢磨那句“竹杖芒鞋轻胜马，谁怕？一蓑烟雨任平生”，才晓豁达之自在；不断与先哲对话，拨开心中的迷雾，从狭窄的“一线天”钻出，在静心里，在文字里，遇到更好的自己。“一日不读书，胸臆无佳想。一月不读书，耳目失精爽。”时间的改变可能是静悄悄的，但阅读对气质的塑造终究会显露出来。正是在日复一日的博览群书中，我们感受到“无穷的远方，无数的人们，都和我有关”，体悟出“不迁怒，不贰过”的修身奥秘，即便处身失落、失望之境，甚至失掉所有方向之时，也能看见“平凡才是唯一”的答案。

阅读的过程有时可能并不轻松，但你用喜悦的心情阅读过后，你会发现身边的世界似乎是那么美好，生活也变得温馨起来，你会有一种实实在在的获得感和成就感，感到格外的轻松和由衷的舒心。当初大学毕业，我目空一切，但随着阅读和学习的推进，我的短板，我的瓶颈，一一显现。从初始的自我感觉良好，变得愈来愈觉得自己渺小。想要锦上添花，自己就得先变成锦。所以，我开始广泛阅读，不做“只叮在一处的蜜蜂”。

“水浅能容月，山高不碍云”，“善读书”并非简单等同于“多读书”，它更强调阅读者理性的选择和睿智的体悟，它是去粗取精、去伪存真的眼界和胸怀。

“却顾所来径，苍苍横翠微”，阅读是静默的，大二时，我遇到了火一样的文字，罗曼·罗兰的《约翰·克里斯朵夫》，这本书没有悬念迭生，却深入心灵，让人入迷；也遇到了深潭一样的书籍诸如像荷马的《奥德赛》、弥尔顿的《失乐园》。如果你想穷极一生多看些好书，这种书籍无疑是个绝佳的选择。它的内容既不会让你觉得枯燥和空洞，也不会让你觉得啰嗦和狭隘。

深嗅书香，自有风景。史蒂芬·霍金的《时间简史》和《果壳中的宇宙》，畅游在粒子、生命和星体的处境中，感受智慧的光泽，犹如攀登高山一样，瞬间眼前呈现出仿佛九叠画屏般的开阔视野。于是，便和李白一起高歌：“庐山秀出南斗傍，屏风九叠云锦张，影落明湖青黛光……”

阅读不仅是为了遇见更好的自己，也是为了更好地认识这个世界。与经典相遇，顿觉繁花满枝，绿意葱茏。读《红楼梦》，可以洞晓世家望族的兴衰荣辱；读《资治通鉴》，可以获得王朝更替的历史教益；读《平凡的世界》，可以从苦难的生活中发现人性的温暖、奋斗的价值；读《罪与罚》，可以跟随底层人物体味人格的矛盾与复杂；读《巴黎圣母院》，让我们看到丑陋的卡西莫多却能够拥有善良美丽的心灵、淳朴真诚的品质，使我们在寻觅美的真谛的同时，去追求心灵的高尚与纯洁。作家们思想雨露，就这样点点滴滴，渗进你植根的土壤，走进你生命的年轮，在你踌躇时，予以方向的指引；在你痛苦时，给以熨帖的慰藉。阅读让我们在自我省视中学会谦卑和从容，在平视静观中同这个世界和解。经典传递给我们的不仅是知识，更有认识这个世界的逻辑、方法和哲理。

阅读是一种超越世俗的力量，“水流云在，月到风来”，一幕幕细微而又诗意的生活场景是需要一颗明净的心去体味，大口吃肉未必香，慢啃骨头滋味长。阅读的享受，在于好书的醍醐灌顶，明心亮眼，舒筋活血，使人觉得是一种生命之缘、幸福之源。从阅读的乐趣中放松自己，使自己豁然开朗，让生活具有一种情调。世间的一切喧嚣、污秽、残缺、晦暗都将被皎洁、静谧、和谐的清辉所覆盖。尽管有些目标未必能实现，但带着一颗心真诚地生活，凡事得之淡然，失之泰然，幸福也就不远了。

“读书养性，写作练脑。”让读过的书萌芽发枝，生新气象，带着个人思考味道的话语变为眉批、旁批，解读作者，对接已有经验的方式，通过存养诘辩，质疑问难，解构建构，推陈出新，实现从“我注六经”向“六经注我”的飞跃，亦是“让灵魂真正骑在纸背上”。一个喜欢写作的教师最大的幸福在于，无论时光怎样走远，他都能够让往事在文字中永在，让生命在词语中重现。长此以往，自然我口说我心，既不俗口也不掉书袋，胸中的庄严法度和浪漫才情相生相发，实现胸中千古之思和腕下万里之势的辉映，神超理得，技进乎道，进入“依仁游艺”的大境界。

操千曲而后晓声，观千剑而后识器。正是长期书籍的滋养，让我用心寻找春天和快乐，用爱编织秋天和自由；我的文字虽夹凡带俗，但偶尔也有惊艳。步入不惑之年后，我总觉得案头书愈来愈多，心头书愈来愈少，“补读生来未读书”尤为迫切。人生不如意十有八九，读书可增添信心和力量，增添几许闲情和雅致。在书籍的带领下，我们不断磨炼自己的意志，我们的心灵渐渐充实成熟，而我们的教育生活也必然更温暖。

（《中国教育报》约稿）

10
每个人撑起的都是中国的一片天

敬爱的老师和亲爱的同学们：

大家上午好！

在这个特殊的日子里，谢谢你们唤我回家。让我有幸再次聆听老师的教诲，分享我亲爱的学弟学妹们的特殊喜悦。

一进家门，光阴倒转，刚才那些美好的视频、同学的发言、老师的讲话，都让我觉得所有年轻的故事都不曾走远。可是，站在你们面前，亲爱的同学们，我才发现，自己真的老了。1990 年，我毕业的时候，你们中的绝大多数人刚刚出生。那个时候你们的欧阳部长还是众女生仰慕的帅师兄，你们的毛毛老师正与我的师弟爱得地老天荒。而他们的孩子现在都已经上大学了。

就像刚才那首歌唱的，“记忆中最美的春天，难以再回首的昨天”。如果把生活比作一段将理想“变现”的历程，我们只是一叠面额有限的现钞，而你们是即将上市的股票。从一张白纸起步的书写，前程无远弗届，一切皆有可能。面对你们，我甚至缺少一分抒发“过来人”心得的勇气。

但我家老太婆力劝我来，我的朋友也劝我来，他们都是 90 届的中文系学长。今天，他们有的仍然是一介文人，清贫淡泊；有的已经主政一方，功成名就；有的发了财，做了“富二代”的爹；也有的生活并不如意。但在网上交流时，听说有今天这样一个机会，他们都无一例外地让我一定要来，代表他们，代表我们那一代人，向自己的弟弟妹妹说点什么。

是的，跟你们一样，我们曾在中文系就读，甚至读过同一门课程，青涩的背影都曾被银盘山的阳光，定格在爬山虎缠满的绿墙上。但那是上个世纪的事了，我们之间横亘着近 30 年的时光。那个时候我们称为理想的，今天或许你们笑称其为空想；那时的我们流行书生论政，今天的你们要面对诫勉谈话；那时的我们熟悉的热词是民主、自由，今天的你们记住的是“小鲜肉”“崩溃”“壁咚”；那个时候的我们喜欢在共青路游荡，而今天的你们习惯隐形于伟大的互联网。

我们那时的中国依然贫穷却豪情万丈，而今天这个世界第二大经济体，还在苦苦寻找迷失的幸福，无数和你们一样的青年喜欢用“囧”形容自己的处境。

近30年的时光，中国到底走了多远？存放我们青春记忆的“周末大家乐”早已荡然无存，见证你们少年心绪的“龙王赤壁圣景”正在创造新的历史。你们这一代人，有着远比我们当年更优越的条件，更广博的见识，更成熟的内心，站在更高的起点。

我们想说的是，站在这样高的起点，由长江之滨出发，你们不缺前辈大师的庇荫，更不少历史文化的熏染。《飘》中斯嘉丽的世界，雨果、卢梭的思想，莎士比亚和徐志摩的辞章，构成了你们生命中最为激荡的青春时光。我不需要提醒你们，未来将以如何的具体琐碎，消磨这份浪漫与绚烂；也不需要提醒你们，人生将以怎样的平庸世故，消解你们的万丈雄心；更不需要提醒你们，走入社会，要如何变得务实与现实，因为你们终将一生浸淫其中。

我唯一的害怕，是你们已经不相信了——不相信规则能战胜潜规则，不相信学场有别于官场，不相信学术不等于权术，不相信风骨远胜于媚骨。你们或许不相信了，因为追求级别的越来越多，追求真理的越来越少；讲待遇的越来越多，讲理想的越来越少；大官越来越多，大师越来越少。因此，在你们走向社会之际，我想说的只是，请看护好你曾经的激情和理想。在这个怀疑的时代，我们依然需要信仰。

也许有同学会笑话，大师兄言论写多了吧，这么高的调子。可如果我告诉各位，这是我的那些中文系同学，那些不管今天处于怎样的职位、遭遇过怎样的人生的同学共同的想法，你们是否会稍微重视些？是否会多想一下为什么二十多年过去了，他们依然执着于此？

我知道，与我们这一代相比，你们这一代人的社会化远在你们踏上社会之前就已经开始了，国家的盛世集中在你们的大学时代，但社会的问题也凸显在你们的青春岁月里。你们有我们不曾拥有的机遇，但也有我们不曾经历的挑战。

“文学概论”无法识别毒奶粉的成分，“比较文学”挡不住地沟油的泛滥。当利益成为唯一的价值追求，很多人把信仰、理想、道德都当成交易的筹码，我很担心，“怀疑”会不会成为我们时代否定一切、解构一切的“粉碎机”？我们会不会因为心灰意冷而随波逐流，变成钱理群先生所言的“精致利己主义者”，世故老到，善于表演，懂得配合？而大学会不会像那个日本年轻人所说的，“有的是人才，却并不培养精英”？

我有一位老中师毕业的同事，从读书开始，就自称是“师专的跟屁虫”。对师专甚是敬重。谈到“学在工校、玩在卫校、骨气在师专”的江湖传言，他特认真地对我说：“这个社会更需要的，不是黄师（省二师）人的适应，而是黄师人的坚守。”

这让我想起夏曾澍先生的一席话。他提到省二师时的老照片给自己的感动：一群衣衫褴褛的知识分子，器宇轩昂地屹立于天地间。这应当就是国人眼里黄师人的形象。不管将来的你们身处何处，不管将来的你们会从事什么职业，是否都能常常自问：作为黄师人，我们是否还存有那种浩然之气？那种精神的魅力，充实的人生，“天地之心、生民之命、往圣绝学”，是否还能在我们心中激起共鸣？

马克思曾慨叹，法兰西不缺少有智慧的人但缺少有骨气的人。今天的中国，同样不缺少有智慧的人但缺少有信仰的人。也正因此，中文系给我们的教育，才格外珍贵。从母校的教诲出发，近 30 年社会生活给我的最大启示是：当许多同龄人都陷于时代的车轮下，那些能幸免的人，不仅因为坚强，更因为有信仰。不用害怕圆滑的人说你不够成熟，不用在意聪明的人说你不够明智，不要照原样接受别人推荐给你的生活，选择坚守，选择理想，选择倾听内心的呼唤，才能拥有最饱满的人生。

梁漱溟先生写过一本书《这个世界会好吗?》。我很喜欢这个书名，它以朴素的设问提出了人生的大问题。这个世界会好吗？事在人为，未来中国的分量和质量，就在各位的手上。

最后，我想将一位学者的话送给亲爱的学弟学妹——无论中国怎样，请记得：你所站立的地方，就是你的中国；你怎么样，中国便怎么样；你是什么，中国便是什么；你有光明，中国便不再黑暗。

2013 年 6 月

（在黄冈师范学院文学院 2009 级毕业典礼上的演讲稿，后刊于《黄冈师范学院学报》2013 年第 3 卷）

11

追寻教育理想的卓越使者

——读《中国著名校长办学思想录》

黑格尔说“熟知并非真知”，这话一点不假。读过《中国著名校长办学思想录》后，蓦然发现，李希贵、李镇西、崔其升、刘彭芝、唐盛昌……在大江南北还有这样一群人，他们热爱教育，献身教育，他们有思想、有方法、有行动；他们的言说“深而不流于玄，透而不陷于琐”。真正触摸他们的脉搏，走近他们的内心，笔者觉得此前对他们的了解太浮皮潦草，过于表面。

人常说，一个好校长就是一所好学校，我想反之亦然。西方有位哲人说过：好学校是什么？好学校就是孩子们探求知识的学园，快乐成长的乐园，充满亲情的家园，播种理想的田园，生命绽放的花园。

陶行知说：“校长是一个学校的灵魂”，“要评论一所学校，首先要评论他的校长”。

好校长让教育回归人

如果学校是一条船，校长就是舵手，除了明确航行的方向，还要把搭乘这条船的人组织起来，形成集体意志，九牛上坡个个使力，享受教书育人的幸福和快乐。好校长的教学管理既要“蹲地头”，但又不能只拘泥于这“一亩三分地”。

这些年我们的基础教育见分不见人，见利不见爱，实际上是对教育公理的亵渎。教育是慢工细活，有其内在规律，来不得半点虚假。崔其升校长不否认也不回避升学率，但真正的教育是塑造学生健全的人格，为学生的终身发展奠基。真正的课堂理应是“时间有限，精彩无限”。姜怀顺校长对教育则有自己的理解，他认为做教育应该“爱满天下”，“在担当中生活，在做事中成长”，才能激发学生生命内在的情感需求，让孩子在对平凡小事的担当中埋下“责任的种子”。蓝继红校长说：“教育就是沿着生命慢慢地走，让教育像生命一样自然生长、浑然天成。”

“思路决定出路”，其实思路就是校长的办学思想。与习惯于“传达式”工作的普通校长不同，名校长之所以为名，既不是自封，也不是上级恩赐，而是靠自己把握教育发展趋势，继承教育优秀传统，并在实践中不断发展创新，形成科学、先进、独特的办学思想和办学思路，从而发挥示范与引领作用，得到同行和社会的认可。“梅须逊雪三分白，雪却输梅一段香。”作为一把手的校长，不论其资力、经历如何，个人能力总是有限的，因此要充分发挥其他领导的能力，用整体优势来弥补个体的不足。集众人智慧于一身，熔各家所长于一炉。李希贵校长一直竭力唤醒、激发、放大教师人性内在的力量，他认为作为一校之长，熟悉教育教学，经常深入课堂，深入教研组是其守土之责。但更为重要的，是校长肩负伯乐的使命，激发“千里马”驰骋职业疆场的激情。杨瑞清校长说，应该让教师真正爱校如家，有归属感、舒适感和成就感，让学校充满活力。及时捕捉教师中的一些疑难杂症，鼓励老师们把真实的想法说出来，敢“吹”哨，主动引领和指导，为教师工作加油鼓劲，形成“听我喊、向我看、跟我上”的干事创业的良好局面。敢“吹”哨，指对存在的有违师德建设和教学不规范行为及时亮黄牌，闪“红灯”，批评一针见血，常提醒，促警醒。李烈校长认为：做教师关键在于“做好自己”，而做校长重点在于“成就别人”。因此，作为校长理应根据不同年龄不同性格的教师，建立成长档案，为教师的职业幸福感添砖加瓦。关心爱护“朦胧期”的年轻教师，从“输血到造血”引领他们，成就他们“入格、合格、出格”，实现“从技到道”的质变；对于那些不显山不露水的教师，则应唤醒与点燃他们心中潜藏的“活火山”，建立“骨干教师蓄水池”，理解、宽容、矫正处于瓶颈期的中老年教师，帮助他们突围。通过自己强烈的事业心和公开、公正、公平的“公心”，真正让教师“教天地人事，育生命自觉”。

好校长让人回归生活

爱因斯坦说：“所谓教育，就是当一个人把在学校所学全部忘光之后剩下的东西。”可见，教育不单单是知识的传授，更需要心灵的教育、精神人格的塑造。

校园环境承载着学校的教育理念和文化意蕴，是不可言说的学校教育之美。学校开办读书节，组织手工作品展览，举办每周人文讲座，开展文体活动、才艺比赛等都是在营造校园文化，但它仅仅是校园文化的一个断面，糕点好吃，不能替代家常便饭。文化育人如呼吸，不动声色，却伴随一生。有品质的校园环境，潜移默化，静水流深，美观而深具自然气质，能够激发身处其中之人的情感。

当下，校园环境建设往往流于雷同化、格式化、碎片化。商业化、功利化的时代背景，使得一些校园景观简单地"拿来"，肤浅地复制。这些作品的审美结构往往零散而趋于同质化，鲜能忠诚于自己的价值观，少有别致、独特的韵味，容易导致人的审美疲劳。在刘彭芝校长看来，标准的操场、气派的体育馆、图书馆等看上去大同小异，形式雷同，却少了自我。正所谓"有了气派，少了气氛；有了物象，少了物趣；有了空间，少了空灵"。

每一所校园从物质到精神都有自身的"肌理"，都在寻求多样与单纯、开放与紧密、复杂与简单的平衡。人大附中之所以办学成果令人瞩目，不仅由于其骄人的成绩，还因为其独特的文化气象。而学校文化的传承和建设，不可能一蹴而就，需要"小火烧温水，常烧不断火"，校长需要一点孤独的理想主义情怀，才能培育出既"养眼"又"养心"，有着自己的密码，回归生活的校园文化。

好校长让生活回归幸福

罗佐夫说过："人在履行职责中得到幸福，就像一个人驮着东西，虽累，可心头很舒畅。"

时下的中小学教师工作时间严重超标，面对考试这个教学工作的第一杠杆，教师们像是一个个转个不停的陀螺，日复一日地处于"打鸡血"般的工作模式下。"教师苦教、学生苦学、家长苦帮"基本反映出近些年基础教育的态势。享受生活、向往幸福是每个生命的本能要求，然"生活自顾不暇，遑论梦想和追求"。李泽武校长以"办学是种生长的力量"为宗旨，践行幸福教育，让孩子们喜欢上学，教师"痴迷"教学。宁致义校长采取半天授课制，在提高教学效率，减轻课业负担等方面做了有益的探索。李烈校长给予教师关爱支持，关心每位教师的生活、健康，嘘寒问暖，甚至和教师一起交流恋爱秘笈、治家之道、育儿心得。李镇西校长几十年如一日充满爱心，尊重个性，培养徒弟，亲自示范，为教师排忧解难。张建平校长舍得爱的"投资"，设立"秘密"账单，构建"情感磁场"，纵情山水间和老师们过一种饶有兴致的专业生活……以人为本，仁者爱人，仁者养人，满足教师合理要求，满足教师情感需求。营造“严格而不冷酷，紧张而不压抑”的工作氛围，靠机制激励，用典型引路，以情感温暖调动积极性，激发上进心，让师生在互相学习、互相竞争中塑造积极向上的校风、教风和学风。由于情感的交互性、对称性，校长的情感投入也能从教师那里获得积极回报，使管理在舒心、称心中向前发展。

在刘彭芝校长看来，做校长不仅是让教师和孩子们幸福快乐，卓越校长应志存高远，变“独善其身”为“兼济天下”，给教育松绑。如果不能给教育真正松绑，钱学森之问，会永远问下去，并且成为天问。

内蒙古有句谚语说得好：“山与山隔得很远，是云彩把它们联系在一起；人与人隔得很远，是友情把他们联系在一起。”为了从未谋面的校长们，本人不揣浅陋，以此文作为对人性美、人情美的揄扬和礼赞。正如本书书序的题目所说：“让思想的光芒照亮教育的路程”。

（原刊于《中国教育报》2016年12月19日）

12 一群名师的诗意浮雕

——读《中国著名特级教师教学思想录》

精神需要标杆。在教师队伍里，有一批坚守理想信念、道德情操高尚、学识扎实、具备仁爱之心的特级教师。他们站立的姿态便是教师的职业标杆。这些精神标杆如何炼成，他们具备哪些共同的“基因”，面对日新月异的社会变迁和复杂多元的教学情景时，他们是如何跨越沟沟坎坎？他们又是怎样将平凡的日子变得“有光有花有童话”，把教育生活过得有滋有味、不同凡响？

陈日亮、程红兵、黄玉峰、王崧岳等26位名师，将他们对教育教学的感悟提炼成文，悉数呈现在《中国著名特级教师教学思想录》（朱永新主编，华东师范大学出版社出版），让读者尽情领略他们的精神气质与教育情怀。

26篇文章，如同26座灯塔，26位名师各自真诚的言说，读来有如办公室里的同事，很近亦很远：近的是他们如自己一样始终站在讲台，他们的困惑和经历与自己那么类似；远的是他们通过摸索都练就了各具特色的压箱底绝活。

专业有特长，做一个心中有风景的人

“须教自我胸中出，切忌随人脚后行。”众所周知，“内圣”才能“外王”，“化人”必先“修己”，自我修养永远在路上。有人说“实践者最有发言权”。教师的专业特长必须在课堂实践中展现，没有日积月累的实践，是无论如何也谈不上“智慧”的，更别说“艺术”了。从名师们的言说中我们不难看出他们都是在匀速运动中磨砺出领雁的灵性。

“为了使学生获得一点知识的亮光，教师应吸进整个光的海洋”，学不停步能使自己的桶装水不断净化，只有与时俱进的“活水”，才能够与学生的兴趣“共此时”。只有教师不断地读书、学习、思考，日积月累才能形成自

己的文化底蕴。丰厚的文化底蕴是教师智慧生长的土壤，是智慧的催化剂，更是教师智慧生成的重要条件。

先哲曾云：教育永远是做的哲学，答案永远在现场。读书固然重要，但是实践出真知，这样教师智慧才好慢慢积累起来。

“台上一分钟，台下十年功”“功夫在课外”。孙双全老师为了上好《春望》，研读了十多本书籍。为了准备《只拣儿童多处行》这一课，他把自己浸入在冰心的世界。有人说，机遇就像一匹骏马，只有做好准备并且有实力的人才能抓住缰绳，一跃而起，骑上这匹飞驰的骏马。

心中有梦，粲然若花。唯有抱定宗旨，才会志远行近。

薛法根老师也曾有“堤内损失堤外补”“磨洋工”的困惑，对那些顽劣偷懒的孩子，就采取“盯人”战术帮助孩子“削枝强干”……他从身边的同事身上看到的是农民般朴素的教育智慧：农民相信每一棵庄稼都能生长，都能结出饱满的果实，绝不会抱怨庄稼长得慢、结果少，而只会从自身寻找原因。那些老师内心深处有这样的教育信念：每个孩子都是“世间唯一”，教师当如根雕师。从教之初的这段磨工，消除了他当初的那种孤傲与急躁，静下心来，安然地过着教育的日子。其实，教育就是和孩子们一起在校园过日子，无须天天“山珍海味”，如同每天的“粗茶淡饭”，恰能滋养人。习惯、修养、书卷气，便在不知不觉中潜滋暗长，就如庄稼一样，你每天细看，看不出它有变化，然而它却在悄悄生长。这样的日子里，每一节课，便显得从容淡定，不需要太多的精雕细刻，不需要太多的精彩纷呈，静静地做，对教学日久生情，而非一见钟情。作为教师，其职业幸福感，来自教师对学识、能力等素质升华的渴望，来自教师在平凡的工作中享受为师的快乐。“成功不必在我、奋斗当以身先。”教师需要有执着的“尖茅草”的精神，需要“板凳坐得十年冷”的定力，需要“挖一口属于自己井”的战略眼光，只有淡泊宁静才能有所为有所不为。说到底，教师本身就是一本厚重的书，他不仅是用学识教书，更是用心灵育人。

经验有特点，做一个“立体”的教育人

“别裁伪体亲风雅，转益多师是汝师。”一名优秀的教师，必须用心向他人学习，博采众长，从而内化为自己的涵养与能力。

众所周知，教师从教的特点和智慧不是与生俱来的，也不是别人给的，特点和智慧要靠教师自己去创造、去努力才能得来。特点和智慧是一种灵

气，它需要底气来支撑，而底气来自文化知识的积淀。南宋著名学者朱熹在《观书有感》中说："半亩方塘一鉴开，天光云影共徘徊。问渠哪得清如许，为有源头活水来。"讲的就是读书能丰富生命，净化灵魂，拓展胸怀。

曾读到这样一句话："即便是个子矮，也要站到巨人中间。"这话有味道。的确，选择和谁在一起很重要，和聪明的人在一起，你才会更加睿智；与高尚的人在一起，你才不会卑俗。"站到巨人中间"，绝非附庸风雅的攀附，而是真诚选择向"巨人"致敬和学习。

作为教师，我们应学习陈日亮老师不间断地阅读、写作，学习他"得法于课内，收益于课外"；学习陈铁梅老师"把学生眼睛唤醒，想象比知识更重要，像艺术家一样思考，教孩子'带得走'的美术，成为最好的自己"。

高万祥老师说："读书是教育之母；成功者往往是一个阅读者。"面对帽子一顶顶，荣誉一项项，他扪心自问，认为自己唯一的优势就是比一般老师勤于读书。

其实站到巨人中间，就是把许多人的生命加诸自己之身。而好的教学经验，恰好是优秀教师的精髓。古人云："水尝无华，相荡乃成涟漪；石本无火，相击乃生灵光。"学与练相互促进，教学永远在现场，相信"范本"，迷信"实录"，没有"相荡"，没有"相击"，又何来"涟漪"与"灵光"？学习与实践相结合，不能止于表面的模仿，更重要的是循其经历、持其心态、秉其品质、建其精神，让自己的教学内容由"胖"变"瘦"，教学环节由"碎"变"整"，训练由"浮"变"实"，教学形式由"花"变"朴"。

说到底，教育的名字就叫"经验"。教育的经验来自善良的心底、鲜活的生活和对教育深刻的理解。"大智闲闲，小智间间"，有经验智慧的教学需要教育的闲适与宁静，是我们应有的行走方式。

教育有特色，做一个捍卫教育常识的人

风物长宜放眼量。作为教师，我们用好"望远镜"，看事情更长远，遇到挫折时就不会怨天尤人。做好每一件小事，是成为好教师的基础。教育教学的特色如何形成？"苦练十年，不如名师一点！"大道无形，教学无痕。融"有为"于"无为"，寓教学于无痕；内化于心，外化于行。教学无痕，如同春风化雨、润物无声般一点点浸入师生的心田，融入每一个孩子的血液，也潜入、流注和运行于班级良性循环的血脉中。

传道授业是教师的职责和初心，在程红兵看来，"君子务本，本立而

道生”。

研读《中国著名特级教师教学思想录》，“道”的线形轮廓越来越明晰：“道”是每天生活中要遵守的规范，是生活中的准则。“道”是初心，“道”是目标，“道”就是今天我们常说的中华文化的核心价值观。

教师必须是“道”的传承者，每位教师都是学生走向未来的一座桥梁，而今，我们对于师道的含义有了一些新的阐释和要求，即在日益变化中坚守常识，坚守底线。

面子易学，里子难补，捍卫教育常识，就必须像黄玉峰老师那样带着真知灼见去生活，努力让自己内心强大，无须在意众声喧哗。在合乎自己脾性的领域里浸润良久，得到了完美的润泽，于是他到了老年，才会有这样一种慈蔼淡定的面相、独立自尊的姿态、安之若素的性情。就像古玉上的包浆，温润、醇厚。成就“包浆”需要经历内心深处那些“美妙无比的痛苦”，需要经历酷暑寒冬，需要恰到好处的摩挲与反省，需要一半命运的磨砺，与一半命运的垂青。

教师不仅是专业的知识传播者，而且是公共性的社会良知者与实践者。时下，教师所授之业，更多的是注重知识的深度、广度和难度，而忽视了学生学力的提升。所解之惑，是更多关注学习，而忽略身心成长的心理、生理生活之惑。

捍卫教育常识，就要像吴非老师那样，身为教师，不仅应关注课堂内发生的事情，而且应关注社会里发生的事情，尤其是要把握社会进步的方向和社会变革的脉搏。一个时代，教师的高度决定了学生的高度，而教师的高度来源于对师道的继承和弘扬。

胡兴松老师说：一个人思想有多远，他就能走多远。思想，是成就名师的灵魂。一个真正的教育人理应成为“实践的思想者”和“思考的实践者”，以灵魂唤醒灵魂，以思想孕育思想。

诚然，特级教师不能特立独行。一个合格的特级教师必须在教师集体之中发挥好带头人的作用，以“人梯”和“春泥”精神，以言传身教的方式引领青年教师专业成长。他不仅会“交流”，而且会“交锋”；不仅会“创造”，而且会“创作”；不仅会“演说”，而且会“立说”；不仅会“分享”，而且会“共享”。这样的特级教师，在一所学校，在他的周围，肯定会是“群峰竞秀”，而不是“高峰兀立”，肯定会是“满园春色”，而不是“红杏一枝”。

这样一些教学思想的汇集，言人人殊，有断面之嫌，不过一滴水可以折射太阳的光辉。因为作者与读者的阅读都是开放式的，横向与纵向，至上与至下，时间与空间，都给人留下了很多思想漫步的天地。

大量的信息都在书中，有兴趣的读者尽可以跳进去，相信品味书香，启迪智慧，可萌发研究的力量……

（原刊于《中国教育报》2016 年 11 月 21 日）

13

知行合一六十年

——读《于漪知行录》

“有人说，世界最远的距离，不是天涯，也不是海角，而是知和行的距离。”类似哲思睿语在《于漪知行录》中多有闪现。《于漪知行录》是于漪老师60年教育智慧的精彩呈现，该书以知而行，行生新知，知行合一为纲，从“精神成长、教育心得、处世智慧、学习之道”等十个主题，阐释了作为教师如何立师德、铸师魂、提师能，作品带给我的直接感受是：笔底艳阳，满目芬芳。

好教师是学生学习的促进者

“站上讲台，就是我的生命在歌唱!”师者楷模于漪用一生的实践写成这句话。“智如泉涌，行可以为表仪者”，有了这样的认识，于漪自觉维护师道尊严。她的经历告诉我们，成为优秀教师一定要砥砺德行，博文约礼，需要“和学生的心弦对准音调”、“用语言‘粘’住学生”，因为“教师的一切琐碎和重复，最终都镌刻成了学生前行的每一个脚印”。

“教育的目的不是传授已有的东西，而是要把人的创造力量诱导出来”，倾听生命拔节的声音。一个欣赏的眼神，哺育孩子们自信的种子；一句鼓励的话语，扬起孩子们理想的风帆；一个美丽的微笑，足以让孩子们心灵沐浴春天般的温暖。于漪老师的语文课，充分调动学生的积极性，让学生做学习的主人，积极体现师生互动，使学生得到成功的体验和喜悦。有些原先看到作文命题就会哭鼻子的同学，在于老师热情鼓励、循循善诱下转变成写作的“积极分子”；原先写字七歪八斜的，写出一手漂漂亮亮的书法，以后成为清华大学的高材生；甚至初中学生在听了于老师的讲课，深深为于老师的教学魅力所打动，不仅爱上了语文学习，还如痴如醉地写出了上万字的学生文艺节目剧本。

“教师教育的本领在晓之以理，动之以情，导之以行，春风化雨，润物无声。”于老师说：“教学相当程度是即兴创作”，“任何精彩的教程都不是完全在课前设计出来的，而是在师生、生生互动中，从心与心的缝隙中，从思与思的搏动中，从情与情的触摸中生长出来的若干细节组合而成的，都是生命激荡的现场”。

硕学为师，洁身作范。英国诗人乔叟曾云：“勤于学习的人才能乐于施教。”一位好老师定是一生向学，他知道学习犹如登高山看世界，上层楼阅人生，扣心扉观性灵，他自己多学一些，“思想随经典上一个台阶”，就可能多给学生一点滋养。在于漪看来，“满足意味着结束”。教师“不仅要尊重学生的好奇心，教师自身就应该对未知事物充满好奇，积极探索”，为自己擎一盏心灯。

好教师是学生灵魂的塑造者

“教师的生命是在学生身上延续的，教师的价值是在学生身上体现的。”“教师从事的是塑造学生生命的工作，一个肩膀挑着学生的现在，一个肩膀挑着国家的未来。”生命和肩负的历史使命结伴同行，是于漪终身追求和崇高的人生境界。于漪始终认为教育的本质是“育人”，浇花要浇根，育人要育心。因此教师不仅要传授知识，更要培养信念，使学生成长为建设中国特色社会主义所需的合格建设者和可靠接班人。

早在20世纪80年代初，于漪就开始实施德育渗透学科活动，并取得了良好效果。同时，她还注重增强学生“做人”的意识，今日学生，明日人才。因此必须从今日做起，提高严格塑造自觉性。学生一进校就向他们灌输“做人”的意识，把“学知识”和“学做人”结合起来，加大学生的学习动力，在全体学生中开展“当代学生的形象”的系列教育，并千方百计把文字表达的内容内化为学生的认知、情感和自觉的行动。

“教育的艺术在于鼓舞和唤醒”，“每一节课的质量直接影响学生生命的质量，就是用你的生命来影响他们、感染他们，让他们懂得做人的道理”。“师爱超过亲子之爱，师爱是大爱，仁爱。”“怎样把课教得有吸引力、感染力，能叩击学生心灵，触发学生思维？怎样不仅让学生学有所得，学有所能，而且让他们未知有欲罢不能之势？这些问题的破解不是一时一事的短、平、快，而是要潜下心来持续不断地刻苦钻研，夙兴夜寐，锲而不舍。”“我们往往花费相当精力上一节质量上乘的公开课或研究课，这当然值得赞扬。

然而，更为重要的是这种可贵应该努力常态化，从课的质量到人的精神，努力做到每节课都有亮点，都有耐人咀嚼、耐人寻味的东西，经得起听，不同层面学生都能受益，都有满足感和上进心；每节课都有你的信念、情操、学识在闪光。”这些对于于漪来说，“看起来是对怎样上课的思考与实践，内在支撑的却是敬业精神与对学生的仁爱之心”，是敬于才华，久于善良，忠于人品的显性呈现。

好教师是教育科学的探索者

师德永居高处，传厚德之道；学问远争上游，播载物之理。“一个教师真正的成长就在于他内心深处的觉醒。”“一辈子做教师，一辈子学做教师。”于漪一辈子有两把尺，一把尺子量别人的长处，一把尺子量自己的不足。在这种“比”和“量”的过程中，她总能找到自己的不足，总能学到别人的长处。作为一名非“科班出身”的语文教师，于漪带着两把尺子，走入了基础教育的大门，登堂入室，成为卓然大家，是“活到老，学到老”最好的注脚。

从于漪 60 年的教育智慧中，我们能够感受到她始终立足语文学科，站在语文的立场教书育人；她一直强调文化是民族的血脉，教育就要树民族精神之根，立爱国主义之魂。“课堂理应流淌时代活水，教育从来不是一个结果，而是一个生命展开的过程，它永远面向未来，不会结束。”于漪注重结合时代特点，从身边获取教学资源，提高教学效果。“怎么样才能使自己从事的教育教学永远勃勃有生机呢？那一定要有强烈的内驱动力”，也就是“内心的深度觉醒”。内驱动力，就是为师者独辟蹊径，勤学不辍，精教不止，期大音，跃龙门。

阅读和写作是语文学习的两条基本路径。只有用心阅读，才能由语言文字进入作品的深层，真正体味到作品的价值和意义；只有敏于思辨，把心交给文字，才能用慧眼和灵心写出真正好的文章。在于漪老师看来，“阅读是为了心灵的滋养、精神的成长、思想的充实，为了成为国家建设者的责任担当”。“读书，贵在读出味儿”；善读书者，还要有一支灵动的笔。因为，“思想是语言的内核，语言是思想的外衣”。60 多年来，于漪老师在写作方面积累了丰富的经验：文章要做到“言之有序”，须在谋篇布局上精工巧作；写文章要千斟万酌，再三修改；写时，须抓住写作要求，快速构思，搭框架，打腹稿，然后下笔成文。

“把心交给文字，是一种境界，是一种快乐”，我写故我在，用写作抵达精神之乡。于漪特别重视教学的回顾与反思，反思“教程中的走调、错位，寻觅更适合学生内心的教法，不断自我否定，自我超越”。她认为“作为一名老师，除了教书、读书之外，专业写作更应是一种经常态，写是人生从此岸向彼岸的泅渡；写是生活晶体的析出”。如果说“学而不思则罔”，那么“思而不写则庸”。写作，表面看来，只是随时随地把所思、所想、所感记录下来，但某种意义上，是于老师在成就一个个学生的同时，书写自己的职业历史和生命传奇。

于漪之所以成就卓著，除了有丰富的实践、大量的阅读、深入的思考之外，更重要的是经年累月地笔耕不息。可以这样说，于老师正是经常处于一种不间断的写作状态和写作行为之中，教育实践才转化为教育思想，吸纳的教育智能才转化为教育艺术，个人的教育特色才转化为教育风格。

“行是知之始，知是行之成”，启迪教育智慧，点亮杏坛人生。《于漪知行录》是于漪 62 年“求真向善尚美”教育思考的精华记录，丰富的主题涵盖了教育的方方面面，对于广大一线教师有极强的针对性和指导意义。全书有大量于漪老师的珍贵照片首次面世，配以精彩的图注，图文并茂，适合现代人快节奏的阅读方式。书中以二维码的形式链接于漪部分精彩的演讲视频，使读者在阅读精华内容的同时，可以欣赏到于漪极富个性和魅力的演讲，对于广大一线教师来说有较好的指导作用。更加难得的是，正文内容旁，我们还可以欣赏到于漪心有所感，亲笔批注，三言两语，隽永绵长。本书最大的一个优点，就是小而精，文风清新，从宏观的视野，简明扼要地阐释：好教师是“思，然后教”“行，胜于言”“学，而不困”“思行学”三者合一淬炼而成，是一本具有学术含量的通俗读物，雅俗共赏，相得益彰。

“教育就是要给学生奠定生命之魂，让生命开花结果。”《于漪知行录》为我们提供了修行的新路径。读一读《于漪知行录》，于漪老师之所得，或成大家之所得，亦如《易经》上的“姤”卦，推云播雨，创造新生。有人说，优秀的人有两条命：性命和使命。作为师者，让我们用性命的成长创造使命的精彩，感师者之乐，悟育才之道，登教坛之巅！

（原刊于《中国教育报》2017 年 5 月 22 日，后《中国教师》2017 年第 16 期转载）

14 夸美纽斯：孤独的拓荒者

20 世纪 80 年代初期，我的大学岁月，很幸运地遇上了我们国家思想解放的年代。人们从压抑和封闭的状态苏醒，每个人都对知识充满神往和崇敬，空气中飘着书香，浓郁的知识氛围如同现在的无线网络（Wi-Fi）一样无处不在，卢梭、黑格尔、弗洛伊德是青年学子最时尚的话题，每一个人都会对知识分子投以敬重的目光。

相　知

清晰记得开学后的第三天，学校因没有现在的视频/音频系统，在每个科（即今天的学院或系）仅能挑选若干名学生参加大礼堂举行的开学典礼，从山沟沟走出的我有幸亲眼看到了风度翩然的蓝葆春校长。在他激情四射的致辞中，让我铭于心怀的是，他因一时心急，在念夸美纽斯时，愈想一气呵成愈结巴，最后终于表述清楚夸美纽斯说过“太阳底下再也没有比教师这个职业更高尚的了”这句话。而今即便有很多老师认为这句话是星级很高的忽悠言论，但每每接触这句话我还是倍感亲切和温暖。

让我对夸美纽斯加深印象的是大一给我们上教育学课的程老师，程老师当时年届而立，一头茂盛恣肆的黑发，常梳理得纹丝不乱，光泽炯然。一副珐琅眼镜，衬在线条饱满的脸上，显得清朗俊逸。程老师上课，喜欢盯住教室后面某处天花板，眼光破镜而出，犀利如剑，仿佛要穿墙而出，直透到“秦时明月汉时关”的邈远意境。所幸，程老师与我们年齿相若，共同语言也多，彼此间的隔阂和距离便少了几许。他讲教育学的原理、规律和流变，也讲自己的教育教学甘苦、得失和体会，既言传，也身教，既理论，也示范，深入浅出，卓然淋漓。尤其是在讲解夸美纽斯这一章时，他每一节课都用了幻灯片，并且反复教导，要想做一个好教师，你必须在夸美纽斯身上汲取营养。因爱屋及乌，我喜爱上“教育学”，不过对夸氏的教育理论及书籍了解仅仅停留在课本所提供的文本上。

扬·阿姆斯·夸美纽斯（J. A. Comenius，1592—1670）是17世纪捷克教育家，置身于欧洲封建主义和资本主义交替的历史时期，是人类教育史上里程碑式的人物。他一生致力于民族独立、消除宗教压迫以及教育改革事业，他吸收欧洲文艺复兴以来人文主义教育成果，反映新兴资产阶级的教育要求，总结自己长期的教育理论与实践，撰写了《母育学校》《大教学论》《语言和科学的入门》《世界图解》等教育著作，全面系统地论述了教育问题，揭露并抨击了中世纪经院主义教育理论及其实践的危害，提出了一系列有助于促进生产和科技发展的教育见解，奠定了欧洲近代教育理论的基础。

毕业后，在省城参加一个老乡聚会，饭前主人家保姆在饭桌上放置书籍用来垫放菜碗。因为职业的敏感性，仔细观察书脊，我大吃一惊，发现有一本旧书竟是夸美纽斯的《大教学论》。可能是常常用来垫碗，上面已是油迹斑斑。我十分心疼，食不知味，感到老乡如此这般，简直是暴殄天物。老乡觉得我情绪不佳，忙问其故，我答：“你答应将这本垫碗的书给我，我就与你开怀畅饮。”老乡知道我秉性，哈哈一笑，从碗底抽出那本《大教学论》放进我包里。那次我大醉，为夸美纽斯，也为教育的今天和明天。

说实话，夸美纽斯的文字始终洋溢着一种高蹈独具的个性和精神，很人文，也很道德。

世界教育大师无数，而夸美纽斯是难得的一位实践的思想者和思想的实践者。沿着他一生的脉络探寻，你会发现，他是一个在爱与慈悲里成长的幸运孤儿。

顺藤摸瓜，在张狂的岁月里，我阅读了他的三本经典，它们构成了我教育世界最初的底色，也为我未来的教育生活提供了隐约而清晰的指向。

其时，偶有同事发表论文，惹人眼羡，我也突发将自己作品变铅字的奇想，写了一个《So…that 句型及其他》的“豆腐块”，投进了《中小学外语教学》编辑部，大概是歪打正着之故，约两月余，还真的收到了平生第一本样刊。受夸氏《语学入门》和《世界图解》的启发，我的论文《教材编写应遵循六个字》被《人民教育》杂志社相中，《JEFC 教材误点榷谈》又一次撬开了《中小学外语教学》的大门。随后十多年的教学论文和教育言论的写作，引用和化用夸美纽斯的教育名言成了我文字出彩的“通关文牒”。

相　随

如果说亚里士多德《灵魂论》为古代教育实施德智体三育提供了哲学心理学依据，那么夸美纽斯教育代表作《大教学论》则是近代教育理论的基础。该书以严谨的结构系统地论述了关于改革经院主义教育、建立资产阶级新教育的主张，首次提出了一个比较完整的教育体系，是教育学著作之丰碑。

在我看来，夸美纽斯是一个孤独的拓荒者。说他孤独是很贴切的，生前的夸美纽斯经历过无数次的压迫，被人忽视、流离失所，很孤独，也很痛苦。而死后的他，如同他那具有前瞻性的教育理论一样被人遗忘了200年之久，才被人从尘封中开启。说他是一位拓荒者也是实至名归的，因为他几乎在所有教育理论、教育实践的重要问题上都有他那个时代的开创之举，而且拓荒很广很深，贡献卓著。《大教学论》虽以“教学论”为中心词，但其实远远超出了这一范畴，而是自立一个完整的教育理论体系。

支撑教育谱系的《大教学论》共33章。其中，第1～14章从总体上论述了人生的目的、教育的目的、任务、普及改革教育的意义以及教学的普遍规律等，第15章专门论述了体育，第16～22章论述了教学原则和教学组织形式，第23～26章论述了道德教育，第27～32章论述了学制系统和课程设置，最后一章是结语，重申其教育计划的优越性和可行性，呼吁各国进行教育改革。

《大教学论》既有夸美纽斯对教育经典的阐释，又有对人类文明的借鉴；既有对古代典籍的赓续传承，又有适应彼时进程的推陈出新；既有立足本位的价值理念，又有胸中有丘壑的开阔胸襟。

器局沛然、愈见愈奇、独具匠心是夸美纽斯的一大特点。文艺复兴、宗教改革尚未完全涤荡中世纪的阴霾，夸美纽斯就在《大教学论》开篇的标题中高呼“人是造物中最崇高、最纯粹、最卓越的”。人文主义思想是他的教育理论的一块重要基石，他重视人今世的现实生活，相信教育的作用，认为人具有理性的灵魂和发达的感知能力，能够通过高明的教育，把人培养成为有智慧、有德行和虔诚的人，成为万物的主宰。在夸美纽斯那里，人是大写的，这是对旧时代的反叛和对新时代的召唤。

启蒙公众，造就神完气足的现代人。夸美纽斯关于普及教育的思想浸透了民主、平等的精神，他孜孜不倦于“泛智学”的研究，主张“把一切事物教给一切人”，认为一切男女都应该进入学校接受教育，由此，他们便不会缺乏思考、选择、守纪等良好的美德，知道如何理性地调节自己的行为。300年后，普及初等教育、男女同校等夸美纽斯当初的“奇想”成为现实，其开创性的远见可见一斑。

在书中夸美纽斯论证了学校教育的优越性，但他针砭时弊地指出旧式学校是恐怖的场所、儿童才智的屠宰场！一方面，他认为，教学是一门讲究规律、规则的“科学”，最重要的基础或原则就是效法自然，从自然那里得到教育人的启发，他还根据实践经验归纳出了许多具体的教学原则。另一方面，他认为教学又是一门复杂的技艺，需要教育者掌握高超的教育艺术，这样才能让教学不至于成为一件乏味的事而易为儿童所乐意接受。

虽然，班级授课制在古代罗马著名的教育家昆体良那里已经有了思想的萌芽，教会学校也有过初步的实践，但只有夸美纽斯第一次从理论上对之加以论证和完善，使之成为至今全世界仍在使用的主要教学组织形式。夸美纽斯第一次明确地提出了一个完整的学制系统，把学校分为相互衔接的母育学校、国语学校、拉丁语学校和大学，主张按学生的年龄特点循序渐进地授以知识。他还亲自撰写了第一部家庭幼儿教育学著作《母育学校》和第一部儿童看图识字书籍《世界图解》。

夸美纽斯的适应自然教学原则一直与教育相伴，特别是“直观性、自觉性、巩固性、系统性和循序渐进性”原则是所有教师进行教学工作都必须遵奉的一条“金科玉律”。这些不朽的原则，经过300多年的考验，成为现代教育、教学理论的精华和核心。

“爱恋不过一学期，却终生为此受困。”研读夸美纽斯可以洞见其品行端方，性格狷介，他后期的生活虽然颠沛流离，但他不忘初心，做着自己想做的事业。尽管我是一个教书匠，但我深信没有教育家的情怀做不好教书匠。由是我以夸氏“懂得科学，纯于德行，习于虔敬”为指南，从他和陶行知那里汲取心灵鸡汤、精神燕窝，力争课堂谨严有度，入耳动心；班务工作注重心中有学生，眼中有细节，言谈亦尽可能激情而不乏条理，严谨而不失幽默，做一位帮助孩子们通向更高思维高度的“助产士”。

反　思

不可否认，夸美纽斯虽是一名乘风破浪的拓荒者，但他最终不能完全摆脱那个时代的局限性，其著作中也有不彻底的旧思想的痕迹。与我们时下“不唯高考没有今天，只唯高考没有明天”相契合，夸美纽斯是“一只脚迈进了资本主义的门槛，另一只脚却站在封建主义的庭院中”。

一方面，他从幼年起就深受宗教的影响，基督教的世界观根深蒂固，认为“敬畏上帝是智慧的开端与结尾”，把《圣经》看作学生的“最甜最好的乳汁”。另一方面，他又接受了英国哲学家弗朗西斯·培根的唯物主义的感觉论，认为一切事物都受自然秩序所制约，倡导教学工作适应自然秩序的原理。明智的读者不必纠缠于作者某些细枝末节的观点和见解，而应当细心考量，从中汲取丰富的思想养料，以思教育之改进。

夸美纽斯之后的许多教育思想家的教育理论都或多或少地让人觉察到夸美纽斯教育理念的影子，当下中国的教育改革也需要从这个滥觞之处找到一些重要启示。比如：夸美纽斯认为在被外界束缚的时候，教师应主动突破，首先让自身强大起来。既然如此，我们如何能够突破藩篱？就拿职业规划来说，如果我们善于规划自己的杏坛人生，选准某个点，一镬头掘下去，坚持不懈，持之以恒，肯定能掘出清冽甘甜的泉水，即使是普通的草根，也定能成为“尺码相同的人”的领雁，能获得自身心灵的舒展。

“教育是人类得救”的主要手段，“有教养的民族能利用的宝藏”，时光隧道里传来的这些话，振聋发聩。

（原刊于《中国教育报》2016年12月5日）

15 轻奢之旅，另眼看山河

出发前在家对线路、交通工具、旅行时间等作了详细的了解和规划，尽量选取“颜值”最高的线路。一个人肩背一个双肩背包、手拿一瓶茶开始了我拜谒名人故里、看山看海和礼佛之旅。

尊古厚今，徽山绩水正芳菲

从鄂东毕昇故里、丝茶之乡出发，乘坐飞驰的动车，窗外风光如同画卷依次展开，第一站我选择的是徽州绩溪。“邑小士多，绩溪为最。”位于黄山脚下的徽州绩溪，深入大山腹地之中，在这片皖南山区的古村落里，人们世世代代生活在恬静中，可谓人间净土。的确，徽州遗世独美又婉约细腻。陶行知说：世界上只有瑞士可以与我的家乡相比。而胡适老年时曾伤感道：故园东望路漫漫，双袖龙钟泪不干。

“一生痴绝处，无梦到徽州。”汤显祖的这句名句勾勒出的是古人对古徽州的向往，古徽州昌盛的文风和文化影响力以及秀美的山川，都是令人仰视和尊崇的对象。而这一切显耀的源头，都指向了绩溪。游历在华夏最美画里乡村，听脚板叩石板，一幢幢白墙黛瓦的百年老屋错落有致地镶嵌在这片宁静而悠远的风水宝地上，几百年历史的砖瓦楼阁风雅依然，散发着被时光浸润过的温暖与暗香。始建于宋代的胡氏宗祠是龙川文化的核心，这个庄重大气的宗祠集徽派砖、木、石三雕和彩绘为一体，祠堂正厅以 14 根粗大的银杏木为柱、柱基采用枣木刻成莲花瓣托、架着大小 54 根冬瓜梁而成，结构为抬梁和穿斗式相结合，显得威武、壮观、凝重。无论是窗上的镂空花格，还是落地窗门上的浮雕花瓶，无一不是精雕细刻，显示出精湛工艺的同时也暗示着当年徽州商人雄厚的财力，更享有“江南第一祠”“木雕艺术博物馆”和“民族艺术殿堂”之美誉。

祠堂尊教化，继世重家风。美妙绝伦，空灵深邃的龙川胡氏宗祠，从古至今不知走出了多少显赫的贤士名流：国学大师胡适之、制墨巨匠胡开文、红顶商人胡雪岩、湖畔诗人汪静之，以及胡富和胡宗宪“一文一武两尚书”。他们不仅对当世功德无量，也为后世龙川族人争光无限。宗祠，收藏昨天，注视今天，激励明天。如何胡氏宗祠里，有一串串璀璨的明珠，辈出神州大圣贤？每一个观光者都会有这个疑问萦绕在心头。除了众所周知的得江南物华天宝之利和徽文化崇文重教、勤俭致富之熏陶外，我想胡氏独创的和谐家风亦是关键。龙川胡氏在治家上有一个独特的秘方，那就是崇尚和谐。在龙川胡氏宗祠里，能够看到大量以荷花为主题的桶扇。导游说，胡家推崇荷花，不仅因为其高洁的品质，更因为它谐音为“和”，体现了家族和睦、长幼有序、亲同手足的“和谐”之意。

“东方巴黎”，十里洋场百年外滩

到上海旅游观光，首选外滩和陆家嘴，毕竟它们是“东方巴黎”最负盛名的标签，尽管本地人对南京东路和陆家嘴是不屑一顾，但外地人初来上海的感受，这就像去了北京必到天安门，到纽约一定感受一下曼哈顿一样。

在陆家嘴，最能体会大上海的都市风情，不断崛起的现代化高楼大厦，明珠璀璨，琼楼玉宇，是解读上海的最佳地点。绿色的滨江大道，犹如一条彩带镶嵌在浦江东岸，给陆家嘴增添了一道亮丽的风景线。8600 平方米的中心湖，设计成浦东地图版块的形状。湖畔的景观篷一反砖盒子玻璃幕墙建筑，主桅杆高 28 米，篷形为白色的海螺，又像船帆，给人以无限遐思。

波光粼粼的黄浦江不仅是上海的母亲河，还是上海的缩影和象征。漫步在黄浦江外滩观光平台上，一边是浦西颇有异域风情的“远东华尔街”之“万国建筑博览”群，一边是浦东高耸入云的高楼大厦；一边是“学成武艺，货与商家”弄潮儿的尽显本色之地，一边是“学而优则仕”所向往的中国浦东干部学院。而在夜晚的流光溢彩中，由沿江两岸的建筑和它本身，都披上了暧昧的光影，这里记录着大上海一个世纪的繁华，藏匿着多少令人唏嘘感慨的故事。行走于这片光怪陆离的建筑博览群，也许脚下的路就曾记录过那一个个向上的梦。

千与千寻——小洋山

小洋山在中国众多的风景名胜中的确有些微不足道，但它却拥有在众多风景名胜所早已失去的宁静和安详。连接上海和小洋山岛的是全长 32.5 公里的东海大桥，它是洋山深水港连接上海陆地的唯一通道。暑期到小洋山赶海绝对是一大人生趣事，犹如《千与千寻》里的荻野，我们到了一个海上灵异的小岛。一种全新的旅游方式呈现在我们面前：在海滩上抓小蟹、挖蛏子、掏蛤蜊、拾贝壳，使人如同回到童年时代。行于山水之间，既有狭窄的小道，又有茂密的丛林，跳跃于大大小小的石头上，可以看见神奇的石龙、姐妹石、镇龙石、水磨球石和双龙观潮等罕见石景。岛上还留存着“海阔天空”“倚剑”等摩崖石刻、古渔村遗址、古炮台遗址等文物古迹，只有身临其境才能远离城市的喧嚣，观海听涛，欣赏到小岛如画的山水之美。

岁月峥嵘犹幻象，山水溪口亦妖娆

奉化溪口，一个萦绕多年的地方，随着车子的停泊，轻轻地启，慢慢地落。溪口虽小，但中国现代史上在这里留下了重要的痕迹，更有着耐人追寻的韵味。

从这里开始，一个浙东盐商的儿子，渐渐走上了历史的舞台，并留下了永远的足迹，虽然他奏出过与历史潮流不和谐的音符，但山水依旧，温情依旧，秀丽的溪口一如既往地凝视着历史的变迁。

徜徉在一步一景、十米一俗的民国大杂院里，两副对联和两张照片让我伫立良久：一是国民党元老于右任撰赠友人蒋经国的那幅倍受世人尊崇、耳熟能详的“计利当计天下利，求名应求万世名”旷世名联。联语明白晓畅，且含义深刻，反映了于老从圣贤之道的名利观出发，鼓励蒋氏从民族的长远利益和国家的前途出发“计天下利”“求万世名”。仅仅十米便是蒋介石自箴同时与儿子经国共勉联：“至善至中寓理帅气，无声无臭唯虚唯微”，以及他晚年送给经国让儿子“此后修养治事，定以此为准绳”的“主敬立极，法天自然”八字。

在目不暇接的图片资料前，富于传奇色彩的宋霭龄、宋庆龄和宋美龄三姐妹抗战期间再聚首的照片，让人思绪万千：她们个个兰心蕙质、才华横溢；她们拥有同样显赫的家世、美丽的姿容和传奇的婚姻；她们拥有不同的梦想和迥异的人生；她们在风云变幻的中国历史上留下了不可磨灭的足迹，血浓于水的亲情。有人用“蔼龄爱钱、庆龄爱国、美龄爱权”来概括宋氏三姐妹，我认为有失公允，至少是狭窄化、简单化来看待历史人物，但世人能达成共识的是——她们是中国最著名的姐妹花。

另一张是蒋介石拄着手杖，坐在竹椅上的照片。照片中的蒋介石，是个慈眉善目、远离人世纷争的落叶老人。蒋介石一生极具争议，但是他的简朴作风、平实平淡的生活习惯、不讲究奢侈派头，是为人们所公认的。回眸历史，沧海桑田，气势凌人庄敬自强，处变不惊人老情弥坚。老年的蒋介石刚愎、凌人气势不再，而是一位返璞归真“自洽”于儒学和基督的智叟。让人情难自禁地想起“青山依旧在，几度夕阳红”。我想随着时间的变迁，对蒋氏父子的评价也可能会更加接近历史本真。

远离烦恼垢，增长菩提心

心融妙理虚空小，道契真如法界宽。最后一站我来到普陀山，真正和普陀山撞个满怀。普陀山位于星罗棋布的舟山群岛中的一个小岛上，与其他岛屿不同，普陀山没有大桥与外界相连，只有不多的几艘船载着游客们驶去、驶离，也许正因如此，这里具有了一种恍若世外的气息。

上岛之后，碰到一行刚从佛学院下了课的小僧，青衫布鞋，面容虔诚而沉静，说话语调稳而轻，却似有一种震动人心的力量。向前走，古树掩映着曲折的山径，海上下午灿烂的阳光透过树隙在石板路上洒下斑驳的光影。不知为何，这里的一切都显得无比干净与空灵：石板路是青灰色的，似乎不染尘埃，树木的枝干很粗，有沟壑起伏，但在这些沟壑中，却只能找到时光积淀下的静稳气息，难以觅见韶华刻下的苍老浮杂，连每一片树叶都是极尽伸展以呈现其绿与美的。

拜谒了普济禅寺，欣赏了海印池，抚触了下马牌坊，远瞻了多宝塔之后，我们来到了南海观音面前。层层白色石阶与石台之上，她微举右手，站在莲花座上，面对无边的大海，双目微闭，似在注视着天下苍生。金铜塑像伫立在白色石台之上，以湛蓝的天空和苍茫的大海为背景，宏大而神圣。我登上重重石阶，向着大海，倚着石栏，听着不远处几对身着白衫的中年人咏唱着佛经，此刻，不管心中的任何想法、任何念头，似乎都被海风吹了个干净。望向南海观音，我看着她慈祥而庄重的容颜，心中料想她定有如同这大海蓝天一般广阔的胸怀。

不记得有多久了，似乎这是西藏之后的又一次对心灵的彻底洗礼。什么都不必说，什么都不必想，只是看着，听着，观察着，就发现来到这里的每一个人都轻言细语，生怕惊扰了什么一般。每一个人，都小心翼翼地维护着这里的一片宁静，却不知不觉地维护了别人，也维护了自己。静谧的地，静谧的树，静谧的禅机；宏大的天，宏大的海，宏大的观音，宏大的心怀；加之佛教对人清净、向善的引导，我想我沐浴着这佛光得以又一次成长。这一次我跟蔡社长提出：能否在此歇一夜，哪知附和者不少，竟然亦都有此意。“观海听潮尘念远，诵经礼佛净心明”，这是一次礼佛之旅，也是一次洗心之旅。

是的，行走本身就意味着生命本能的恢复，创作资源的蓄积与灵感的给养。尽管多年的积蓄消耗殆尽，但我在感受大自然美丽的同时，能够经历一次次心灵的洗礼，这也就足够了。

（原刊于《中国国家地理》2016 年第 5 期）

16
印象塔吉克斯坦

到过塔吉克斯坦，才知道高山之国的来历，塔吉克是中亚诸国之中国土面积最小的国家，境内山地和高原占90%，其中约一半在海拔3000米以上。塔吉克族是中亚一个古老民族。公元9世纪，塔吉克人建立了历史上第一个以布哈拉为首都的萨马尼德王朝。1991年8月底其更名为塔吉克斯坦共和国，同年9月9日宣布独立。

这个和我国新疆接壤的山地小国，虽是近邻，但大多数国人对这个国家并不熟悉，即使有亲戚在这儿长期工作，但我除了知道这个国家是苏联解体后独联体中最贫穷的国家外，其余的也是所知寥寥。

7月底，我随旅行团来到塔吉克。因为早有心理准备，所以这里的经济的严重衰退并未引起我们太大的震惊，倒是白天热得让人难受让我惊诧不已。但渐渐地我们却发现了塔吉克令人欣喜的一面——这是一个极具风情的国家。

导游手册上显示，塔吉克人社交习俗总的特点可以用这样几句话来概括：

塔吉克人重宗教，“斯坦”原属国称号；
女子发辫喜细多，还爱头戴小花帽；
礼节民族有传统，热情诚恳讲礼貌；
绿色大多都偏爱，黑色见了为不妙；
左手服务受厌弃，这点务必要知道。

简而言之，拉面汤、烤肉、手抓饭、馕、民族服饰、花长的胡须和方顶的帽子即是塔吉克民众的生活全景图中的主要符号。

难忘爽朗纯净的微笑

前去杜尚别的途中只需瞥见几眼，就知道这是一个亟待发展的国家。塔吉克人对中国的印象非常正面。只要看到东亚面孔，路人就会用“你好”来打招呼，连年纪很小的小孩都会说“你好”。塔吉克年轻人学习中文的越来越多，中国在塔密集投资，会讲中文的塔吉克人拥有更多的就业机会。在它的4个邻国里，中国也许是这个深锁于内陆的小国最为重要的依靠。塔吉克斯坦从中国获得了大量援建项目：修路筑桥，布电线，修天然气管道，开矿，还有人道主义援助，而最为重要的是：中国的影响力不亚于俄罗斯，但中国至今从未试图像俄罗斯、美国、法国那样对塔吉克斯坦进行军事渗透。无论在村镇还是都市，这里的人们对我们都很友善，爽朗纯净的微笑的脸上写满了坦诚和友善。

爱美女性的一字眉毛

塔吉克的风情很大程度上来自美丽的塔吉克女孩。目前在塔吉克斯坦，男女比例是1∶7，在塔吉克斯坦出现了“男人稀缺”的现象，传说这里就是唐三藏经过的女儿国所在地。

塔吉克斯坦境内塔吉克族人占有绝对优势，从外表看，塔吉克族人和印度人很像，少女尤其美丽动人。典型的塔吉克女孩的装束是头上扎着花头巾，身穿齐脚踝的长袍，长袍下面一定还要穿条长裤，赤脚穿一双拖鞋。

走在大街上，我总是情不自禁地被塔吉克女孩娇艳的面孔所吸引。看得多了，我发现了一个有意思的现象，塔吉克女人是不太爱化妆的，她们有天生的明眸和浓眉，很多塔吉克女人脸上只做一种妆扮，就是用又黑又粗的眉笔把两条眉毛连在一起，看起来额头上只有一条眉毛，非常醒目。因为好奇，有时候我竟会不礼貌地盯着她们的面孔，她们发现我的目光都会友好地冲我微笑，有些姑娘知道我在看什么，还会俏皮地指着自己的眉毛笑得一脸灿烂。

招牌式的金牙，为了显示有钱

塔吉克人虽说很穷，但不少当地人都有镶金牙的习惯，女人尤其多。据笔者观察，在中亚的这几个国家，镶金牙可算是一种普遍现象，有的人只是镶一两颗，有的人竟然大部分都是金牙。我猜测这种 20 世纪三四十年代曾在中国某个阶层中流行一时的风气，现在在这里可能仍是一种时髦，或者是财富的象征。我问过两个塔吉克女孩："为什么这么多人镶金牙？"她们笑着说："好看呀。"但却不愿意讲得更多。

一直到在一家博物馆参观时，我才得到一个完整的答案。接待我们的女解说员讲一口流利的英语，咧嘴一笑，也是金光闪现——知识女性竟然也镶金牙。我抓住机会，向她询问这个问题。她说，中亚这几个国家确实都有镶金牙的习俗，塔吉克也不例外。简单说这就是种时髦，越有钱的人镶得越多。我问她："像您这样受过良好教育的人，也追求这种时髦吗？"她想了想说："在塔吉克，或者可以说在中亚，妇女的地位都是很低的，不少妇女受过高等教育，懂几国外语，自己工作挣钱，但是在家里还是没地位，很多事情都要听命于丈夫，和丈夫之间更是没有平等的爱。像镶金牙这种事，男人其实更愿意镶，他们也愿意让自己的女人镶，这能说明他们家里有钱。"

随后，她又问我，在你们国家，大家觉得什么样的牙齿好看？我说，我们觉得整齐洁白的牙齿是最好看的。她思索了一会儿，点了点头对我说，其实他们也认为洁白的牙齿好看，但是因为这个地区医疗和卫生条件的限制，想长一口洁白整齐的牙齿很难，所以这里的人就干脆镶金牙，一劳永逸了。

快乐是天生的

"一劳永逸"对塔吉克人来说，可能真的是重要的。由于国家经济的衰退，人们的月均收入不到 9 美元。塔吉克在苏联时期时在各加盟共和国中就属于经济比较落后的，苏联解体后，加上随即而来的连年内战，塔吉克的经济更是一落千丈。城市里看不到多少新的建筑，大部分工厂处于停产或半停产状态，甚至就在首都杜尚别近郊的乡村，也看不到丰收的景象。塔吉克妇女平静的面容承载了一个国家十几年来不得不背负起的沉重。

为了进一步了解塔吉克，友人托付当地的朋友把我带到塔吉克议院的新闻办公室，我们见到了《杜尚别晚报》年轻的女记者优素芭娃，她是塔吉克族人，有着大多塔吉克女人都有的修长的眉毛和黑亮的眼睛。但她没有穿民族服装，也没有画一条眉毛，更没有镶金牙。优素芭娃穿着朴素的长袖衬衣和长裤，腼腆地和我们这些来自中国的朋友打招呼。在中国国内的城市里，几乎已经看不到年轻的女孩子有这样装束的了。同样是 23 岁，北上广女孩脑子中的时尚概念与这个塔吉克女孩已是截然不同。

不过就像塔吉克女人的丽质是天生的一样，她们的快乐也是天生的。杜尚别市内有不少喷泉，因为缺水，很多都干了，但在有水的喷泉池里，总能看到美丽的塔吉克少女裹着头巾，穿着长袍，站在喷泉中间，清水像雨露一样洒在她们身上，她们快乐地嬉笑着，笑容明朗而单纯。

没有污染的人性和环境

在塔吉克不论你漫步在山村里，还是走在绿草如茵的牧场上，都会听到令人神往的鹰笛声，它们常伴着人们雄浑的歌声和健美的舞蹈，使塔吉克族人民的文化生活具有浓郁而强烈的帕米尔高原风格。其中鹰笛曲《塔里要吾里》可以说是塔吉克音乐的象征。

首都杜尚别，让我挥之不去的，除了塔吉克地质博物馆、萨马尼纪念碑和国家大剧院外，还有这里整洁的街道、友善的市民。特别是自觉有序的交通值得称道，少见行人乱穿马路，行驶车辆都是停车避让行人，行驶的驾驶员靠路边停稳车后才接听手提电话，我原以为驾驶员是因为我们才这样做的，后来私下了解到这是一种普遍的习惯养成，殊为难得，值得学习。同时，这个落后的城市，最值得称道的还是她“落后”的优势，她还没有被工业化所污染，天与地有如 Windows 的桌面，还有那飘来的清新空气！

有着美好合作的前景

塔吉克斯坦特殊的地缘环境导致其奉行平衡多元外交政策，在与世界各国发展友好合作关系的同时，重视发展与俄罗斯、中国、美国的外交关系。

长期在塔使馆工作的亲戚介绍，杂技艺术和芭蕾舞是塔中文化合作中极富前景的一个方面。中国在这一领域具有相当丰富的经验和很大的潜力。如塔吉克已经有百多人在中国接受杂技和芭蕾舞培训。另外，中国还给塔吉克斯坦在建设博物馆和图书馆等方面提供了专业人才培训和再培训。

雕塑艺术方面的经验交流是两国文化合作中的重要领域。双方已经多次互派艺术家交流彼此在雕塑领域的独特性及其对世界的感悟。2007 年实施“两位哲人计划”，即在北京为塔吉克斯坦学者、哲学家阿维森纳（Avicenny）、在杜尚别为中国古代思想家和哲学家孔子建立纪念碑，是两国在雕塑领域中实现合作的重要一步。这个计划业已成为两国人民相互理解、精神互近和永久友谊的象征。

公元前5世纪的先贤孔子将文化看作人类社会联系的基础。我们当代人的任务是珍惜两国源于丝绸之路的丰富的文化遗产，并在两国政府和人民的共同努力下不断将其发扬光大。

（原刊于《中国教育报》2015年12月4日，
后刊《中国国家地理》2015年第12期）

17 吉尔吉斯斯坦：中亚腹地边缘性存在的国家

“明月出天山，苍茫云海间。长风几万里，吹度玉门关。”诗仙李白的一首《关山月》，写尽了天山的壮美。今天的月似乎还是当年月，但故人已不在。

在国人眼里，吉尔吉斯斯坦是一个多文化、多民族的交融之地，既富饶又复杂，既灿烂又忧伤，仿佛是一支从伊塞克湖流淌出来的草原牧歌，又似一群从帕米尔高原上奔驰而来的商旅马队。对于突厥这个草原霸主我想许多人都不会陌生，他们在中国历史上留下了浓墨重彩的一页，却突然间消逝在历史的长河中。带着一颗好奇心，我们来到了这个年轻的突厥语系国家。

半空中的一面镜子

金色的沙滩、碧绿的湖水连同仿佛矗立在湖心的巍峨雪山，伊塞克湖——这颗吉尔吉斯斯坦的耀眼明珠光彩夺目，散发着不可抗拒的迷人魅力：白浪逐着沙滩，鹭鸟展翅击浪，梦幻、神秘，将人们从都市吸引到它的腹地。伊塞克湖距吉尔吉斯斯坦首都比什凯克 200 多公里，湖面长 178 公里，宽 60 公里，海拔 1600 多米。她不仅是吉尔吉斯斯坦境内最大湖泊，也是世界上最大高山内陆湖之一。玄奘西天取经西行时曾经路过这里，且留下了世界上有关伊塞克湖的最早记载：“山行四百余里至大清池。周千余里，东西广，南北狭。四面负山，众流交凑，色带青黑，味兼咸苦，洪涛浩汗，惊波汩忽，龙鱼杂处，灵怪间起。所以往来行旅，祷以祈福。水族虽多，莫敢渔捕。”

我们一行下午到达伊塞克湖景区，根据旅程安排，晚上住在卡拉库尔的一家民宿。晚餐时我们品尝到了伊塞克湖区特产——熏鱼。不同于我们国内的煎炸炖等烹饪方式，这里烧鱼煮饭的方式很特别，主人把食材一起放进锅里，用大盆子盖上再添石头压着密封，慢火焖煮，将汤汁逼出来。甫一上桌，色香味齐备，令人食欲大增。

早起，房东大娘哇哇直叫：运气太好了，让人难以置信。导游兼翻译小杨告诉我们，原来我们竟然遇见了千载难逢的冰川彩虹。大娘说她以前也仅仅是听说过，这也是她首次遇见。

泛舟湖上，北岸的层层雪峰，在云雾中时隐时现，显得静谧和神奇。当风吹来的时候，湖上顿时白浪滔滔，层层浪花扑向岸边，但到了岸边沙滩，又缓缓退回湖中，湖水、沙滩以其独特的方式接触、交融。让人情难自禁地联想到唐朝岑参写下的诗句：侧闻阴山胡儿语，西头热海水如煮。海上众鸟不敢飞，中有鲤鱼长且肥。送君一醉天山郭，正见夕阳海边落。柏台霜威寒逼人，热海炎气为之薄。在盛世大唐和元朝，我国的疆域曾是多么辽阔，留在湖边的不仅有脍炙人口的诗句，还有成吉思汗的铁骑。

邓小平大街

来到吉尔吉斯斯坦，会有一种“穿越”的感觉。在这里，能看到印有“中吉友好”字样的公交车在“邓小平大街”上驰骋，能看到中国地方文化节目，还能遇到年轻人用流利的中文与你打招呼。

比什凯克，吉尔吉斯斯坦首都，位于该国北部，楚河盆地中央，面积20万平方公里，人口560万左右，吉语意为“搅马奶酒的棒子”。百闻不如一见，走在市区的街道上，远处的雪山隐约可见，与仲夏的骄阳组成了一道别样风景。由于处于地震带上，市区内高楼很少，红松、白桦、梧桐和各类花草把城市装点得格外清新宜人。虽是工作日，但在这里感觉不到都市的紧张、忙碌和喧嚣，人们在露天的咖啡厅里休憩，顽皮的儿童在喷泉边嬉闹。大雨过后，我们尽情呼吸久违的绿草与泥土的气息，感受比什凯克自然、健康的“慢生活”。

比什凯克市西部有一条车水马龙的繁华街道，它的名字叫“邓小平大街”。这条街长3.5公里、宽约25米，是双向六车道。在大街东端的起始位置，矗立着一座刻有邓小平头像的浮雕纪念碑。纪念碑有两米多高，用红色花岗岩制成。纪念碑下方用中、吉、俄三种文字写着：“此街以中国卓越的社会和政治活动家邓小平的名字命名。”

随行的导游娜塔莉亚曾在北京学习中文，流连在邓小平大街，谈到中国，她有自己的感受：“中国是我们伟大的邻居，发展得很好。现在吉尔吉斯人学习中文的人很多，因为会中文能找到不错的工作。中国人也很好，他们勤劳、聪明、温和，男人很少酗酒、打架，中国给我们很多帮助，帮我们修路、建医院，他们真的很能吃苦、很能干。”

“那你们不怕被我们中国人抢了饭碗?”我笑着问，娜塔莉亚平静地答道：“当然不怕，勤快的人永远有饭吃，懒汉抱着饭碗也会饿死。”闻听此言，我对这位娇小的女孩不禁肃然起敬。是啊，幸福与其依靠别人给予，不如靠自己勤劳的双手来创造。想到中国改革开放 30 多年来的发展和巨变，身处异乡，我们感受更深。走近邓小平纪念碑，伸手抚摸，红色花岗岩传来的热力仿佛有了生命。

中亚东干人

在遥远的中亚哈萨克、吉尔吉斯、乌兹别克三国交界处，居住着一群特殊的居民——他们黄皮肤、黑头发，讲着地道的陕西方言。他们称政府部门为衙门，称干部为衙役，把飞机叫风船。村内的儿歌“月亮月亮渐渐高，骑着白马带腰刀”已经传唱了百余年，秦腔仍是村内人的“官话”，他们居住的地方被称为“陕西村”。

至今，东干人仍然操着一口浓得化不开的“陕西腔调”，但大多已不识汉字。他们还保持着清朝时婚丧嫁娶的习俗。新郎必须身着长袍马褂，头戴瓜皮帽；新媳妇必须脚穿绣花鞋，头顶红花高髻，身着绣满龙凤图案的红色大襟袍衫。在中亚大地上，东干人固守着中国人传统的生活习俗和文化，让人为之感动。

东干人已融入了当地的社会政治生活，与当地其他民族如哈萨克族、吉尔吉斯族和睦相处，是受教育程度最高的少数民族之一，族群里有许多音乐家、画家、艺术家、教授等。同时，他们还保持着那种“夜不闭户、路不拾遗”的中国古朴民风，家里不锁门，院子一天到晚不关门。此外，他们大多信奉多子多福的传统，因此有许多“英雄母亲”。

近几年，中国国内特别是陕西省同东干人的经济文化交流日益频繁，许多东干人回陕西寻根问祖，不少年轻人留学西安学习汉字，更多的是想回中国做买卖。东干人还先后从陕西引进了制砖机和生产饼干、油漆等的设备，办起了公司和工厂。中国企业也到马三旗地区帮助他们科学种植蔬菜，掌握温室大棚技术。目前，哈萨克斯坦培植的蘑菇都是从“陕西村”购买的菌种。

彪悍风俗：女大学生被绑架逼做新娘

吉尔吉斯人相信“好婚姻都是从眼泪中开始的”。因此，在吉尔吉斯斯坦，至今仍保留着古老的“抢新娘”风俗。绑架新娘大致有两种形式，一种是男女双方早有爱慕之情，他们按照传统习俗自导自演一出“抢老婆”的“闹剧”，最终喜结良缘。这种情形屈指可数，更多的是另一种——男方在女方毫不知情的情况下精心策划的“绑架”，其中新娘不乏女大学生。

“抢新娘”是吉尔吉斯青年男子寻找妻子的一种传统形式。虽然这一习俗已不再合法，但如今又呈现上升趋势。这是因为结婚费用过高，很多人在多次追求女孩未果的情况下，干脆动手抢亲了事。当一个女孩被强制送到“准婆家”后，男方的家人立刻对其展开劝说工作，试图让女孩平静下来并接受现实。尽管很多女孩在被男方绑架后，都采取了激烈的反抗措施，但只要男方家人能坚持把自己的“准儿媳妇”扣留到夜色降临，大约80%的女孩最后都只能无可奈何地选择认命。而在抢亲过程中，女孩的父母、祖父母乃至其他亲朋好友都有可能成为这种特殊绑架行为的帮凶。他们认为，这是一种重新找回民族认同感的方式。

在吉尔吉斯斯坦，女人一旦进入男人的家，就被认为是不洁的。在这个保守的国家，失去童贞又没有归宿的少女会被视作“损坏的物件”，一旦离开身边的陌生人，她们就永远没有机会再婚。面对被纵容的暴力侵害，绝大多数女孩最终被迫接受“嫁鸡随鸡，嫁狗随狗”的悲惨现实。

（原刊于《中国国家地理》2015年第10期，
后刊《新华每日电讯》2015年11月1日，有删改）

18 哈萨克斯坦：雄鹰之国

去过中亚的人都说，那是个去过一次便会撩心拨肺地想重游的地方。想去中亚的理由有很多：Windows（微软视窗系统）桌面蓝、毡房、奶茶和那烤羊肉的浓香，以及飘荡在空中熟悉的哈萨克音乐旋律，还有街头哈族人温暖从容的神情：目光清澈的孩子单纯的凝视，感觉日光走得很慢很慢，心变得很静很安宁。

古老而又年轻的中亚大国

作为一个仅有 20 多年历史的新生国家，“中亚雪豹”哈萨克斯坦对于大部分国人而言是一片完全未知的领域。它地处亚欧大陆的心脏地带，却似乎又处在世界历史边缘。但是当你身临其境后，才发现它并不是想象中的那么单调乏味：这个只有 1000 多万人口的中亚大国，2012 年 GDP 竟然跻身世界 50 强。更重要的是，哈萨克斯坦在国际舞台上左右逢源，与世界主要大国的关系都处理得恰到好处。我们的“丝绸之路经济带”战略倡议，就是在哈萨克斯坦提出的。

哈萨克民族原为游牧民族，属于东突厥人的后裔，逐水草而居，民风强悍。哈萨克这个族名在古突厥语中是“自由、无拘无束”的意思，这也充分反映了哈萨克族的民族性格——追求并享受自由。作为游牧民族的后代，哈萨克人保留着草原文化特有的基本精神和价值取向，如英雄乐观主义精神、自由开放精神和崇信重义精神等。同时，由于近现代历史和政治方面的原因，哈萨克民族呈现出多元化的格局，宗教方面伊斯兰教、东正教、基督教和佛教并存。这种多元性，体现了哈萨克民族文化宽容的一面。

哈萨克斯坦长期受到俄罗斯文化的影响，在社会文化、风俗礼仪等方面与俄罗斯和西方一些国家有相似之处，与中国文化也渊源相近，但有不少差异。长期在此为国人服务的使馆工作人员认为，我们要用欣赏的眼光去看待这种差异，以良好的心态和愉快的精神与哈国人交往，实现中哈文化的不断融合，促进中哈经济合作的长远发展，巩固中哈若即若离的两国友谊。

鬼斧神工：壮美的恰伦大峡谷

哈萨克斯坦南部地区最负盛名的旅游景点是恰伦峡谷，该峡谷在地壳运动的作用下形成于3000万年前的早第三纪。当地人都将该峡谷与美国科罗拉多大峡谷相媲美。

晨曦从我睁开的眼前洒过，一室阳光，新的一天始于这最美丽的一瞬。第二次到哈萨克斯坦，第一站就是恰伦大峡谷。当地居民还在沉睡时，我们踏碎满地的金色阳光，行驶在空荡荡的路上。

恰伦大峡谷在阿拉木图和中国边境之间，靠近中国的霍尔果斯口岸，距离阿拉木图市约200公里。我们迎着朝阳，向东穿过两道山口之后，驶离“阿拉木图—霍尔果斯”公路，沿着右侧分离公路开向远处山峦。虽然我们一直在奔向它，但似乎距离还是那么遥远，没有改变。此时对于“望山跑死马”之真意有了进一步的理解，就是现代化交通工具，也要跑这么久，那古代的骏马能不累死？车行三个小时，一座巨大山谷就在脚下，伸向远处。路的尽头，摆着一个集装箱改装成的值班室，路障和大牌子立在前面，牌子上用英、俄、哈三种语言写着“恰伦国立国家自然公园”。

站在下坡的扶栏旁向下看，一条细长的大地裂缝，像是天神用锯齿长刀砍后地面劈出这参差交错的峡谷。峡谷对面另一侧山崖裸露着被雨水侵蚀后的块块红色巨石，这山石像是由一层层石板叠积而成。站在山崖边上，俯仰天空和脚下山谷，很快就有影视剧纵马断头路、惊立悬崖边之感。

手握扶栏，缓缓走下谷底，两侧山崖壁立，谷内遍布怪石和危岩。红黄色巨石以及崖面上，留下了岁月和风霜雪雨里的斑驳刻痕。甫下到谷底，就有一块巨石，像雄鹰张开的口喙，人站在上面，有如被鸟儿叼起的虫子。爬上去，我坐在下面的巨石上，背对长长峡谷，飘然若仙。沿着山谷的小路向前走，两旁尽是这样高达百尺的巨石悬崖，人群行走其间，同巨石相比，如同脚下蝼蚁。路两侧有巨大岩石或者依在山崖旁，或立在山崖下，有岩石头大脚小，微微欲堕，武打小说里“蜻蜓撼柱”在这儿似乎能派上用场，蜻蜓翅膀飞过之力也许就能撼动这万吨巨石。一座巨岩立在左侧路旁，仔细看去，像巨龟托起一座山峰，亦像神话故事中被观音菩萨用石碑镇压的恶龟，背上永世驮着“万劫不复”的字样。

走在宽广的峡谷路里，湛蓝的天空时而有白云飘过，畅快至极。在谷底高声呼喝，重拾古人纵马西域傲啸天地之感。痛快淋漓间，一侧山崖上落下一物，转眼就张开双翅，一只青褐色苍鹰翱翔在蓝天白云之下，雄姿宽展双翼，盘旋在头上天空，空中霸主，凛然气势尽显。此时，人亦恨不得臂生两翼，扶摇直上！

回首身后沟壑纵横、怪石嶙峋的峡谷不免感叹，短暂的一天就此走向终点。回到阿拉木图郊外，来时的青山白云已经藏于淡青色的烟雾缭绕中，原始的洁净自然也就这样被尘世污染。

阿斯塔纳毡房——家国象征

帐篷里挂着狼皮，在阿斯塔纳随处可见的毡房华丽而不失庄重，十分惹人注目。与游牧生产生活方式紧密相连的毡房，如今已退出哈萨克斯坦人的日常生活，但作为民族传统的象征符号，有着深远的意义。华灯初上我们到达阿斯塔纳，旋即开始入住毡房。

形状相似、装饰迥异的毡房后面都有一个露天“厨房”，身着传统服饰的哈萨克斯坦人用大锅煮着食物，供前面毡房里的客人享用。毡房内部现代和传统合璧，房梁上挂着水晶灯具，毡墙上却还挂着布袋、壁毡等代表传统文化的物品。

当地人说，食肉者当中，如果狼排第一，那么哈萨克人则排第二。这句话可以从餐桌上得到深刻的感受。哈萨克人不仅乐于把自己和狼相比，其对狼的珍视也可以从毡房的布置中看到：一般在正对毡房门的毡墙上都挂着价值不菲的狼皮。

整个毡房不用一枚钉子：毡房一般高 3 米左右，占地面积二三十平方米，四周是环形的毡墙，上面是圆形的屋顶。穹顶有时用桦木制成，有时用的是红柳。拱形让它和房杆完美结合，具有超强的负重能力，同时还让毡房显得美观。门框和门用松木制作，各处连接的材料则是牛皮绳和牛筋。作为游牧民族的哈萨克人一年要搬很多次家，整个毡房不用一枚钉子，因为它需要有便携、坚固和轻便的优点。当材料准备好时，一般两个多小时即可“盖”起一座毡房。

哈萨克斯坦于 1991 年苏联解体后独立至今，国家认同仍是该国面临的问题。总统纳扎尔巴耶夫正通过一系列国家活动来强化本民族传统，增加民众对本民族的认识。从这个角度来说，毡房不是简单的居所或生活习惯，而是族群的象征。

位于阿斯塔纳的高档购物中心“可汗之帐”，高150米，被称作世界最大帐篷，是阿斯塔纳城区中轴线人行道的终点。该建筑的原型就是哈萨克毡房。作为一个地标性建筑，其呈倾斜针尖状的顶端不时唤起人们对哈萨克毡房的想象。

哈萨克斯坦于1997年迁都至阿斯塔纳，城市干净、现代化，正慢慢向一个国际大都市发展，和人们心中传统的游牧世界相距甚远。但“可汗之帐”的宏伟壮观正以其“毡房”的象征潜移默化地培育着哈萨克民族的自豪感。

辗转于哈萨克斯坦的三个城市，我对生态卫生城市有了新的认识：哈国的城市整洁、干净，到处都是鲜花、绿草、蓝天和古老的参天大树，城市生态保护很好，且富有文化品位，市民大都很有素养，礼貌、谦让。城市处处有雕刻精美的雕塑，这些雕塑大都以反映哈萨克民族历史上的著名人物和事件以及哈萨克民族的追求和希望为主题，从中可以感受到哈萨克民族珍视历史，崇尚和平、自由的精神和追求；城市无论大小，都有博物馆，阿拉木图市作为哈国最大的城市，有博物馆多达20多座，为很小的一个主题都可以设一个博物馆，足见哈萨克人民对文化和历史的诊视。

哈萨克斯坦是中国的近邻，两国间有近一千七百公里的边界线。由于地处古丝绸之路的中心位置，它在历史上与我们这个东方文明古国有着千丝万缕的联系。哈萨克斯坦离我们又是如此遥远。他的国境向西越过乌拉尔山、乌拉尔河，直达欧洲，与乌克兰隔海相望。近数百年受到俄罗斯的影响，哈萨克斯坦境内各民族很大程度上已经欧化，从生活习俗到思想观念，离东亚文明都相去甚远。哈萨克斯坦地处东西方交汇之处，自古就是各方势力激烈角逐的地方，再加上复杂的国际竞争背景和哈萨克斯坦作为一个新兴国家，充满机会和变数，并且拥有丰富的石油、矿产资源，今天的角逐也就显得更加错综复杂，仿佛平静的海面下暗藏着惊涛骇浪。

（原刊于《中国国家地理》2015年第9期，
后刊《中国旅游》杂志2015年第12期，有删改）

19

绝　尘

——访列夫·托尔斯泰故居庄园

地方因人文而出彩，文化因文学而美丽。雅斯纳亚·波良纳庄园，一个甲子轮回，托尔斯泰在此度过。

从莫斯科出发 190 公里，每逢周末列车才会停靠此站，而在此站下车的人几乎都是托翁拥趸者。走下站台那一刻，我莫名地想到了安娜·卡列尼娜和渥伦斯基在月台上相遇的那一幕。

高天流云，岁月匆匆，从托翁 1910 年离家出走，已经过去了一个多世纪。

进入雅斯纳亚·波良纳庄园，暑热很快消退，静谧肃穆，淡雅空灵，清香扑鼻。因火车晚点和旅途不适引起的浮躁不安，很快被幽美园林的逸情禅趣而逼走，境界兀地拔高。

庄园很大，一眼望不到边的田园风光：广袤，丰饶，气象万千。右侧森林，左侧小湖，远岸漫坡散布着葱郁的森林和空旷的田舍，清澈的小溪沿着林中谷地缓缓流淌，溪水在低洼处汇集成碧波荡漾的小湖，岸边的绿荫倒映在明镜般的湖水中，恰似一幅经过高超光影处理、变化万千的俄罗斯油画。

游客不多也不少，就像大师的生前身后，既不热闹也不冷清，有着淡淡的伤感和寂寥的情绪。

列夫·托尔斯泰出身贵族，受过良好的教育，曾拥有如此奢华而又目不所及的庄园和大批农奴。但是，在他继承庄园之后的半个多世纪中，他的内心却总是在挣扎，为自己的贵族身份和生活方式而忧愤；为庄园的农奴制不合理的生产关系而苦闷。他尝试进行“变革”却无疾而终，他力求生活简朴直至最后离家出走、客死异乡。他的命运本身，就是一部俄罗斯式的深沉而苦长的悲剧。

“一切都翻了一个身，一切都刚刚开始安排。”

据美女导游介绍，直到今天，所有俄罗斯15岁左右的孩子都要学习《战争与和平》和《复活》上的精彩内容，这是国家教学大纲所规定的必修课。在俄罗斯学校的课堂上，对托尔斯泰作品的理解，至今也没有跳出强烈意识形态色彩的评价范畴，以至托尔斯泰之于俄罗斯，就像鲁迅之于中国，看似有着无处不在的影响力，但扮演的却是一个缺乏亲和力，有如文字行刑官一般不怎么让人入心的角色。

托尔斯泰无疑是俄罗斯及世界文学史上一位伟大的文学家，漫步庄园，耳闻导游叙说其生平资料，加深了“他的伟大不仅仅在于作品的美，还在于他自身的人格之美”的印象。从图片和遗物中，我们不仅能感受到托尔斯泰曾经生活过的气息，甚至能体会到大师的心路历程。《昨天的故事》是列夫·托尔斯泰文学道路的起点，也是我们探寻托翁的终点。

托尔斯泰的故居是一栋朴素的乳白色二层小楼，位于树林中最茂密的地方。墙边的栅栏上雕刻着马匹，也许和托尔斯泰喜欢骑马有关。按管理要求我们套上皮质鞋套进入托翁故居，故居内的布局、陈设和作家的两万多册藏书等都原封不动地保留着。人们可以看到作家的书房、卧室、客厅和办公室等。在这里，托翁给人类奉献了卷帙浩繁、无与伦比的思想与文学作品。他的书房，竟有三四间之多，远远超过卧室的数量。在众多的藏书之中，我看见玻璃罩里，展开摊放着一本1903年英文版《道德经》，原籍空白地方，写满密密的俄文，水笔印迹，百余年了，已经浅显模糊，那是托翁手迹。托翁曾经深受老子与孔子思想的双重影响。道、仁和兼爱是托尔斯泰感受中国智慧的基石，对儒家的修身齐家、中庸之道，道家的无为、克己谦恭和佛家慈爱众生倍加推崇。导游告诉我们，2007中俄文化年，有研究指出，托翁思想的成熟和升华还是源自中国古老文化的“助攻”呢！如此，他后期对人性思考的卓越著述《复活》应该是中俄文化结合的一抹惊艳。回想他的一生，那种在出世与入世间的无法摆脱的矛盾重重，顿觉得世界虽大，时空虽没有交错，人的思想境界却能如此之接近。

在这幽静、整洁、简朴的小楼里，托翁创造了常人难以企及的文学艺术的辉煌，我们仿佛可以看见他伏案写作的情景，看见他把雅斯纳亚·波良纳庄园的美丽的风景写进了《战争与和平》安德烈公爵的家乡童山，甚至可以听到吹过白桦林的风声，闻到他培植的蔷薇的花香。

“幸福的家庭是相似的，不幸的家庭则各有不同。”这是小说《安娜·卡列尼娜》开头的一句。但不幸的是，这位文豪的家庭生活正是这多种不幸中的一种。

1862 年，已度过了放荡的青年期，34 岁的托尔斯泰同沙皇御医别尔斯的女儿索菲亚结婚。索菲亚芳龄 17，虽姿色一般，个子矮小，但正当韶华，聪明热情，富有活力，能画画，善织绣，喜欢写作，热爱音乐，兴趣多样。托翁故居有她的风景画，床上有她绣的线毯，屋里有她剪裁的工具与衣服，桌上还有她为托誊抄的作品。两人曾经度过了一段和睦幸福的生活。索菲亚不仅操持家务，生育子女，掌管庄园，治理产业，一切都井井有条，这使得托翁可以将全部时间用于文学作品的精雕细刻，给人类留下了大量传世之作；而且每夜挑灯，不厌其烦地为他誊清和保存文稿，例如《战争与和平》她就抄过多次。

但两人所受教育、观念、文化水平之间差距甚大。夫妻之间缺乏交流，使得婚姻生活每况愈下。一方面，索菲亚未能摆脱世俗偏见，过多为家庭和子女利益着想，不能理解世界观激变后丈夫的思想，她变得虚荣，嫉妒心强，刚烈且又神经质。另一方面，托翁过于激进的生活观为家庭悲剧埋下祸根。他认为保守秘密尤其是那些有关性生活的秘密是有害的。他将记录自己年轻时代行为的日记都交给了妻子，内容记载他婚前曾经赌博、酗酒、乱交、狎妓，甚至感染性病；还与庄园女工阿克辛雅疯狂相爱，陷入情欲，生了一个私生子，种种性生活的细节要言不烦。这让索菲亚大为恐惧、光火。她想用“一哭二闹三上吊”的方式来制服丈夫，结果却适得其反。写出《战争与和平》的文豪家里，只有“战争”没有“和平”。二人活在地狱般的婚姻里，争吵乃是家常便饭。而托尔斯泰晚年偏执的行为，让夫妻之间产生了更大的隔膜。他主张回归自然，顺乎自然。他还效法老子，主动放弃自己优越的生活条件，过简朴生活，而与妻子发生龃龉。

文学是“向四面八方结下爱的丝网”。这期间托尔斯泰完成了其第二部里程碑式的长篇巨著《安娜・卡列尼娜》，尽管他擅长心理刻画、文字细腻华美，小说艺术已达炉火纯青、白璧无瑕的境界，但这位空前绝后的艺术大师在婚姻家庭出现危机时，却难以找到出路：争吵与自杀，妒忌与发作循环上演。面对“一把辛酸泪”的生活，托翁没有放弃价值关切以换取自我灵魂的安泰和清虚，而是反诸自己，对忏悔予以更大期待，最后，托尔斯泰把自己逼上了绝路。写完《复活》，托尔斯泰抛弃了上层地主贵族的传统观念，回到宗法制度下的农民立场，可是如何消弭地主和农民之间的鸿沟问题还是没能得到解决。没办法，为了自己的信仰，托尔斯泰背叛了自己的贵族家庭，离家出走，“我不能在一个奢侈环境中做一个掠夺者”，天才的耄耋老人，最后客死于庄园附近的一个小火车站的站长室内。导游几次欲言又止，经我们刨根问底，她才说：“他上了中国文化的当，上得那般认真而情愿。”

像光芒四射的《安娜·卡列尼娜》散发着无穷魅力一样，托尔斯泰的墓冢也吸引着来自世界各地的朝拜者。说是坟墓，外表看起来不过是一个棱角分明长方形被浓密厚重青草覆盖的土冢，四周是几株大树荫庇，旁边有一个深深的沟壑，没有墓碑，没有十字架，亦无墓志铭，甚至连托尔斯泰的这个名字都见不到。逼人的朴素禁锢住任何一种观赏的闲情，并且不容许你大声说话。如果不是“土堆”前的束束鲜花，根本就没有人会知道这里长眠着一位文学巨匠和深邃思想者。导游说：俄罗斯人认为墓地并不是阴冷潮湿或严肃紧张的地方，而是让人愉悦、内心安宁的美丽风景。更何况托尔斯泰他无论是文学成就，还是新锐的思想都是一骑绝尘。故附近的俄罗斯青年举行婚礼时，必然要来到这片庄园，向托尔斯泰的墓地献花致敬。

（原刊于《中国教育报》2016 年 6 月 17 日，后《光明日报》2016 年 6 月 22 日转载）

20

映象锡兰：只愿长醉不愿醒

飞过三个小时，才到加尔各答，原本很疲倦，但遵照人民网带队编辑的要求，我们必须立即开始撰写斯里兰卡纪行，也好，趁着记忆还如此清晰，趁着心情还未回复周而复始工作后的乏味。

初识锡兰

斯里兰卡，旧称锡兰，是个热带岛国，在南亚次大陆南端，西北隔保克海峡与印度半岛相望，形如印度半岛的一滴眼泪，镶嵌在广阔的印度洋海面上。“斯里兰卡”在僧伽罗语中意为“乐土”或“光明富庶的土地”，它有美丽绝伦的海滨、神秘莫测的古城、丰富的自然遗产以及独特迷人的历史与文化。有人说它是“印度洋中的一颗珍珠”、“印度洋上的菩提叶”，被马可·波罗认为是最美丽的岛屿。

刚到斯里兰卡境内时太阳刚刚升起，虽然北京时间已是上午 7:45 了，但是由于 Colombo 处于东五区内，时差是两个半小时，当地时间才 5:15。感觉像赚到了两个半小时一样，不过回程的时候照样失踪了两个半小时。

浓雾中的斯里兰卡才刚刚醒来便开始迎接我们。

斯里兰卡岛大致呈梨形，中部、南部是高原，其中的皮杜鲁塔拉格勒山海拔 2524 米，为全国最高点。北部和沿海是平原。河流短小湍急，其中发源于斯里兰卡岛中部马哈威利河流向东北，最终汇入亭可马里湾，全长 335 公里，为斯里兰卡最大河流。

下了飞机，踏上了斯里兰卡的土地，气候宜人空气清新，温度在 28 摄氏度左右的样子。

在从 Colombo 机场开往海边小城 Negombo 的路上，斯国的整体基础设施情况基本和我们改革开放初期差不多，除了首都 Colombo 和第二大城市

Kandy 可以勉强称得上城市以外，大多数城市的基础设施比不上我们发达省份的小镇，路上的主要交通工具是各种摩托车和 TuTu 车。

路边随处可见水果摊，椰子成为最受欢迎的饮料，我们买的椰子价格通常都在 35～40 卢比一个，折合人民币 2 块多一个，新鲜清爽，十分解渴。

著名的 Paradise 酒店，依海滩而建，设施一流，环境优美，全海景房，空调热水全部供应，用美元结算，一晚 90 元，含早餐和晚餐。我们在 Mirissa 也看到类似的旅店，还进去喝了两瓶葡萄酒，其推荐的白葡萄酒十分好喝，如果是有经济基础的情侣或者度蜜月的新婚夫妇来斯里兰卡推荐住 Paradise。

第一天中午吃了一顿大餐，我们 16 人离开国内都十几个小时了，一路颠簸，总算可以坐下来吃一顿正餐，大家都摩拳擦掌，饭量大增，吃了个底朝天。吃完后皆是各种满足、陶醉、充实之感。吃完结账吃掉 1600 卢比，折合人民币 90 多元，当时觉得不贵，但后来一比较才知道被宰了。

斯里兰卡是一个刚刚开放的国家，国民收入普遍比较低，但幸福指数比较高，没有太多的商业开发，适合度假。

Silver Sand 的花园和楼顶平台非常赞，近处有椰子树、沙滩，远处有印度洋。

走在夕阳中的沙滩边，耳边海风阵阵，听着印度洋汹涌的海浪拍打着沙滩，看着天边渐渐升起的一抹红，不觉心醉。

狮子岩上的王权，血雨腥风的历史

曾经在山之巅风雨飘摇、战战兢兢地统治了处心积虑抢来的江山十八个春秋。但是，曾经残暴掠夺的行径，最终还是要以生命的代价还了回去，抢来的东西终究还是要物归原主，用十八年的精力和力量修建于高山之间的宝座看似牢不可摧，企图用狮子这样的猛兽作为图腾来保佑江山稳定天下太平，可这一切的一切始终没有摆脱人生舞台早已写好的命运与下场。

现在看来，他们兄弟父子之间人生权力的争夺没有最终的输赢，而这一切一切的故事都最终归于这苍茫人世间的滚滚尘埃，留作后人的缅怀与纪念。

这里就是斯里兰卡狮子岩上王国的故事。

出身于皇族注定了自己未来的命运，或铁马金戈投身沙场，或觊觎宝座上的最高权力而参与到悲惨的血肉相杀中，经得起荣华富贵，也要受得了权力下亲情的剥离。在不是你死便是我亡的皇权争夺中，什么父子、兄弟、姐妹统统可抛，而只有那个皇权才是注定要的结果，貌似各国各朝代都遵循着这一相同的规律和规则。看来皇帝的宝座坐起来并不踏实呀。

狮子岩是我到斯里兰卡之前就已经耳熟能详的地方了，也是必须要来此一游的地方，所以说狮子岩这个地方，是引导我来到这个美丽而并不富饶的国家的理由之一。因为从这里可以了解到一个个栩栩如生过往的故事、一个王国兴衰的过程，这是一个值得后人思忖的地方，这故事在这茂密的原始森林中尘封了千年后，狮子岩上的王国也慢慢地在他的后人世界里掀开了神秘的面纱。

在狮子岩短短的几天时间里，我无法去完全读懂这个王国的历史和发生过的故事。但我知道如果一个人选择了政治舞台，那么他就要在这个舞台上穿上红舞鞋行走于政治的刀尖上，既然选择了风雨，便只能是风雨兼程：残酷、血腥、屠杀无法避免。

狮子岩上的王权，血雨腥风的历史。历史的更迭变化，让我们懂得要珍惜眼前的一切。

今天时间尚早，路上少有行人。我们呼吸着清新的空气，沿着康提湖慢慢散步，跟随着忽远忽近的钟声一路走到佛牙寺。清晨的佛牙寺却不冷清，一袭白衣白裙的斯国佛教信徒，或手捧莲花敬献于佛前，或安静地在佛堂打坐沉思，我没有进入寺内，害怕自己的到访会打破寺庙的静谧。就这样我围着寺庙转了一圈又一圈，静静地看着、静静地思考着。

出了佛牙寺，我们回到城里胡乱地走着。由于 Kandy 是古康提国的首都，再加上多年的殖民历史，使整个康提建筑颇具特色。这里既有结构简单、色彩鲜艳的小楼，又有很多殖民时期的建筑，既有佛牙寺这样重要的佛教圣地，又可以看到伊斯兰教、基督教和印度教的教堂，而这些显得如此相得益彰，毫不突兀。这是一个崇尚精神信仰的地方，没有什么比心灵的皈依更让他们感到幸福和珍贵，在这里美丽女孩眼神中流露出令人惊异的纯净和高贵。

其实网上对 Kandy 的看法褒贬不一，但是我还是比较喜欢这个小城。它依山傍水、气候宜人，拥有荣耀的历史、传统的文化，还是整个斯里兰卡的佛教中心，这无疑使康提成为斯里兰卡最有魅力的城市之一。

我们就要离开 Kandy，前往斯里兰卡的中部山区，去探寻这个红茶王国的腹地。

Mirissa位于斯里兰卡西南端，是斯里兰卡最好的未开发海滩，海水清澈、阳光明媚、沙质柔软，蓝天、大海、月牙般的沙滩以及浓密的椰子林，吸引了大批游客。在这里你找不到其他著名海滩上所有的那些著名酒店连锁店，这也正是为什么这里是寻找清静海滩的游客的理想之地。

关于Mirissa没有什么太多可写的，海边的生活是单调的，除了清晨跑出来拍日出，然后就在沙滩上晒太阳，突然我开始喜欢这样单调的生活，不用琢磨今天要做什么事，也不用关注人间世事，天地间只有我、蓝天、沙滩和大海，想起了许巍的歌："每一次难过的时候，就独自看一看大海，总想起身边走在路上的朋友，有多少正在醒来。"

面朝大海，凉爽宜人

回到旅店大家在一起喝茶、聊天，不时会有蜥蜴在院子里爬来爬去。大概四五点钟的样子，我们会再次返回椰影婆娑、游客如织的沙滩。伫立在海边，浪涛声在耳边阵阵回荡，时值落日，金色的晚霞与浩瀚的印度洋构成一幅壮丽的画卷，那种闲散和浪漫的感觉实乃终生难忘。

不得不说，这是一个美到无法用语言来形容的国度，无论是之前的期望，还是旅行途中，以及旅行归来的回忆，感觉人民币花得值，只是我不是通过旅行去寻找故事、寻找爱情、寻找人生的方向，或者寻找什么答案。旅行是一种享受，就如同生命也是一种享受一样，享受眼前，享受当下，just do whatever you want to do and you could do!

（原载于人民网、新华网）

21
“阅”在旅途

旅途中的人们大多是愉悦的，他们或悦于“登斯楼也，则有心旷神怡”，或悦在“隔篁竹，闻水声，如鸣佩环，心乐之”，或悦自“高柳夹堤，土膏微润，一望空阔，若脱笼之鹄”。不过，我的旅途之悦，更多来自阅读。

每每外出旅行，不带相机，不带电脑，甚至忘带手机也是家常便饭，但带上几本书伴游，已成为一种习惯。利用途中的碎片时间阅读一些书籍，既能打发途中的寂寞与无聊，又可让心真正静下来，享受自我的心灵旅行。

如何获取旅途乐趣？英国作家阿兰·德波顿在其《旅行的艺术》中有过回答，即“我们从旅行中获得的乐趣，或许更多地取决于我们旅行时的心境，而不是旅行目的地本身”。这一点我是完全赞同的。为了使自己在漫漫长途有好的心情，我会挑一些适合旅途阅读的书籍出行。

资深“驴友”的游记是我的首选。他们把亲身旅途经历浓缩成文字，那些文字折射出的人生感悟，很容易引起我的共鸣。我虽没有他们那般“说走就走”的勇气，也没有他们“天马行空”的洒脱，但阅读他们的书籍，或多或少能让我找回些“走向远方”的初心。

《最好的时光在路上》是我翻得最多的一本书。作者郭子鹰以长达10余年的自助旅行经历，沉淀出这场归期未定的视觉旅行和灵魂悟语。他向我们讲述，每天都是一次新的旅行，每一个和我们走过一段的人都值得感激，并以独特的方式告诉你：上路吧，寻找那个更可爱、更勇敢、更真实的自己：“境地”——只有你看见的世界，才是对你有意义的存在；“浮生”——旅途中遇到的人，他们在与你交错的瞬间，改变、点化、充盈了你的人生；“絮语”——我们都需要一个小小瞬间，让自己的平淡时光更值得被回忆。

威廉·吉布森的《外围》也常与我同行。这部小说中的主人公不停地穿梭于布鲁塞尔、东京、温哥华以及各大旅游热点城市之间，作者向世人揭示了一种全新的旅游精神，即：世界是广阔无垠的，怎能妄想一时穷尽？

旅途中，随我同行的书籍还有很多，诸如陈宇欣的《我就是想停下来，看看这个世界》，孙东纯的《迟到的间隔年》，谢谢、菜菜的《走吧，为了爱》，朱兆瑞的《出发，才能到达：3000 美金周游世界》，高木直子的《一个人的旅行》，惠勒夫妇的《当我们旅行》，张狂的《跟着电影去旅行·世界卷》，林达的《带一本书去巴黎》等。

在呼啸的列车上，捧着这些书，如携好友一道出游。有时我品读，有时我小憩，有时我似读非读，似睡非睡。清醒了，继续阅读，几页之后，我仿佛又如堕白日梦里，有声音在耳边窃窃私语。我分不清，到底是作者与我在交流，还是我自己的梦呓。

旅途短短几日的走马观花，终归会留下点滴遗憾。背着书包，到城市角落的书店转转，淘几本游记于归途中阅读，可算是一种不错的拾遗补憾。高振碧的《爱上老厦门》、孙艳蓉的《真水无香》是我在厦门时淘得的两本游记。读过《爱上老厦门》，我找到了已为历史风尘浸润多年的厦门老街巷，那些用文字和用影像定格的海湾、码头、老街、深巷，随着书本的合拢，也留在了我的记忆深处。

如今，这些游记静静地躺在我的书架上。它们随时“求带走”，陪我开启新的“悦”途。

（原刊于《南方周末》2015 年 8 月 21 日）

22
读闲书又念书

喜欢书，我那偏远乡村老家的父老乡亲个个都喜欢。莫问这些淳朴实在的“泥腿子”们平日里荷锄忙活有多大闲情，莫问这些充满浓浓烟火味的叔伯婶婆文凭有多高。喜欢就是喜欢，喜欢一样东西从来不会有太多说道的。

村里人把看书叫作“读闲书”，把上学读书叫做“念书”。在外求学那些年，每次回家，街坊邻居就会问，“念书”回来了呀，带了书报回来“读”吗？食用菌烘烤，给炉子看火的邻家侄哥要找本书“读”。去放牛，大伯要带本书“读”。

其实，村里自古就有“读闲书”传统。大族家训里就谆谆写道：毋断书香，毋习游荡，毋好斗狠，毋事争强，毋以少犯长，毋以强凌弱，使一乡之人称为善士，四海之内知为礼法之家，庶不负我祖期望之意，咸日唯遂书而偈之壁。

至今，村里还沿袭着“周岁抓阄”的习俗：在娃娃周岁那天，于祖厝厅堂铺一块红布，红布正中放置一竹篮，篮里装上毛笔、算盘、书和红蛋。仪式上，大人引导孩子爬向竹篮，看看娃会拿起什么？拿笔寓意写得一手好字，拿算盘寓意能说会算，拿书最好，寓意日后金榜题名。拿红蛋呢？这可就不太妙了。谁家娃娃如果真拿起了红蛋，这蛋就会立即被族长公扔出厅堂表示“快滚蛋”，然后让娃在剩下的三件物里再抓一次“阄”。

打记事起，压根就没听闻过哪家娃娃“抓阄”抓起过红蛋。因为，乡民选中的蛋，与一般的鸡蛋相比，都特别大，特别圆，加之蛋身上抹了层滑腻腻的茶油，娃娃的稚嫩小手哪拿得起来？除了这拿不起的红蛋，剩下的毛笔、算盘、书，拿啥都寓意吉祥，都寄寓了乡亲们对“学习”的殷殷期盼。遗憾的是，娃娃们总是叫长辈们失望。母亲说，我周岁时，第一个去抓的便是碗，然后抓的是馒头，父母原本想我为门庭增光，我竟然是一个叫花子的命。真到了读书的年龄，我上个学也隔三岔五需要父亲拧着耳朵拽着走。

所幸，父亲不只会拧会拽，还会讲，和风细雨地吹耳边风。小学是半工半读，几乎没学什么，但我记忆力出奇地好，满脑子都是故事。这些故事，有些是从父亲那儿听来的，有些是到周边村子听说书艺人说来的。他讲的《薛仁贵征东》《穆桂英挂帅》里的不少故事情节，我至今都还有印象。听着听着，就对故事产生了兴趣，听着听着就对学堂不再抗拒。

有一次，父亲去几十里外的村子走亲戚。回来时，带回一本没有封面的黄皱皱的小人书。他欣喜若狂地递给我，说这是他特意向人讨要来的好东西，要我好好看，好好保管。不看不知道，一看就被书中打斗的插图吸引了。虽然，直至后来这本书遗失，我连个书名也说不出来，但那种对书的喜爱之情，至今回想起来依然心动。渐渐地，父亲养成了向人讨书、借书、买书的习惯。有一次，他到临县打工回来，特意给我带回一本民国版的《七侠五义》，看得我头皮发麻直摇头。这本书，现在依然留在我家中书橱的醒目位置。

书香不断，水涨船高。我不再满足于父亲的讨书、借书、买书，开始有了自己的主见并付诸行动。一次，住在县城附近的侄哥参加全县中小学生运动会得了长跑名次，奖得一本《三打白骨精》的小人书。得悉消息后，我徒步十里羊肠山道，特意去他家里“解馋”。记得，学会骑自行车后第一次出远门，就是往返二十里崎岖的沙子公路，到县城购买侦探小说《一双绣花鞋》。

凭着这股对书的渴盼和冲劲，我成了湾子里第一个走出去的大学生。随之而来的是，每每放假回家我又多了一个“教书细叔”的称呼。若干年后村中娃娃们在大人的教导下，又热情地叫我“教书细爹”。我爱这清凌凌的称谓，又恐一不留神就会负了声名。多年来，始终以此敦促自己：毋断书香，不能懈怠。

（原刊于《文汇报》2016年9月21日）

23 我是名师，但我有些平庸

爱读、爱写、爱教，有困、有思、有获

我的父母都是斗大的字都不识的农村小老头、小老太，但他们常常把我的太祖父挂在嘴边，因为太祖父中过大清举人，聪明劲儿传播方圆十里八村。隔代遗传是个神秘蹊跷的东西，我打小也爱书，且读书有些天赋，不过最初所了解的书，是说书艺人的书，是银幕展现的书。

我出生于20世纪60年代中期，我的成长并没有处在一个美好的年代，但是在一个并不美好的年代里，也会出现许多美好的夜晚，使你能忽略白天的痛楚和哀伤。一切都与生命有关，而与生命有关的细节总是值得回忆的。

严寒的冬天是乡村农事的一段空白期，农事暂歇，乡民们笼着宽大的棉袄袖来到湾子里最阔绰的人家听说书艺人“说书”。故事的内容大多是出将入相、才子佳人、侠士剑客之类，许是说书人伶牙俐齿，能说善唱，我总是与故事中的主人公同喜同悲，有时甚至会夜不能寐。

那时打谷场上的银幕更是我心头的一股活水。一块白色的、四周镶着浅黑色边的银幕，用两根竹竿草草地固定着，灯光已经提前打在上面，使乡村寂寞漆黑的夜生活中出现了一个明亮欢快的窗口。

在物质极度匮乏的年代，人们的生活也像沙漠一样缺少绿色。说书艺人的贫嘴，打谷场上的银幕对于我仿佛是天堂的一扇窗，它们打开了，一个个原先空虚的无所事事的夜晚便彻底地充实了。

真正的书当然是进学堂后所读的书，有人说这种书，是一把万能的钥匙，什么样的幸福之门都能被它打开。

我的中学在一个离家几里外的小镇上，寄宿住校，毕业前夕，大多数孩子憧憬着回家如何致富，而我则有一点不甘心，特别渴望儿时看过的电影里

所展现给我们的生活场景。在人生的拐角处，来自武汉的知青老师单独找我谈话，鼓励我把书读下去，避免日后胼手胝足，面朝黄土背朝天。遗憾的是我们的一生只从上帝借到为数不多的“储量”，约莫一年他走了，即便自此再无往来，但在我记忆的锦盒里，始终珍藏着他的情，他的恩。我萌发了做一个像他一样的老师的想法。

除了分数排名，我的高中生活回味不永，及至师院毕业，我的生活古井无波，平淡闲适。三十二年前我成了一位老师，三十二年过去，弹指一挥间。

大学毕业前夕我到学校图书馆还书，图书馆经典阅览室的老太太抽空单独跟我聊了十几分钟，她告诫我把爱读书的习惯保持下去，一粒种子总有一块合适的地儿。

回想自己从一个普通教师成长为种子教师的经历，每一次进步似乎都有上苍的格外眷顾，赐予我与博学者同行的机会。刚毕业的时候，与一戴着“右派分子”帽子的名师同事，住在同一溜平房，饭前饭后、白天黑夜常在一起神侃，说得准确一点，主要是听他侃。他的阅读面非常广，且有超常的记忆力，读过的书信“口”拈来，很多时候令我想起了唐代的“两脚书橱”李善和当代的钱锺书。他好读书又不尽信书，每有已见，常有文章在《人民文学》和《名作欣赏》上发表。可惜，仅仅两年他便调回了省城。得益于他的影响，读书而能思考，思考而能动笔，我就是从那时起步的。

工作的第三年，我正在办公室折腾，有同事进门来，递给我一封信，说：“《中小学外语教学》来的，快看看吧，是不是你久盼的?”那是易代钊教授的信，字迹有些潦草。信封上的红字很醒目。打开信，我坐在床边，垂着双腿，泪如雨下。他认可我的作品，并赞美我的才华“在闪闪发光”。同事说：“哭吧，哭吧！幸福的泪。别忘了，是我给你带回来的这封信。”这封信开启了我的写作之门，我一口气发了几十个“豆腐块”和数篇教学论文。

记得第一次拿到那刊登着我文学作品的《湖北日报》时，我拉开抽屉拿出原稿，感觉那些印刷出来的字体已经把我的文章变样。那时我还没有学会“妥协”，对于更改我的每一个字，每一段细节，我内心里抗拒着，痛苦着。

由于自己的稿件常常散见于报刊，我对自己的要求也就越来越高了：不能只教别人种田而荒了自己的地。我开始追求简约深刻、教略学丰的课堂。这种课堂生成的前提是教师需先经历蚌病生珠、化蛹成蝶之“不快乐”。

此后的八年里，我参加了三次县级和一次市级优质课比赛，出乎意料的是同样的教程，且发挥差不多，在县里是二等奖，两年后到市里是一等奖。啼笑皆非的类似情况还有一次是省教研室评选教学论文，同事应和的热情不高，领导要求我写两篇，一篇是英语，一篇是语文。结果语文教学论文是一等奖，而英语教学论文仅得二等奖。大家伙都一头雾水：跨界论文是一等奖，而自己专业论文竟是二等奖！

无论是作为课外爱好的“写”，还是课内的“讲”，我都较好地实现了“一年上路、三年成才、五年成为骨干、七年挑大梁”的自我规划，成功后得到的各种支持和祝福从四面传递而来。对于写，无论是赓续文脉还是淬炼新知，我很快学会了听取别人的意见，学会了必需的格式和应注意修饰与回避的“潜规则”。不管是“削足适履”，还是训练有素，总之我成为一个“作家”，能交出可以“用”的、有光彩的稿子。

对于“教”，我回顾初衷，惘然若失。一种要完成一件什么“成品”的使命似乎绑架了我。“天大地大不如高考大”，使我的“教”变得平庸。这正如《红楼梦》里的晴雯，如果失去了个性，她可以活下来，可却会变成另一个“袭人”。然而晴雯还是没有了。因为学校领导需要“人间奇迹”发生，需要我成为一个能出分数的老师。

我感到教育是那样的高深莫测，令我迷茫而又敬畏。我“激情燃烧”了二十余年，从抓毕业班到从起始年级抓起，从盯死盯牢质量，到抓升学抓出“血”来，从“周六保证不休息”，到“周日休息不保证”，再到“如果学不死，就往死里学”……还有数不尽的考试和检测，屡禁不止的排队排名，形形色色的任务指标，抓A优B优C优，抓踩线生，百日誓师，等等，总感觉，抓质量的人，似乎都绿着瘆人的眼睛，一双双死盯着学生——绿着眼或者不准确，红了眼的可能性更大，既因为过度的疲劳，又像逼急了的兔子，或输不起的赌徒。

二十年后，我成“精”了，觅得高分“妖”刀，深谙教材的取舍，哪些是高频词，哪些是热点，可谓火眼金睛。教程大容量、快节奏，授课直击考点，凡是考试不考的知识一般直接略过，教法围绕优生一个调门，十之六七都是陪读生，一些辅助知识如果有人听课就会应景地教一教。为了公开课，我就荟萃众人之精华，反复打磨排练，CAI课件操作界面重形式，轻内容，舍本逐末，买椟还珠。

是叛徒，也是守望者

进入新世纪后“校园劲吹安全风”，学生原本狭小活动空间被挤压得几近没了。我们的老师行事似乎变得更简单，就是“成人之美”，让自己的学生考出高分，无论你通过何种手段，只要孩子们的分数上去了，你就是“领导放心、家长满意、同行羡慕”的好老师，校园里太多伪实验、伪课题，太多的投机者，我有些迷茫，失望，只好把教育解读为一种权衡利益的工具。

在互联网的语境下，我们的一切骤然变得快了起来。诚然，教育是慢的事业。以慢御快，细心捕捉每一个生命的细节，使教育的节奏愈发细腻。我们的语速要慢，不能遗漏一行青涩的诗；我们的眼神要慢，不能错过一道迟疑询问的目光；我们的脚步要慢，好让每一颗渴望倾诉的心，慢慢地靠近。那种嗜“快”如命的教育观念，充满了浮光掠影的雷同与没有独立灵魂的自以为是。快有快的好，但慢的价值也毫不逊色。有时只有驻足停下，你才能见闻天地的大象与大音，宇宙的密语和神韵。

教学需要“慢镜头”，寻常之处觅风景。一味运用多媒体进行演示，虽说生动了、形象了、观赏性强了，但减少了思考含量，变得“没有嚼头”了。授业、解惑可以只靠计算机，而点燃学生心灵的火炬却需要教师的情与爱。课堂上的动态交流，不仅仅是知识的流动，还有师生之间、生生之间的情感流动，教师往往通过一个眼神、一个动作、一句话就能与学生达到心与心的沟通。“先跟古人合，后跟古人离”，课堂并不一定要拒绝声光电，不一定非要快，取舍之间彰显的是智慧，合适才是最好的。

迷茫失落中我似乎开了窍，我的课堂渐渐地慢了下来，每次上课前我都会反复揣摩，使教程尽可能清晰明了，语言力争风趣幽默，有如“憨豆先生”的我自嘲“我笑起来好看”，其实是我逗趣的表情看起来好笑。大多数老师弃之如敝屣的文化背景、经典美语俗语等边角知识我都会一一道来，这些“实在内容”尽管考试不考，但对孩子的滋养是无形的，毕竟生活既需要激情的奔跑和冲刺，也需要下午茶，或一次误入藕花深处。午间整栋楼静悄悄，我班教室学生笑声肆无忌惮；课间别班孩子透过栏杆忧伤地打量外面的世界，我班的孩子会在运动场上精彩地展现球技，为此领导找我谈过多次，可我就是“我行我素，不可救药”，最后他们也只好默许了，因为他们知道我可能“愿为稚子，怒发冲冠”。

我们的教育就是让孩子上好中学—好大学—找好工作—赚大钱，落脚点在“钱”字上。其实，“人才论”并不错，但是过于功利。教育就是培育人的精神“长相”，教育的目的应从“人才”到“人生”。家长和教师的使命就是让孩子逐步对自己的精神“长相”负责任，去掉可能沾染的各种污秽，培育人身上的精神“种子”，让人可以呼吸高山空气，让人可以扬眉吐气。

近几年，每到六月底，黄冈师范学院都召唤我“回家”，给即将毕业的学弟学妹们做演讲，让我酸楚的是不同的主持人竟然有同样的看法：我的一些做法有些不合时宜，离经叛道甚至还有些许胆大妄为，堪为教师中的“叛徒”。

我想究竟是我背叛了教育，还是时下的教育背叛了教育规律和常识呢？

学生喜欢，但领导和同事不待见

“我们已经走得太远，以至于我们忘了为什么而出发”，经历异步教学、任务型阅读、高效课堂、小组合作学习之后，一本本教育论著呈现在我面前，接受一次次新颖理念的洗礼，我有如狂蜂浪蝶，越是寻觅越困惑，越不知道自己究竟在哪里，我感觉我的教程有些邯郸学步，错乱失控。我身负繁重，反省、诘问，我得停下已经乱拍的脚步，细细思虑。

“须教自我胸中出，切忌随人脚后行。”庄子说：“水之积也不厚，则其负大舟也无力。”我开始琢磨，一个有思想的教师该如何？我必须夯实自己的“底座”，教师一旦停止学习，结束“自我更新”的状态，就会迅速成为“风雨中的雕像”，课堂也将味如嚼蜡。

说到底教育的名字就叫“经验”。教育的经验来自善良的心底、鲜活的生活和对教育深刻的理解。“大智闲闲，小智间间”，有经验智慧的教学需要教育的闲适与宁静，是我们应有的行走方式。

虽说“一部《论语》打天下”的说法多少有点夸张，但至少可以说明，经典之书，可以打下精神的底子，我们在“不厌百回读”中获得一次又一次的发现与升华。“深智一物，众隐皆变”，通过广泛涉猎教育经典，我似乎练成了自己的“九阳神功”。我的教育教学不再“唯分是举”，而是对教育规律的尊重和遵循，是对教育良知、教育底线的坚持和守护，我开始力争做一个行走在理想教育边缘的老师，真正让孩子们“得法于课内，收益于课外”。

说来惭愧，我以前很喜欢现当代文学，对儿童文学很少接触，读得也很少。一个偶然的机会，我接触到了一本叫《青铜葵花》的书，作者是曹文轩，《青铜葵花》应该不是代表曹教授最高水平的作品，但我知道，它给我开启了一扇门。

那天晚自习，孩子们在下面写作业，我拿着《青铜葵花》在讲台上看，当看到青铜为了让葵花照一张相，大冬天的把脚下的芦花鞋脱下来卖掉时，无端地，我的眼泪稀里哗啦就流了下来。直到两个女生拿着纸巾轻声问我“老师，你怎么了”时，我才回过神来，抬头一看，所有学生都呆呆地看着我，他们不知道老师到底怎么了。那一刻，我就决定要让他们也读读这本书。

后来，我们班的孩子每人都有这本书，都读过这本书，据我了解，几乎所有的家长也都读了这本书。

再后来，我们班召开了学校有史以来第一次有那么多家长参与的“同读一本书”的读书会，会议空前成功，赚足了眼泪，也赚足了掌声。

再后来，毕飞宇的《推拿》《家事》《玉米》，王鼎钧的《文路》《讲理》《作文七巧》《作文十九问》，琦君的《万水千山师友情》，还有各种文学名著、人文哲学、天文地理，看得懂的，看不懂的，争相在班上传阅。这件事让我明白，我永远代替不了学生的阅读感受，一个真正的好老师，不仅要自己喜欢阅读，更要推动学生喜欢阅读，在学生心田播下终身学习的种子，实现终身学习能力的提升。去年在各地风行一种丢书活动，其实近二十年来我奖给学生的书籍不少于 800 本。

毕业于清华大学的徐玮经过笔试和面试，最终以优异成绩进入中央政策研究室工作，在谈到成功的秘诀时，她自豪地说，这得益于我当年帮她养成的阅览群书的习惯。

说实话，我是一个完全“吃得住学生”的老师，对执教的学生来讲，我的话能“一言九鼎”，但这一切也在悄悄地改变。

2012 年底我成为 50 位“黄冈名师”之一，当年图书馆老师一语成谶，2015 年秋季我被遴选成“大别山区种子教师”，作为普通教师算是“功德圆满”了。我想做一位“探照灯”式的老师，我改变不了别人，首先得改变自己。班务工作不再是大唐高僧满天飞舞唾沫星子，顺应每个孩子的天性，让每一个孩子长成自己的姿态，对待不知何往的孩子我力争为其拨开眼前迷雾，使其做事具有前瞻性。凡是校长提过的活动无论是出于敷衍还是真心，我一律鼓动孩子们动起来。不再只盯着分数，让自己的课堂“放手不撒手”，小到微观的课堂细节，大到宏观的精神旨归，让自己的课堂缜密而充满激情。上课从“围着考点转”到“有利于孩子终身发展”，遇到棘手的“刺儿头”让自己思想多飞一会儿，班上学生每学年最少家访一次。学校应付检查名为阅读实为英语的“墙上课表”，我如获至宝，晚自习读报时间我全部“据为己有”，带着孩子们品读美文，随兴说古诗，无限诗文弥漫读报时光，我特别享受孩子们如蚕吃桑叶的翻书声，雨打荷叶的争鸣声。

然而，我的教学考评不再像以前名字出现在前几行，种瓜得瓜，每每这个时候我的目光自然盯着后几行，领导见我虽然还是和颜悦色，但他心里的红旗早已易帜，原来乐意和我共班的同事因为班上的孩子太活跃，教学成绩受到影响而不愿跟我共班，无论是自己的英语教学，还是班级管理考核我都很平庸，我不仅没有失落感，相反我备感欣慰。因为我以“行”向学生证明，分数不可能完全摆脱，但可以用一种丰富、美妙和幸福的方式去完成一个痛苦的过程。

我所选择的，自认为是一条充满魅力和色彩的路。我只在乎做我喜欢做的事情——也许这就是人所说的“性格决定命运”吧。我平心静气地侧耳倾听好意或恶意的人说我“才华太露”或者说我“书生意气”，内心里则抱定读书君子那点个性、那点性情、那点棱角、那点风骨不改。自得其乐地去做我的道德文章，陶醉在“腹有诗书气自华”的精神世界里，唱一首以“爱岗敬业、教书育人”为内容的古老而又现代的“官谣”；谱一曲以“寡欲纯朴、知足博爱”为内容的亘古不变的田园牧歌。

（原刊于《中国教师》2017 年第 5 期）

生活碎片

1
嗝咯老李

嗝咯者，老李也；字玉阶，本邑教师也。嗝咯性爽善辩，遇不平事好探究竟，其诨名“嗝咯”由是来也。嗝咯少时曾求学武汉外校，后执教杨柳，娶妻于此地，生子于而立。20 世纪 80 年代初调入理工。1999 年随初中部与中专部剥离到新组建之实中。为人也，调子适中而不失傲骨，开朗而有愤慨；为师也，以学生为重且以朋友待之，以工作为先能以牛马而为之。幽默风趣，热情大方，课堂上永远一副高亢、战斗的姿态，那抑扬顿挫的声调，那强而有力的肢体语言，是很多学子心中的记忆珍品。经年累月，先鸡鸣而起床，后月落方能眠。自命于清高，腹虽不能饱，口也不停道德之言。

引领时尚

嗝咯年轻时，脑瓜活泛，眼光敏锐且果敢。身边教师大多敢说不敢行之时，他能大胆试水开书店，付出百倍，其收益亦百倍。由此他成了公众羡慕的对象，什么冰箱洗衣机、什么彩电摩托车，只要是时尚的玩意儿他定当是山城少许之尝鲜者。其他教师粗茶淡饭、精打细算还捉襟见肘，他却能享受国外瓜果、南方来的时令蔬菜和生猛海鲜。嗝咯嗜吃鱼，每逢初夏常见他拖几条齐腰长的翘嘴鲌，屁颠屁颠地走过教学楼前。当别人想用晶体管时他则拿着电子数码；当别人计划买“傻瓜”时，他已经开始用单反，所购之物大多创同行性价比传奇，同行皆步其后尘，甚异之。

挚诚豪爽

新世纪之初，划时代之变革起，嗝咯之妻因此而隐性失业，终日游走于麻将扑克牌之间，当年嗝咯辛苦血汗所易之钱，迅猛由盈余转亏损。福无双至，祸不单行，其时嗝咯之子，大学毕业就业于江城；女友催促买房，嗝咯所背房贷按揭，如渐紧丝绳勒其脖颈，其妻所欠债务，似粘连蛛网缠其身心。可他乐观向上，诚义守信，亲朋好友凡有黑白之事，他仍然以脸面至上。凭自己所能，战酷暑、耐严寒，不计节假双休，硬是还清所有，其“明礼诚信、崇德向善”之秉性，叶落知秋，可见一斑。中央电视台《感动中国》有诚信兄弟，咋我荆楚“感动湖北”没有嗝咯，师生们均纳闷，甚奇之。

古道热肠

嗝咯聪明善思，但凡新鲜事物亦爱琢磨，有时超过专业人士。好动手亦敢下手，能将电脑拆了再装，装了再拆，反复折腾后烂熟于心。他家音响设备一流，英语听力考试录音，同事都有求于他，一来二往，县域内他录音出名了，他就因势自建了一个录音岛用来换点零花钱，亦成了事实上的民间英语教研员。一日，昔时杨柳同事带一美女来求他帮忙录音，他爽快答应，时已午饭时间，同事邀他外出就餐，嗝咯哪能同意，他本善厨艺，正好露一手。旧时同事，今日相逢少不了多喝几杯，谁知，半路杀出了程咬金，美女也要跟他喝，真是“若无花月美人，不愿生此世界”，更何况这一桌的佳肴是自己的作品呢？在觥筹交错、推杯换盏之间老李说话真的“嗝咯”了！老同事几番叫停不行，只好自个儿先走，剩下嗝咯和美女喝得不省人事，倒在沙发上犹如《乡村爱情》里刘能和赵四婆娘头对头睡在一起。哪知嗝咯婆姨回家遇见这幕，即便她明知道老李干不了啥出格之事，但还是醋意大发，非要刨根问底，大闹宿舍楼半天。有朋友知道后编了个顺口溜：“嗝咯真还好，搞了一个录音岛。生意不怎么样，女人缘赚了不少！”自此，哥兄老弟见面，甚奚之。

2
办公室里的女人们

办公室里有了女人，如同桌前放着一盆亭亭净植的兰花，馥郁不论，清新自然。

写罢第一行，门外鸟语嘤嘤，路上巧遇的女人一同推门进来。女人爱群聚，最怕孤独，吃饭三三两两，说话叽叽喳喳，逛街更是呼朋唤友，即便上卫生间也会找一知己同去。

女人们进来，热情招呼，朗朗而笑，放肆谈话，顿时就热闹。那边骂着可气的老公，这边忙着烧开水、擦桌子、拖地面；男人们偶尔换水、搬东西，一起动手，各得其乐。窗户打开，清风进来，吹起女人的长发，发觉单调的时间和空间里因女人而内容丰富、境界拔高。

如果说人人都是一本书，藏着各自美妙的故事；那女人如同一本泛黄的诗集，别具情趣和味道。

坐我前排的是冀男，桌上堆着红枣，放着蜂蜜，早餐多有鸡蛋，偶尔有点糕点，端着奶茶“呼噜、呼噜”地像个顽皮的小女生，自言：女人要多疼自己。她，个子娇小，走路迅捷，声音洪亮，课堂激情，性格率真，不装饰，自有江南女子豪情的一面。只是见了儿子总慈母柔肠，千般叮嘱，眼中有光，不时拿起电话柔声细语个没完没了。回头见我，居然赧然一笑；同事六七年了，不觉发现她成熟不少，许是家庭，许是工作。问冀男最爱何花？说是兰花。羡慕那份姿态秀美，还是追梦那种幽香清远？不懂，但兰花乃花中之王，骄傲天地，自然硬朗，觉得像极了冀男的纯朴、俊雅之高洁品质。

丹丹很妩媚，身材苗条，眉间清澈自有一方风韵。但近几天坐下半天不闻声音，抬头发现她正在专注备课，偶尔课堂听见她软侬英语发音恰似山间莺啼，学生最是喜欢。办公室里她偶尔笑话三言，更显可爱本色。然近来总觉她眉头微皱心事隐隐，许是爱人身体欠佳的缘由，不知去武汉检查结果如何，众人怯怯不敢直问。她也逃避不多讲，心里绝对放不下，一边教书，一边想着家里，生活有些沉重，见面强颜一笑，大家心明理解。现实如山，女人向山欢笑，她们的心有时比山更坚强。她说自己最爱梅花，我打趣湖北少见梅花娇媚。后来我暗想，梅花的清雅俊逸和冰肌玉骨、凌寒留香此刻应正在她的心间绽放。人选择心爱的花，也许是从花中看到了自己的身影。

莲红间歇咳嗽，好几天了，就忍着一直上课，她轻易不叫苦，会忍。她，十多年中一直两个班，心里委屈，但少牢骚；学生调皮，她多是微笑和细声劝慰，似乎从没有发过脾气。家住得远，她每天到校，风雨无阻，没见抱怨。提起女儿，她更是骄傲地笑，心里多了满足，幸福变得简单。不爱听人说她直率多言，有一颗善良、淳朴的心，不惹浮华，不沾阴暗，无比高洁。她亦言最爱梅花，与她的学生丹丹不一样，不求高雅和坚强，开得寂寞，忍得美丽，开百花之先，独天下而春，自有一番让人赞叹的风致。

小芹呢？小芹在哪里？小芹就在春风里，最是幸福的女人。她想起老公，就挂念晚上买什么菜；提到儿子，就想给儿子买什么衣服；说到学生，即使有埋怨也会耐心地开导，看到淘宝，忘不了也给自己找点微笑。小芹干脆、爽利、能干无比；教学上思路清晰，自成风格，学生喜欢；家里事从容梳理，轻松应对，夫子满意。无论多大事，只见其微笑面对，如同庖丁解牛，瞬间豁然开朗。君不见其球场上也是飒爽英姿，身手矫健，反应灵敏，力量与技巧兼备，智慧携情商一体，众人齐夸“了不起”。小芹最爱什么花呢？人刚离开，不能问，只能猜，然女人的心思如海，我只在旁边观赏、赞叹，又如何猜得透呢？

与瑛瑛有缘，刚来二中时就和她隔壁教书，这边英山话，那边英语，听多了她温柔、软绵的英语口语，顿觉得女人四十岁还如此可爱天真，是多么幸福。瑛瑛偶尔唱歌，歌声迷人，间或哼哼戏曲，婉转呢哝最是美妙。多备饼干，以防他人口齿之需，常烤红薯，高兴与人分享，晚自习常有烧些冰糖木耳汤，给你意外温暖。课余，基本就是坐在办公室里改着作业；偶尔拉上学生，语重心长地找问题、聊人生，没完没了，无比耐心。她说自己最爱君子兰，简单却清新脱俗，也是很好的写照。

舒姐说自己没有什么心爱的花，我们无语，却惊叹她把自己完全忽略，一心放在学生和儿子身上。早晨 6 点多到校，中午 12 点还去教室，下午五点半必须锻炼，这厢无比挂念家里，那边放不下教室里的学生。虽然家很远，但是十几年来对工作是始终坚守，事无巨细，样样操心：备课、改作业、上课、辅导，所有细节都让人无法挑剔。一个人完美到忘我，于是忘记自己还有喜欢的花，有点遗憾，但叫人肃然起敬。

子玉、何玲天真烂漫，活力四射；仲金、继志优雅大方，成熟理性；还有贵禄、付萍灵肉一体，内外通秀。她们均不见城府，清亮得如同一缕阳光。

环顾四周，女人如花，朵朵芬芳扑鼻，我在花丛中笑，心底自然留香，文字写来自然流畅。女人如花花似梦，梦里各有故事，或坚强，或爽朗，或沉默，或能忍，或天真，或忘我，喜怒悲乐难免，但始终爱着生活、自己和身边的人，让人清晰看透她们淳朴、善良、美好的心灵。女人花摇曳在红尘中，女人们各自美丽芬芳。我们就在女人花旁，把美好生活尽情欣赏分享，于是生活因她们如花样美好。

（原刊于《黄冈日报》《湖北日报》“东湖”副刊）

3
茶心如雪

人过四十，便真切地喜欢起冬天来。

荫翳的冬天，草木歇息，寒风吹过大地和雪野，凛冽中有一种沉潜的静气。而冬日饮茶，又自带几分禅意。窗外寒风呼啸，窗前水沸炉暖，茶香因为寒冷的映衬，愈发清冽，直抵心源。

有人说，若要体会冬天的妙处，必经时间的淘洗与打磨，如同体会茶气一般，必要走过高山与峡谷，看尽湖泊与激流，从盼望“晚来天欲雪，能饮一杯无”，到“快日明窗闲试墨，寒泉古鼎自煎茶”，酒茶之间，岁月酿出了酒香，日子氤氲着茶气。平淡天真里，是静穆，是微笑，是禅意在吹拂。

酒是寒冷的友伴，而茶是冬天的知音。且不说各种以“雪芽”命名的茗茶，泉水也大多与雪、冷、寒结伴。泉水以从石出者为佳，石出者水质清冽，甘寒滑爽。文人最重石泉，也多吟咏：“寒泉自换菖蒲水，活火闲煎橄榄茶”、“小石冷泉留早味，紫泥新品泛春华”“啮雪饮冰疑换骨，掬珠弄玉可忘年”。水是茶的载体，好水必寒。清代袁枚在《随园食单》上说到茶时，开头就说：“欲治好茶，先藏好水。”可见水的重要。乾隆皇帝为此钦定了天下第一泉，却又认为雪水比天下第一泉更好，“遇佳雪，必收取，以松实、梅英、佛手烹茶，谓之三清”。如此，说茶是冬天的知音应不为过。而宋人品茶的一大特色是以声辨水。因为宋代茶人煎水用的是细的瓶和铫，口小不容易观察，只能依靠听觉，根据水的沸声来辨别候汤。故蔡襄《茶录》中说“候汤最难”。黄庭坚在《煎茶赋》中描绘听水声时有如“汹汹乎如涧松之发清吹”，在《双井茶》中更有“不嫌水厄幸未辱，寒泉汤鼎听松风”的诗句。将煮泉时的水响声称作松风，借山中松涛声助兴水沸的声音，泉寒茶暖，松涛阵阵，一寒一暖，极致之间，茶气凛冽。

而茶之仙骨，其色也讲究冷如雪。宋代文人中有不少茶道高手，在蔡襄、黄庭坚、苏轼兄弟、陆游等人的诗文中都能看到他们爱茶、嗜茶、品茶评水的功力。宋代的点茶法是把团茶碾成粉，再将沸水注入茶盏，将茶粉打成沫来喝。因为打出的茶沫是白色的，所以“茶色贵白”，以茶汤“白沫重叠，积聚水面，状如积雪”、着盏无水痕而又能耐久为佳。因之，衬托茶色之白的黑釉茶盏得到了最为充分的发展，其中以产于建州的建盏最为有名。建盏在烧造时发生窑变，变化出各种花纹，其中有一种均匀细密的条状斑纹，在黑釉的衬托下银光闪烁，状如兔毫，被称作兔毫盏，最适合于斗茶，一时成为风尚。斗茶风尚之盛，连大宋皇帝宋徽宗都曾参与其中。他不但亲自点茶，还专门写了一本关于茶的论著《大观茶论》。黑色的茶盏与白色的茶沫，在运筅击拂的瞬间，动静相济，给人带来无穷乐趣。以至于晚年的蔡襄“老病而不能饮，日烹而玩之”，让人想起宗白华在《美学散步》里说：“禅是动中的极静，也是静中的极动，寂而常照，照而常寂，动静不二，直探生命的本源。”茶与盏、动与静，茶中禅味，隐逸里有真切。

茶香梅韵，也是文人在茶事上追求的文化格调。“寒夜客来茶当酒，竹炉汤沸火初红。寻常一样窗前月，才有梅花便不同”，以茶当酒，月下赏梅，宋人杜小山的《寒夜》诗，将茶香与梅韵交融一体。而明代画家沈周则以梅比茶，“香中别有韵，清格不知寒”。到了清代，各抱才艺的“扬州八怪”正式将茶与梅联姻，他们痴梅嗜茶，爱梅画梅，嗜茶如梅。“八怪”之一的汪士慎曾云：“知我平生清苦癖，清爱梅花苦爱茶。”清代著名学者厉鹗在汪氏的《煎茶图》上题诗赞曰：“先生爱梅兼爱茶，啜茶日日写梅花。要将胸中清苦味，吐作纸上冰霜桠。”梅情茶心，高洁清远，人生，原来也是一种审美的姿态，一种审美的状态。

而最能让人气静神凝的，当属旷野山林间的一壶茶。明代以后，制茶饮茶的方法发生了很大变化，泡茶法流行开来。泡茶的流行，催生的是另一样茶具——紫砂壶。而泡茶的简单易行，也令饮茶的场地有了极大的自由度。明清文人山水画兴盛之际，也正是文人墨客热衷于茶艺之时。喜欢在山水间游历的明清文人，也将他们在山中的一壶茶引至笔端。观文徵明的《惠山茶会图》，唐寅的《事茗图》《品茶图》《烹茶图》，画面大多在广阔幽静的山水之间置一小亭，亭内茶壶醒目，有人煮茶品饮，或独啜或对饮，或静思或清谈，静谧安详。然而，在泉石松竹的空灵寂静里，在炉下烹茶的人间热气与山间溪边的空灵之气间，人又感受到一种巨大的充实，与空灵相伴生的充实。这充实所来何处？我把它归功于茶。一壶茶，在画幅广大幽远的空间产生了幽微的弥漫感，与天地自然圆融合一。这恐怕就是清代画家恽寿平所谓“画至神妙处，必有静气……画至于静，其登峰矣乎”。静气，是一种心理状态，是古代士大夫在心灵管理能力上追求的最高境界。如果没有这一壶茶，也许人就少了一份温情的驻足，对于隐逸也少了一分向往之心。

这一壶茶，也让我不断地想起唐代赵州禅师有名的公案“吃茶去”。《景德传灯录》卷十记载，赵州问新到僧：“曾到此间吗?”僧答：“曾到。”赵州曰：“吃茶去。”又问一僧，僧答：“不曾到。”赵州曰：“吃茶去。”

一千多年前“吃茶去”的当下感，让人回味无穷。“吃茶去”的轻松、平静与纯朴，带来挥之不去的神闲意定，在风里，在水里，在松涛里，在一壶茶里，始终有禅意在吹拂。

（原刊于《中国教师报》2016 年 5 月 11 日）

4 劝酒式社交，可以歇歇了

劝人喝酒，比拼酒量，让感情虚无，使社交变味。

新春佳节之际，少不了大小聚会。聚会以联络感情为名，却以桂酒椒浆为载体。你来我往，觥筹交错，中国的酒文化，很重要的一部分是劝酒习俗。

国人以酒识人，以酒量论感情。传统文化少有品酒的说法，酒天然地便是用来豪饮的。仿佛饮酒愈多，感情便愈浓厚。酒杯上折射出亲情与友谊的幻象。春节期间，七大姑八大姨齐登场的家族聚会，平日里与对方素无交集，却指望几杯酒能维系住一年的感情。血缘之情再浓，竟也抵不过美酒的醇厚。这杯酒不“先干为敬”，不光自己，旁人也浑身不自在。

然而，一个人的真实酒量，往往又是不能言说的秘密。酒过三巡，声称饮酒最多者，难免是个言过其实之徒；浅尝辄止者，未必不能包容海量。饮酒难见真诚，场面上的套路不可当真。喝酒是一套，做事是另一套，所谓虚与委蛇，大抵跟酒场上的长袖善舞脱不开干系。

劝酒，让酒成为人情世故的附属品。身在其位，不管你爱不爱喝酒，能不能喝酒，都要越过这道“酒门关”。过度饮酒会摧残健康，春节等节日因为劝酒，酿成酒精中毒的悲剧，也并不少见。

更重要的是，对不爱饮酒之人来说，不得不喝酒的场合就成为一种负担。本来应当坦坦荡荡交流感情，却最终使得参与者勉力支撑，力不从心。

酒席上长幼有序，是传统社交秩序的最后一块自留地。中国人的家族意识与家族观，因为城镇化与生育政策，若干年来已趋于淡化。年青一代已难以理解大家族的情感维系。趋于现代和文明的社交方式，早已不只有饮酒一种。包括家庭成员之间的交往在内，情感的维系取决于日常的沟通与联系，而不在于酒席上“陌生人”之间的热络。

聚会饮酒看似热闹，却是功利和低效的社交。酒当然可以成为联络感情的媒介，但是这种联络应基于彼此互信和相互尊重。劝人喝酒，比拼酒量，让感情虚无，使社交变味。

（原载于中国教育新闻网、凤凰网）

5 从"普天同庆"到"桑巴荣耀"

顾拜旦曾云：足球如人生，球运同国运。

这届世界杯的戏剧元素应有尽有：高进球率、最终绝杀、加时奇迹、点球制胜、黑马搅局。然而这些华丽元素无法掩盖现实的苍白——金榜题名时，落第；洞房花烛夜，隔壁。热闹是他们的，我们啥都没有。

印象四强

2014 年世界杯决赛，与四年前南非世界杯的决赛如出一辙，凭借加时赛第 113 分钟格策的致胜进球，德国队以 1 比 0 战胜阿根廷队！24 年的等待，德国队终于为球衣胸前绣上了第 4 颗星！24 年的轮回，德国队再次站在世界之巅！德国人向全世界宣布：我们是冠军！

人生最残酷的，莫过于世界杯三四名之争。在竞技的世界里，唯有冠军永流传，三四名决赛就连餐前的开胃酒都算不上。对于半决赛的失意者而言，第三名与其说是荣誉，不如说是撒向伤口的又一把盐。

遗憾的是，十六名以内都是没有中国队的。

历史是个轮回，只是不知花落谁家。而如果此时，你问伊瓜因做何感想，你问帕拉西奥做何感想，他们一定无言以对。他们错过的可能不只是一个进球，而是整个人生。

这支德国队进攻华丽，天才云集，将个人与团队巧妙融合，这难道不就是过往巴西队的风格吗？更重要的是，和巅峰时期的巴西一样，他们在全世界拥有了不同国籍的球迷，甚至是巴西人。

德国人依然如故，即使夺冠了，也没有掩面而泣，没有狂奔嘶吼，在领奖台上低调、谦逊，甚至有些腼腆，仿佛一切都是情理之中的事。德国人依然如故，虽然很难让很多人喜欢，但依然严谨，依然让人敬佩，甚至依然让人害怕。

但从另一个角度讲，德国队今日的伟大，也源于他们遇到了一个伟大的对手。对手，是成就你的另一只手。

阿根廷，一个游侠国家，永远奔放，永远自由，甚至永远悲情。他们特产天才，也特产眼泪。作为唯一一个从发达国家变成发展中国家的国度，《阿根廷别为我哭泣》之所以动人，是因为它是这个民族最真实的写照。

但今天，人们会把另一首探戈名曲送给他们：《一步之遥》。

太阳底下无新事，东道主巴西尽管5次问鼎大力神杯，但他们也是少数从未在主场夺魁的冠军，这不失为一种遗憾。这一代巴西球员绝不是黄金一代，但他们用辛勤弥补天赋上的不足，这同样是一种宝贵的精神。队内缺乏弹钢琴的艺术大师，却充斥着搬钢琴的劳工。这些年轻的“战士们”身上已经找不到当年性感的“美丽足球”的影子。

那么，四强中的荷兰队呢？传统的荷兰队是全攻全守、作风犀利，但这支荷兰队很一般。如今的足球比赛，节奏越来越快，球员的反应速率越来越高，攻防转换日趋频繁，很多场上细节只在电光火石之间，无论是跑位还是肉眼判断，裁判都力有不逮。这使得球员之间的贴身较量，在攻守两端都各自出现了“进化”。尽管罗本拥有极强的带球突破能力，但给人印象最深的还是“一推就倒的碰瓷专家”。

生活就是这样，有时看似平淡不惊，其实充满波澜。有时看似意外重重，其实依然运行在命运的既定轨道。

“杯中 China”

微博上流传一个段子：本届世界杯各国国旗来自金华，纪念徽章来自上海，比分显示屏来自长沙，官方用球来自深圳，吉祥物玩偶来自杭州……世界杯上有很多很多中国元素，除了我们的国家队。这个段子带有一点小小的无奈与自嘲，中国国家队当然也是进过世界杯决赛圈的，2002年韩日世界杯，着实让我们振奋了一回，也翘首期待了一回，当时大家都打着如意算盘，对哥斯达黎加，能赢！对土耳其嘛，打平！对巴西，就认输吧，少输几个！最后一胜一平一负，积四分，完全有可能小组出线，进入十六强！但事与愿违，三战皆败北，一球未进，灰溜溜地打道回府。当时也有一个很著名的段子，广为流传：中国队输球后，脸上无光，球员们纷纷化装回国。郝海东化装成一个老太太。为了试验化装效果如何，他特意在马路上问一个乞丐：“你认识我吗？”乞丐扫了一眼，马上就说：“你是郝海东！”郝海东大为惊讶，连忙问乞丐到底是怎么认出来的。乞丐小声说：“我是孙继海。”

国足不争气，那就只能在世界杯上寻找一些其他的“中国元素”聊以自慰。那些“中国制造”当然不怎么能说明问题，毕竟世界杯的核心还得是球员、教练、比赛。

必须承认，在足球这件事上，我们是被世界杯、被世界甩在身后的。或许以后的哪届世界杯上，中国某土豪会一掷千金，率领大妈广场舞天团，在每场比赛中场休息时来个劲舞，取代那些性感的足球宝贝，这绝对能成为一道亮丽的风景线，吸引全世界的目光！那这样的“中国元素”，才叫有意思呢！

世界杯和中国产生千丝万缕的联系，但似乎都与足球无关。中国商人的智慧让他们无法忍受和国足同样的步伐。当国足还在努力追求和世界杯谈一场精神恋爱时，中国商人早已通过不菲的“彩礼”和世界杯实现联姻。

总而言之，中国元素，轻轻地走了，正如其轻轻地来；从 2010 年南非的普天同庆到 2014 年桑巴荣耀，中国元素以足球的名义向世界招手……

当然，世界杯的决赛如人生一场，等到夏奇拉的屁股扭过，输赢与悲喜，不过望眼浮云，天光放亮，人生还要继续。

（原载于中国教育新闻网、凤凰网）

6 莫言代表中国作家兑现世界"诺"言

中国籍作家莫言问鼎 2012 年诺贝尔文学奖，标志着中国文学真正走向了国际文坛，标志着西方主流社会终于读懂了中国的文学作品，而且是极具中国特色的文字和语言。

莫言的书，真心不错。他的作品选材敏感，叙事残酷，且思想犀利，语言辛辣。他写作的风格，天马行空却触动灵魂，勇敢大胆又不失细腻，构思诡谲却紧扣现实，情色充斥却深揭人性。他高深的文学功底，丰沛的人性关怀，使他的书多年来畅销不衰，并在中国拥有了大量忠实的读者。

莫言的作品，很多故事题材来源于乡村，乡土气息浓重。莫言的文字，粗言俗语肆虐，甚至有人形容他的作品"屎尿横飞"，莫言也乐意将书名起得"很黄很暴力"，例如他的代表作《丰乳肥臀》，书名就极具挑逗意味。许多读者称，认识莫言，便是从神秘而隐讳的书名开始的。

有一年冬天，我在地摊上找到一本莫言的《丰乳肥臀》，偷偷摸摸地带回了家，为了掩人耳目，书皮外还包了两层牛皮纸。阅读后发现，书中深重的民族灾难让人忽略了穿插其间的男女情事，此书不仅没有解我的"荷尔蒙之馋"，反而引发了我对人性和道德的思考。此后很多年，因为怕朋友误会我"品性不雅"，《丰乳肥臀》的封面一直藏在牛皮纸下未能"见光"，这本书也没有堂而皇之地摆进书架。如今，莫言荣获诺贝尔文学奖，这本书终于"熬出头"了。

诺贝尔文学奖因奖金丰厚、影响广泛，被公认为是世界最高的文学奖项。莫言获得诺贝尔文学奖，对于提振中国文坛的整体状态、提升中国文学的知名度、激发中国文人的创作热情、促进中国文化大发展大繁荣事业有着重大而深远的意义。诺贝尔文学奖是中国文坛期盼已久的事情，也是世界文人梦寐以求的奖项。诺奖花落中国，不仅让世界更好地认识了中国文学，也让中国文学成功地融入世界文坛。

文化是民族的血脉，是人民的精神家园。在中国五千多年文明发展历程中，中国出现过诸子百家、诗书礼乐、宋风明韵等辉煌的文化历史，华夏文明曾经深刻地影响着世界。而到了近代，世界文化潮流的重心转向了发达国家，经济强盛的西方国家成为世界文化的引领者。

近百年来，中国开始调头学习西方文化，崇拜西方文化，甚至沉湎于西方文化之中不能自拔，言必西方潮流，学必西方模式，被西方文化牵着鼻子走。这对于几千年文明历史从未间断过的、拥有无数经典名著的文化大国而言，不能不说是中国文人心头的一块隐痛。

不少中国作家临摹西方文化，移植西方思想，迎合西方人的口味，最终搞出一种与中国文化不协调，与西方文化不搭调，不中不洋、不伦不类的文学作品，当然不会得到世界文坛的青睐。莫言此次获得诺贝尔文学奖，恰是因为他几十年来一直坚持写自己熟悉的人物，坚持写自己熟悉的民族，凭借着鲜明的、丰富的、具有中国传统文化特色的文学作品，才在国际文学领域获得了奇迹般的突破。这说明，中国文学要想走出国门、走向世界，就应该坚持中国元素和中国精神。

多年来中国文人渴望得到“国际认证”，但是诺贝尔文学奖诞生至今，中国文人一直缺席这个世界级的文坛盛会，使得中国文人的自尊心屡屡受挫，莫言此番获奖，终于治好了中国文坛的“诺奖焦虑症”。从此往后，中国文人可以更加自信地进行文学创作，可以更加从容地行走于世界文坛。

（原载于荆楚网、中国教育新闻网和凤凰网）

7 屠呦呦获诺奖让中国学界悠悠头痛

没有征得基层同意，没有一层层上报，甚至连国家科委、卫计委可能都不知道，诺奖便把载入史册的科学最高荣誉授给了中国人屠呦呦——一个连院士都不是、论文都没发过几篇的中国老太太。这让中国人倍感荣耀与惊喜的同时，也让中国学界悠悠头痛，感到些许的尴尬难堪。

早在四年前，屠呦呦被美国的拉斯克奖砸中时，国内就有人对把奖项授予屠呦呦一个人提出过不同看法，甚至有人联名向诺贝尔评奖委员会写信。

但是，诺奖是不按某些中国人所认同的“程序正确”来办事的，也不是按照地位高低、论资排辈来分果果的。诺奖评审委员会成员汉斯如此说：“我们是把奖项颁给受传统医学启发制出新药的研究者。”

宁可不要这个诺奖，也不要屠呦呦一个人独享。这个看上去正义感很强的呼声，可能符合中国特定环境下的某种思维，但并不符合拉斯克奖、诺贝尔奖的评判标准。价值与价值观的区别，在屠呦呦的人生际遇中昭然若揭。

在诺奖评委会看来，屠呦呦作为青蒿素发现过程中起了关键作用的“发现者”，人类有必要记住她的名字，记住她的贡献。但在一些中国人看来，这份荣誉只能属于祖国，属于集体，属于中医。这是可以拿上台面来犯酸的理由。而台面底下的犯酸，实际上却是犯难。真正的心态在于，中国第一个真正意义上的“纯本土”诺贝尔科学奖，不是出现在院士身上，而是由一个“三无科学家”获得，这让一些“正统意义”上的科学家、拿着巨额科研项目经费的“领军科学家”情何以堪。因此，一些肚肠酸翻了天的人士甚至怀疑，这诺奖的评委要么是有意搅局，要么是集体看走了眼。

诺奖没像一些中国人所期待的那样，把屠呦呦的名字从获奖名单上拿下来。现实就是这样，有的人一辈子都在押题，他们能够押准上司在想什么，押准自己的哪句话、哪个行为方式能够精准地迎合上面的需要，押准科研项目和经费，他们押到了职称职务，押到了这奖那奖，却押不到诺奖。他们风光了大半生，眼见着人世的风光一下子被这个不善交际、个性直率的“三无科学家”给独占了去，心里差点酸出血来了。

心里酸，是因为有些人认为屠呦呦在教育背景、学术地位方面与所得到的那份殊荣不相匹配，是因为他们觉得屠呦呦的实话实说、口无遮拦的个性与这个正统的圈子文化不般配。他们看重的不是一个人的发现，不是这个“只是一个参与者”做成的研究成果拯救了成千上万人的生命，而是在这个环境能够兜得转的被各方认可的程度。

屠呦呦大概是有些不合群的，这从她之前获得的荣誉、待遇中大致可以看出，这反映了中国人才制度存在的漏洞。尽管今天会有各种犯酸者能够找到很多堂而皇之的理由对冲这种矛盾，但再漂亮的说辞，都无法掩盖中国仍存在“良币”被驱逐的现实。如果我们今天不愿面对这些现实、这个结果，我们的科学技术就会伴随着更多的张呦呦、王呦呦们被冷落而得不到有效发展的情况发生。

屠呦呦因为是“三无”科学家，无博士头衔，无海外留洋资历，更无院士头衔，虽然在中药领域具有卓越研究成果，可多次在中国科学院院士选拔中落选。如此荒唐的事，在中科院已经发生不止一次！把有真才实学的中国科学家挡在院士门外的事例还有：世界杂交水稻之父袁隆平教授也落选中科院院士，却当选了美国科学院院士；材料科学家李爱珍教授也在中国科学院落选院士，但在国际上获得了崇高荣誉。种种现象难道不值得我们深思吗？

（原载于荆楚网、中国教育新闻网和凤凰网）

8 阎肃：一片丹心向阳开

86 岁高龄的阎肃老人带着对这个世界无限的牵挂和对自己终生耕耘的艺术的不舍驾鹤云游去了。对普罗大众而言，可能有很多人不知道阎肃为何许人也，但如果提及《敢问路在何方》《雾里看花》等经典老歌，应该是家喻户晓、妇孺皆吟，就似柳屯田的词曲般。

对一个缺少艺术细胞的人，像我，一般无心关注艺术世界的纷纷扰扰，即使闲暇时也无心旁及，但对央视一些既生活化又平民化的节目，偶尔也会投注一点时间和精力的。正是这样，通过青歌赛、《星光大道》、相声小品大赛、《感动中国》等节目在荧屏上见到阎老，通过直击要害、言简意赅的评说感受到阎老的风采，借助零星的警言睿语领略了阎老的人格魅力。

作为一名军人，在公众的眼中阎老身上充满了正气，具有铮铮铁骨的风范。尽管是军中享受待遇很高的艺术家，但阎老身上没有一点高不可攀的凌人之气，高山仰止当是他给大家带去最真切的感受。军人不严自威，凡是有阎老在的地方，一股隐形的正能量始终充盈其间，低级无趣与之相形见绌，逃遁得无影无踪。而不时从阎老口中脱出的半调侃、半戏谑的话语，更是让人忍俊不禁。也许正是这些，八十多岁高龄的老人仍然还被许多的粉丝追捧。

一生从艺，倾注毕生心血。从青涩一路走来，直至耄耋。在阎老的心目中，艺术不仅仅是一种表现生活、演绎生活的形式，更是一种诠释生活的方式。在阎老的眼中，艺术已经幻化成一个有生命的灵动的精灵，他精心地呵护，倾力培植。曾几何时，面对“乱花渐欲迷人眼”的艺术园圃，百思不得其解的阎老以一曲《雾里看花》描述着现实，唤醒着世人沉睡的灵魂，叩击着人们几近麻木的神经。“雾里看花，水中望月……借我一双慧眼把这世界看得清清楚楚明明白白……”而一曲《敢问路在何方》，尽管是为 1986 年版的《西游记》创作的主题曲，但“敢问路在何方，路在脚下”，掷地有声，唱出了师徒四人踏平艰险取真经的辛酸和永不言弃的执着的同时，更书写出了在艺术的天地间一个耕耘者的执着与坚守。“世上本无路，走的人多了便成了路”，但业已成的路是别人踏出来，尽管可以参照，但终归不属于自己。筚路蓝缕的艰辛，只有踏平艰险才能见彩虹。正是秉持着这样的信念，阎老一身正气有担当，与时俱进敢创新。应时代之需，适时创作《江姐》而一举成名天下知，并得到毛泽东同志的接见，且被给予高度的评价。艺术是为生活服务的，它源于生活，但又高于生活。正是深谙此理，阎老没有躺在功劳簿上看星星、赏月亮，而是以饱满的热情在艺术的庄园中精耕细作，以自己之力让艺术之树尽可能保持长青。这样做的动力之一当来自时代对健康向上的文艺的呼唤，更主要的是来自阎老对艺术的敬畏。在受到习近平同志接见的时候，习总书记还半开玩笑地说：“我喜欢阎肃的‘风花雪月’。”

“苟利国家生死以”，是志士仁人家国情怀的外铄，而作为人民的艺术家，阎老也许没有那种“舍我其谁”的霸气，但一点点、一步一个脚印地刻录，在艺术大道上留下的印迹足以诠释阎老作为艺术家的纯粹。如果说阎老应了好事者的谶语（几个月前阎老已经被‘去世’过一次）有点大不敬，但在生老病死自然法则面前，每一个生命都是渺小和脆弱的。

阎老走了，八十六年山山水水的跋涉，青山依旧在，绿水仍澄明，可是“物是人非事事休”。老人的不舍与牵挂，既有对亲朋故友的，更有对自己一生为之倾注心血的艺术。夕阳西下，是肉体生命的结束；而喷薄欲出的红日，更是艺术之花的绽放。阎老，一路走好！

（原载于荆楚网、央视新闻网和凤凰网）

9 浪费笔墨，与网共舞

这些年我写的东西越来越多了，每到年终，总可以集成一本或者两本“杏坛碎片××年”。没名的时候，出本书难于上青天；有点名了，经常会有人找你出书。世界没有真正的公平可言，混出来了就算出来了；混不出来，纵有天大的才华，也是明珠埋在沙子里，不见得有人会专门辛苦地扒开沙子来找。我相信，就人才而论，埋在沙子里的明珠，肯定比被人采去放在帽子顶上、挂在美女脖子上的多。

我曾经说过，卖文为生是我小时候的梦，不期望做官，没心情经商或者干点别的发财的事儿来养活自己和家人，大概只能卖文。古代文人管卖文叫做煮字疗饥，字得写出来，还得煮熟，才能一充饥肠。除非名气特别大，一般日子都过得不怎么样。真正过得好的，或者走仕途，或者走商道，不会一个字几个钱地斤斤计较。但凡是卖的人，无一例外都要计较，即使口中不说，心里也会犯嘀咕。卖文卖到今天这个地步，最怕的是人家跟你套交情，然后稿子索走，稿费不论，或者很低很低。前几日看明人笔记，说有卖文者，碰上一世交，仗着交情索他一篇文字，不给稿酬。那人踌躇半晌说道：“我这个人没有钱写不出东西来，这样吧，你先拿5两银子放在我的案头，催催精神，等我写完了再还你如何?”看到此处，不禁拍案叫绝，真合我心。下次再有套关系少给稿费的，一定照此办理，先让他在案头放上两叠厚厚的人民币再说话。当然，放完了人民币我还不还他稿子，可就两说了。

当然，说归说，真要是被朋友逼到墙角了，稿费再低，估计也只能写。中国的现行政策不合理，稿费缴税起征点奇低不说，网络转载，作者一文莫名。一篇文字，转得漫天都知道，你也就只能拿到最初发在纸媒上的那点钱，待遇跟一点没转载的文字一样。书卖得稍好，盗版就会出现，而且没有人管。据说写青春题材的人，不怎么怕盗版，因为90后、00后的人，看书如追星，非正版不碰。但我们这些在吃粉笔灰之余，喜欢写点不伦不类的文字，有的被视为学术著作，但都是写给成年人看的文稿，命运就大不一样，读者理性多了，算计之下，还是买盗版合适。所以一旦有了盗版，书就死活卖不动了，版税也就没了。因此，当今之世，所谓的卖文为生，也就是活着而已。我的情况稍好，有一个教书的职业，卖文的收入已经足以养家，但讲发财，还是离得太远。

说到底，像我这样的读书人，读书写字，其实就是自己的一种习惯，连爱好都谈不上。社会责任感不能说没有，但并非每篇文字都是责任感驱使出来的，好些文字，其实就是读书读到哪个地方了，忽有所感，不写出来吧，手痒得很，就这么变成了铅字。这年头，不仅吃这碗饭的人多，而且风紧，意思表达稍有不慎，撞到枪口上，就换不来银子，只能在自己的博客上发，即使这样，也有被删掉的危险。

总的来说，祸从口出，写字的人，写出来的字，就是自己的口。古往今来，都是要当心的。这些年写得多了，招人烦，招人恨，我已经很有感觉了，好些人一直在为我担心。只是，这个世界，总有一些事逼得你不得不说点什么，三缄其口，自己都感觉窝囊。

所以，在今后的日子里，只要没有人像贾府里的小厮们把我捆起来，塞上一嘴的马粪，我多半还是会坚持写下去，如果像某些人期待的那样，我被解聘了，我就更得写了，写些不三不四的文字，让在我看来不三不四的家伙不舒服，这就是我选择的生活，现在即使后悔，也来不及了，几天不写，浑身难受。上天生人，各式各样，像我这样的，大概生命的意义，就在于不断地浪费笔墨。过去有笔砚，后来有钢笔墨水，现在有键盘，在书写工具的进化中，一直走到生命的尽头。

（原载于荆楚网、中国教育新闻网和凤凰网）

10
九头鸟的方圆观
——2013年湖北省高考作文随想

“天上九头鸟，地上湖北佬。”一方水土养一方人，湖北多水，水之灵动易变的性格，深深地影响着湖北人，形成了湖北人聪明、灵光或者说狡猾的特性。

也许是历史的积淀使然吧，湖北人对处世为人有着自己独到的体会，所以2013年的湖北高考作文拟题者祭出有关方圆的专题，希望年轻的湖北学子们也能在考场上阐释其中奥义，发扬光大地域文化，其用心不可谓不良苦。

只可惜，家长、学生皆不买账，一位家长说：“这个题目对我们40多岁的人来说，比较合适。因为我们有一定的生活阅历，对生活有自己的理解。但对于18岁的孩子们来说有点早了。”另一位家长说：“孩子们这个时候应该学习如何讲原则，而不是圆滑处世。”

朱建斌更是在网上对此发表檄文进行声讨：“青少年的生命本质和参加高考之目的，均在于成长创造、拼搏追求，岂可任方任圆，一切无所谓？这不是误人子弟吗？任方任圆，随遇而安，作为暮年的自我调适犹有可说，若用于高考作文命题，以教化青年指导人生，则毒莫大焉，害莫大焉。”

说得好呀，真可谓一语中的，入木三分呐！

青年朝气蓬勃，血气方刚，略懂方圆之道，把握行事分寸，未为不可。但在目前三十六计盛行，阴谋诡计泛滥，将《鬼谷子》《菜根谭》当作《圣经》的时代，如果我们的高考作文再推波助澜的话，负面的影响不堪设想。

“上善若水任方圆”，其题目所含深意竟与重庆作文题的“大豆与豆腐”如此异曲同工，这是多么令人寒心的一幕呀！

由此不禁想起了湖北的先人伍子胥，硬气而有原则，为实现复仇大业，不屈不挠，宁折不弯。晚年为了吴国免于亡国之祸，伍子胥宁愿殒命也要强谏，反而少有后来湖北人的那种圆滑，这一点倒是现在我们民族所最缺乏的。

更不用提屈原了，我们现在的端午节不正是为了纪念他那种无私无畏、坚守气节、忠贞耿直的精神吗?！屈原精神具有现代意义，它是我们反对随波逐流、同流合污的旗帜，是我们焕发正气、振奋求索精神的动力。

“方圆虽异器，功用信具呈。”方正相连，圆滑相得。前者庄重大气，似巍巍高山；后者自由灵动，如汤汤流水。真希望在方圆之中，首立“方”之原则，后用“圆”之技巧，而不是在水的流动中失去了自己的主张与原则。

一个人若只有“方”而没有“圆”，必然会经常碰壁。相反，如果只有“圆”而没有“方”，则往往变成没有原则、没有主见的墙头草。“方圆有致”才是智慧与通达的成功之道。

“路漫漫其修远兮，吾将上下而求索。”“亦余心之所善兮，虽九死其犹未悔。”在这端午节到来之际，让我们用屈原的这两句诗来自勉吧！

（原载于荆楚网、中国教育新闻网和新浪网）

11

世上总有更重要的事

——2013年上海高考作文题随想

感觉上海这次作文题还是给学生提供了很大的写作空间的，也不那么直露浅白，充分显示了海派文化的底蕴与分寸。

生活中，大家往往努力做自己认为重要的事情，但世界上似乎还有更重要的事。这种现象普遍存在，这是由人的局限性所决定的，不足为怪。

所以，当年杨佳认为给他个说法很重要时，相关部门却认为保持应有的傲慢更重要，于是杨佳就给了相关部门一个说法；当陈水总觉得自己上访维权的事情很重要时，那些官老爷们却漠然置之。陈水总绝望了，悲剧发生了，这是一个沉重的话题。当社会族群分化严重，阶层对立加剧时，相互间认为重要的事情就不是正相关，而是负相关了。

在今天这个话语分裂的时代，政府与民众之间必须要寻求到一种最低限度的共识。其实思想越是活跃，某种程度的分裂就越厉害，这也证明我们的社会蕴藏着活力，存在着独立的思考空间。但是这要有一个平台，让这些思想能够合理、正常地竞争、交流，给他们以表达言论的自由，而不是搞统一口径，隐瞒事实，禁止说话，总之不能压服，只能说服。

虽说真理并不都是越辩越明，有的时候争论的双方很难互相说服，但是听众会听明白，其实说服的是听众，是围观的人。谁对谁错，听众会做出判断的。千万不要以为我们只要有权力，就很容易压服一个观点，有些情况下恰恰不是这样。掌握权力的人要学会倾听，要有一个基本的共识，就是要让对方说话，在合理的范围之内，只要不是对你直接的人格侮辱、诉诸暴力，就都可以。让各种意见都被表达出来，这恰恰是我们今天需要坚持的一个共识。

什么时候，当大多数个体努力做的事情，与国家致力做的事情有正相关时，那么我们社会产生共鸣、发生共振的概率就会大大提高，整个社会真正的和谐氛围就会形成，对当今的我们来说，世界上更重要的事情，莫过于此吧！

（原载于荆楚网、中国教育新闻网和新浪网）

12
山上的风景
——2014年湖北省高考作文解读及下水作文

每一年的高考作文我都关注，2014年亦然，感觉湖北高考作文题较之去年有很大的进步：有诗意，有哲理性，出禅意。很容易让人想起“不到园林，怎知春色如许；未赏牡丹，难解万种风情”。不亦步亦趋，坚定信念，风光自在人心，醉过方知酒浓。

题目简练，寓意深刻。从日常生活中最常见的同一风景“不同的人不同的风景”切入，设置作文的突破点。要注意发散思维，多角度、全方位地思考“不同风景”的含义，联系生活中与此相近的事物，充分发挥想象，解读其含义，考生若能牢牢抓住这一点，构思作文就容易得多。当然也可以将上山的三个阶段概括为人生重要的几个阶段，青少年时期是看鸟语花香，品大自然之美丽；中年时期渴望宁静幽远，追求内心平静；老年时看淡万物，内心旷达才觉事物都如隐约群峰，看淡则好，无需计较。我们为什么要到山顶，不是一种意志驱使，是人生使然。

我以我手写我心，只要能用文字把自己的所见、所闻、所感、所思如实地表达出来就可以了。今年湖北省高考作文题目总体来讲，注重辩证思维，符合“文以载道”的基本原则。偏向简单化，为考生提供多个可入手着笔的关键词，作答时只要沉住气，耐心审题，一定能发挥出较高的水平。

曾经读过《童与叟》的故事，讲述的是：有个老人在河边钓鱼，一个小孩走过去看他钓鱼，老人技巧纯熟，所以没多久就钓上了满篓的鱼，老人见小孩很可爱，要把整篓的鱼送给他，小孩摇摇头，老人惊异地问道：“你为何不要？”小孩回答：“我想要你手中的钓竿。”老人问：“你要钓竿做什么？”小孩说：“这篓鱼没多久就吃完了，要是我有钓竿，我就可以自己钓，一辈子也吃不完。”

我想你一定会说：好聪明的小孩。不过从另一个角度讲我可以说你错了，不是的吗？他如果只要钓竿，那他一条鱼也吃不到。因为，他不懂钓鱼的技巧，光有鱼竿是没用的，须知钓鱼重要的不在钓竿，而在钓技。有太多人认为自己只要拥有了人生道路上的钓竿，就再也无惧于路上的风雨，如此，难免会跌倒于泥泞地上。就如小孩看老人，以为只要有钓竿就有吃不完的鱼，犹如职员看老板，以为只要坐在办公室，就有滚滚而来的财源。

同一番风景，看的人不同，心境会不同，经历的人生不同，景色自然也不同。同样是一棵古松，作为一名商人会首先考虑它的价值，作为一名植物学家，会想它属于哪一科、哪一目，而你看到古松时所想也不一样。

“横看成岭侧成峰，远近高低各不同。”风景的好看与否，还与我们站的角度有关。面对同样的风景，有人说好看，也有人说不好看。当我们发觉风景不好看的时候，不妨换个角度试试，你会发现同样的风景亦然美丽！角度对了，即使一片荒芜，也是美的。

其实，山上的风景，四季或早晚各异，好看与否，全在于彼时心境的契合度。你不到山上去，怎么知道无限风光在哪里？登高望远，烟涛微茫，吟的是境界；登高俯瞰，沧海桑田，叹的是苍生。到山上去看风景，除了看自然景物，更重要的是看内心的那一处风景。

我们曾如此地期待一种醉人的风景，然而到最后才发现，人生最曼妙的风景，竟是内心的淡定与从容；我们也曾如此地在乎他人的评价，可是最终才明白，优秀不过是做最真实的自己，已无需评价。山上的风景，不在别人的嘴里，只在于自己的脚下——海到尽头天是岸，山至高处人为峰。

（原载于荆楚网、中国教育新闻网和新浪网）

13 有一棵大树

——2015年湖南卷高考作文解读及下水作文

2015年湖南卷高考作文题的材料大意为：有一棵大树，枝繁叶茂，浓荫匝地，是飞禽、走兽们喜爱的休息场所。飞禽、走兽们谈论着自己去各地旅行的经历。大树也想去旅行，于是请飞禽、走兽们帮忙。飞禽瞧不起没有翅膀的大树，拒绝了。于是大树想请走兽帮忙。走兽说你没有腿，也拒绝了。大树决定自己想办法。它结出甜美的果实，果实里包含着种子。果实被飞禽、走兽们吃了后，大树的种子传播到了世界各地。

远方的远方，梦想像花儿一样开放

世界那么大，我想去看看。远方的远方，是否漂亮非常？可世俗的羁绊，早已束缚了我的翅膀，忘了飞翔。患得患失间，双腿也沉重如铅。像陀螺一样，重复着看日出日落，月缺月圆，一天又一天，一年又一年。生活，就这样，一如既往，平静、平淡而又平常。不平的，是心底那颗梦想的种子，尘封里，依然渴望——去远方。

其实，去远方，是很多人的梦想，但很少有人真正走到了远方的远方。更多的人，像我一样，没有时间，没有空闲，越忙越抱怨，越抱怨越忙。单调、枯燥是日子不变的颜色，挂历，一页页都这么灰黄。我也曾不止一次又一次地问自己，“三点一线”的轨迹难道就是生命的跑道？再足的马力，也逃不出生存的万有引力？不，不，不！心底总有个声音在呐喊：双脚虽然走不出生活的圈，但心可以走得更远。像荷花，一辈子都只能囿于淤泥中，但香远益清；像大树，根虽深埋于泥土里，但果却可以带着梦想去飞。只要有梦，就能看到彩虹，无论下雨还是天晴。只要有梦，就能拥抱阳光，每一天，美一天。

是的，改变，从心开始。我们改变不了天气，但我们可以选择心情；我们改变不了外貌，但我们可以选择微笑；我们改变不了出生地，但我们可以选择努力。改变，让生活更有创意。去不了悉尼，就戴上耳机，交响乐萦绕在耳畔，动听依然；去不了康桥，就捧上一本《人间四月天》，文字的曼妙里，有油油的青荇在水底招摇；去不了拉萨，那就给自己斟一杯青稞酒，细细品尝，青藏高原的浓烈、芬芳，也在酒杯中荡漾。脚到不了的地方，心可以到得更远。

原来，去远方，不一定要奔跑，不一定要飞翔。梦想的种子，可以在远方的远方像花儿一样绽放。以梦为马，勿忘初心，人生处处都是风景。哪怕是以另一种方式到达，但到达远胜过从未出发。不要抱怨生活，其实生活给每个人都同样多。做不了飞鸟，做不了奔马，就做一棵安静的树，脚踏实地，仰望星空，撒播梦想的种子，谁又能说这不是一种成功？你是你自己的“创客”，在不一样的创想里，你一定能创造出属于自己的不一样的奇迹！

（原载于荆楚网、中国教育新闻网和新浪网）

14 老姐囧中之悟

最近老姐很郁闷，心里堵得慌，总是拉着驴脸不开心。

老姐有两个争气的闺女，自幼至长，懂事乖巧会读书。大学毕业后一个飞到新加坡，一个去了美国。十几年来，她身体倍儿棒，吃饭倍儿香，人家夸她闺女，她嘴都合不拢，高兴得口不能及，靠手势帮忙。大前年退休后，身边的同事纷纷出国和孩子乐享天伦，亦触动了她那颗驿动的心，原本孝顺有加的闺女都向她伸出了橄榄枝，她也开心地告诉家人，身子骨动得的时候她就老家、新加坡和美国每一年倒腾着住一段。每次回老家，都是未见其人先闻其声："新加坡好哇，那环境没得说；美国比电视里还强，天上瓦蓝瓦蓝的，地上到处绿树成荫"，高兴着呢！

老姐这次从美国归来，是不是患上"故国环境不适症"?

"美国好吧?"我套近乎安抚她。"好个鬼，花起钱来钻头不顾腚；做起事来天塌下来当斗笠戴。""新加坡呢?"我不得其解。"只许州官放火，他们自己能做，我就不能做!"看来她是跟孩子置气或者是受气了。

这有什么不好？超前消费是西方国家年轻人普遍现象，生活安逸闲适，遇事冷静沉稳也不是缺点啊。这可实在不着调，她原来除了一句新加坡就是节奏太快以外，"国外的月亮比国内圆"。幸好第二天上午外甥女来电话，我专门跟她讲了她母亲这次回家的异常情况。

原来老姐这次去女儿家，做了不少糗事：

老姐前几次去新加坡，观察到新加坡人大多信佛、礼佛和拜佛，而她也是一个虔诚的佛教徒，所以这次她带了很多免费的佛教资料，由于机场出境重量限制，她宁可卸下其他用品，也要带上制作精良、装帧考究的繁体《法华经》《大乘造像功德经》《家和万事兴》《百善孝为先》等书籍、CD 和图片。甫到异地，她便在居住地附近的休闲广场上支起台子，摆放着在家精心印制的 Free（免费）标志牌和她所携带的资料，一边跳起她热爱的广场舞，一边宣传“我佛慈悲”，仅仅过了三天，移民局便找上门来，询问她是否是访问学者或者是否有传教士资质，否则之前的行为就是扰民和涉嫌文化推销。她想在异域广修布施，广种福田，广结善缘，“以佛为师，见贤思齐”之梦碎了。闺女认为母亲这样做有些丢人，数落了她几句，老姐一气之下买了些华文报纸书刊去了美国。

先于老姐，有一学霸亲戚因不想过其父母设计的古井无波的生活，由老姐闺女担保到美三所名校面试，前两所学校面试波澜不惊地过了，最后一所也是她最心仪的宋氏三姐妹的母校，因此她特别上心，紧张情绪都写在脸上。此时老姐的古道热肠派上了用场，老姐所带的华文报纸上刚好有一篇讲述中国大陆学生在美面试的文章，她泛读过一遍，有些印象。很快这篇批评中国学生面试时没有自己的想法的文章呈现在了这位学霸面前。中国学生总是以“差不多”“马马虎虎”“还行吧”闪烁其词，回答为啥想在美国读书，基本上就是：教育先进，科技发达；想以后去华尔街当证券分析师，等等。该文还特别温馨提示：“回答问题要让主考官看到自己的灵魂，听到内心的声音。”

第二天面试，当主考官问她为何来美国，学霸回答得较好，其中还涉及体制差异等，主考官是一位华裔，他直接用汉语告诉学霸：你的回答很好，但没有温度。你的回答非常“花千骨”，但没有大多数孩子的那种坚强与励志。很快亲戚的父母怪罪下来，原本设计好了的不温不火的答案，被老姐好心办坏事给搅黄了。

老姐年近花甲，身体胜过天命，心里恰似而立。凡是户外运动她削尖头也要掺和，所在小区有几位华人爱爬山和攀岩，不几天她的热情便燃烧过去，亦成了其中的一员健将。一天傍晚回家，女婿见她便问：“回来啦?妈。”“回来啦。”女婿再问：“你早晨出门时，不是带了香蕉吗?”“是呀，都吃了。”老姐不明何意。“可是你吃完后的香蕉皮呢?”女婿不解。老姐更不解：不问一问丈母娘累不累，反而去关心香蕉皮? 第二天女婿请假，带着老姐驱车几十里地，找回香蕉皮，放到垃圾桶里。女儿觉得脸上无光，亦数落她。“美国佬也太矫情了吧，香蕉皮烂在山上还肥着呢!”她嘟哝道。

“这都是怎么啦，一茬接一茬儿的。”压抑中，老姐要求回老家。

“还是老家踏实，有归属感。”这是老姐回家后主动跟我交流的第一句话。老姐本来读了一些书，又是“煲汤”大师于丹的粉丝，这些天她白天看百家讲坛的VCD，晚上继续跳她所挚爱的广场舞，一切是那么的熨帖惬意。今天中午她好像发现了新大陆，跟我说："美国佬不怎么地，他们所宣扬的不就是我们老祖宗的那一套吗？"我很感兴趣，欲擒故纵地说："就你，有这本事发现？"她回答说："孔子真不愧为万世之师，今天我再看《于丹〈论语〉心得》，我突然发现，孔子是一个很讲实际的老师，比如他询问学生们的人生志趣，同学们纷纷回答一些治国理政、经邦济世等'高大上'的东西，孔子统统反应平淡。唯独一个叫曾皙的学生的回答——'暮春者，春服既成，冠者五六人，童子六七人，浴乎沂，风乎舞雩，咏而归'被孔子大加赞赏。于丹说，这段话翻译成现代话就是一场说走就走的旅行。另外，小时候在乡下常听老人们说：某某古树有灵性，不能刻字折树枝，否则轻则患病，重则死人。对古树的敬畏不就等同于美国人的环境保护意识吗？看来闺女所说的美国人崇尚大道如初，还是我们老祖宗的知识产权呢！"

"真是门缝里看人——我把你看扁了，你还是一个善于学习的人，退休了还这么累干吗？"我揶揄道。"本来就是，不是有一句：学习是终身要做的功课！"您瞧，她还是这么自信。

（原载于荆楚网、中国教育新闻网）

15

斯人已去，诗心永存

昨天清晨，朋友圈刷满汪国真离世的消息，我内心泛起了层层涟漪。

20 世纪 80 年代末，我从教于一所农村中学，乡村教师大多“白天站讲台，晚上守婆姨”，作为物质和精神双重匮乏的夜间留守教师，我唯一可做的就是读书。1988 年第 10 期《读者文摘》的卷首语一反过去字无虚设的美文，改成署名汪国真的《热爱生命》的诗歌。我再三揣摩这首诗并被深深吸引。自此我到处搜集汪诗。可惜除了手抄本，报纸杂志均难觅其踪。直至有一天，昔日在京城求学的学生，带了几本北大学生社团编的《未名湖》给我，其间有“诗坛王子·汪国真诗歌选”。为此，我专门买新本子做读书笔记，且在每一页底部的空白处，写上汪的诗歌名句。稍晚，“练庞中华的字，抄汪国真的诗”风靡一时；引用和化用汪诗成了考场作文出彩的“通关文牒”。

岁月在流淌，青春的汪诗，却灿烂依然。每当我想解开孩子们的心结时，汪的一些凝练隽永、充满哲理的诗句就成了我的法宝，它总能触及孩子们心灵最软的部位，“既然选择了远方，便只顾风雨兼程”，鼓舞了一批又一批学子。

1995 年暑假，作家熊召政送孩子熊维回家乡补习功课，我被人推荐给其子当辅导老师，聚餐时我们聊到文学，他介绍他正在写的《张居正》，并问及我是否喜欢诗歌，我说我喜欢徐志摩和汪国真的诗歌。他建议我读一读北岛、顾城等人的诗。通过和熊维的交流我得知，他亦不那么欣赏通俗浅显的汪诗，而是北岛的粉丝。可我相对于“残缺的、先天不足”的朦胧诗，还是偏爱“背弃孤傲，吐露真诚”的汪诗。一个多月的朝夕相处，并未能阻止我和熊维成为忘年交。伴随新世纪第一缕阳光，他报喜的贺年卡摆在我的桌上，他心中的“远方”终于抵达——他顺利地通过了加州大学的考试。

2002年元旦，熊维给我来电，问候寒暄中听得出他情绪低落。他失恋了，他告诉我：他们都是学习比较文化的，选择的方向均为诗文翻译。他特别崇拜曲折幽深的朦胧诗风格，而女友则欣赏直白流畅的汪诗风格。对于失恋者，任何语言都显苍白，但我又不得不提醒他，在一个务实而暂别理想的年代，读懂北岛和海子需要较高的文化涵养，而理解汪国真则几乎没有门槛，但并不代表汪诗就是流行歌曲的畅达单薄，清新明亮何尝不是一种美？或许你换个角度，“我不去想，未来是平坦还是泥泞，只要热爱生命，一切，都在意料之中”。

大约隔了一周他又来电：“我认真读了读汪诗，他的很多诗句的确如我女友所述，具有穿透人心和穿越岁月的力量。”他们由此“涛声依旧”。如今熊维夫妇都在中国驻美大使馆为国人服务。2012年在《全美好声音》里，他们以《恋曲1990》曲调演绎了汪诗《山高路远》，尤其是“no mountain is higher than a man，and no road is longer than one’s feet”（没有比人更高的山，没有比脚更长的路）引起了许多美国友人的共鸣。

诚然，汪诗的魅力，非如今人们常说的“心灵鸡汤”可以形容。汪国真的离去，让人开始重新思考文学之于社会的意义和价值。毕竟，生活不只眼前的“丰满”，还有纯真超脱的长歌短调和远方。

（原刊于《南方周末》2015年5月6日）

16

老家门前的桥

“日落月来天在水，行人浑入镜光中。”每当我看到类似明人伍瑞隆的诗句，故乡的小河就会又一次流过心尖，情难自禁地联想到老家门前小河上的那座桥。

小时候，老家门前的那条河没有桥，仅仅几块石头一字排开，参差错落、肥瘦相间，有点像“乱石铺街”，古朴奇拙。岸边的人要到对岸去，必须像唱戏的小丑一样蹦跳着踩着石头过河。如果稍不留神踩翻了石头，就会掉落河中。要是碰到下大雨就糟了，石头被河水冲得若隐若现，河水滚滚，谁也不敢过河。

那时候，河水清净，像一面刚刚打磨出来的镜子，过河人清清楚楚地映在了水里。水微微波动，人的影子也跟着摇动。每天清晨两岸的婆姨会齐聚到清澈的小河边洗菜洗衣，她们用棒槌使劲地敲打着石板上的衣服，一上一下，“咚咚”地响，而今难得一见的桌中珍馐花翅、马口等河鱼成群结队地聚拢在贯穿暖阳的浅层水面，嬉戏游弋，好生快活。胆子大者甚至围着洗衣婆姨的脚钻来钻去，类似今日之鱼疗。

每年春汛，村民们就从山上砍来先人口传的“千年水底松”，在河里架上桥架子，桥架子用一根一米左右、上部平整的横木，下部装上两根呈八字形、大小合适的生圆木，俗称“桥脚”。然后再将松木锯成3米长短，对半锯开后，把几片松木拼在一起，架设在桥脚上做桥面，光秃秃的，没有一点保护措施。走在上面，木桥发出“嘎吱噶吱”的叫声，摇摇晃晃，让人提心吊胆。

记得13岁那年，经生产队队长的特许，我可以到“死封山”上为耕田的牛割草，我割的一担草足有一百二三十斤。在挑回家过木板桥时，我站在桥头犹豫了许久，不管怎么给自己壮胆，就是没勇气挑过去，也不愿叫过桥的村民帮忙。约过了半个小时，我看见父亲从河对面走来，像见到救星似的喜出望外。后来母亲告诉我，父亲知道我害怕过桥，是专程来接我的。

世纪之交，村民们不再荷锄挑担、牵牛下田劳作了。东家要买面包车，西家想买农用车，木桥严重影响村民的出行。父亲联合族人，摊丁收费，拆掉木桥，修了一座三米宽的漫水桥。漫水桥通车父亲心里极为畅快，托人带信叫我带妻儿一起回家。记得那天我们离开时，父亲送我们到桥边，在我和妻子一再要求下他才停下脚步。我们走了好远，父亲还站在桥头不停地朝我们大声嘱咐："有空多回家看看！"

仅仅三四年，村子里的老屋全变成了楼房，百户人家三十多辆车。车进车出，热热闹闹。随着车辆的增加，车行到漫水桥，必须一辆一辆通过。车少的时候，还凑合，可车辆一多，交通堵塞，过这个漫水桥少说也要等上十几分钟。父亲这次自知力不从心，极力撺掇三哥带头修桥，而且在村子里夸下海口，他会吩咐我捐资万元。但我那时年薪不足万元，加之刚好参加学校集资建房，即便我竭力凑了六千，可新桥落成时我和父亲在族人面前仍然甚为尴尬。一向爱我有加的他，那天整个上午都没跟我搭腔。午饭后我离家前他还抱怨："修桥补路，添福添寿，没用的东西，你就是捐一年的工资又咋的！"不过，在母亲的反复央求下他还是陪她一起照例站在桥头送我们，坐上中巴车后，我特意打电话回家报一声平安，电话那头竟然是母亲的声音。我问父亲干吗去了，母亲说父亲还站在桥头没有回家。那一刻，我眼睛湿润了。

新桥长 30 多米，宽 10 米，高 5 米。桥面光滑平坦，两辆车并行还绰绰有余，两边全是坚固的石栏杆。站在桥上，极目四周，春燕衔泥，花影婆娑，杨柳依依，心头为之感动，耳目为之一新。

父亲一生匍匐在山里，从土里拾掇希望，他语澄心蜜，古道热肠，热衷公益。可自新桥通车后，父亲没能兑现承诺，总觉得心里有个疙瘩，自此一蹶不振。仅隔两个月，我回家看望他，他昔日模样不再，面容憔悴，形容枯槁，蜷缩在病床上不停地咳嗽，只有那两只深深凹陷进去的眼球，还依然扑闪着流动的亮光。看到我来到床前，他立即挣扎着从床上坐起，声音嘶哑，话语已经不很连贯。一股悲怆的情绪油然而生，我不由自主地紧紧握住父亲的手，泪水溢满眼眶。我本想跟他解释新桥捐资时我不想打肿脸充胖子，可刚出口就发现他浑浊的眼里流露出幽怨之光。

岁月雕蚀，人事蹉跎，老家门前的小桥日益开阔光鲜，当年父亲在暗淡烛光岁月里为我修建了一座出来闯荡世界的暖桥，可让我追悔莫及的是直至父亲离世，我也未能架起我们父子间的心桥！

（原刊于《中国教师报》2016 年 2 月 24 日）

17
樟木箱子

每当我品读人家回忆青春的唯美文字，就思潮翻滚，想起我青春的“胎记”——一只樟木箱子。

20世纪80年代初，初中毕业前夕，我本想学门手艺早日自立。这时，“祖国江山一片红”，迎来了“科学的春天”。1980年5月16号吃午饭时，大哥关掉收音机时突然冒出一句：“旧政策怕是不灵了，以往年年纪念‘5·16’，今年冇有，听说县一中高中部面向农村招生，你去试试。”“我怕考不上。”我嘟噜道。“求不到官秀才在，莫怕，认真复习，你要是考上了，我给你两块钱。”土里刨食的父亲鼓励我。由于有两块钱的奖赏，幸福变得简单。我便开始整理学习资料，潜心复习。大哥还搜集了几本《全国13所重点中学作文选》给我，我原本语言上多少有些天赋，看了这些作文后，我大有“吃了人间的小菜，可以写天下的文章”的自信。

八月中旬的一天，我真的收到了“一中录取通知书”。父亲开始张罗我的学费及生活用品，请木工给我制作樟木箱。一个用刨花当眼罩捉迷藏的顽皮孩子，不小心头撞到厅堂桌子角，流了不少血，气氛一时凝重起来，好在吃百家饭的木工机灵：“秀才，多好的兆头啊，你到一中肯定能中彩！”眉头紧锁、特别迷信的父亲终于脸上放晴。

带着这只木箱，十五岁的我来到了县城。尽管怀揣美好理想，发奋不已，但我还是遗憾地以一分之差名落孙山，贫穷、无助和落寞，那段日子成了我人生的黑色季而深入骨髓。9月初，父亲带我去修水库，人山人海，木箱打开竖起成了临时遮羞的“屏风”；苦中作乐，工余休息，木箱又“客串”打扑克和吃饭的“桌子”。21日，工地喇叭通知我到指挥部去一趟，没想到木箱制作过程中木工的一句圆场戏语竟应验了——山区县高考分数线降两分，我被录取了。父亲转悲为喜，特地宰了一头猪，并放映电影《苦恼人的笑》招待前来恭贺的亲友乡邻。还请漆匠师傅将木箱上漆，师傅在木箱的正面精心临摹了一副丹凤朝阳，寓意我是山沟飞出的凤凰。

大学毕业后，我带着来自“将军县”的恋人和樟木箱回到故里，登上了中学讲台。没有疏梅筛月影，没有海棠照红妆，只有农家常见的迎春和送春花。并肩携手，低低切切的浪漫随着一迎一送的落红写进了斑驳的记忆，亦如我的樟木箱，成了我最美的珍藏。

完婚时，母亲跟我说：“物离家贵，人离家贱，莫亏待了人家。”我咬牙买了套组合家具，把木箱送回了老家。约莫十年，老木箱渐渐地被我淡忘。直到有一天大嫂来电话告知我母亲病重，我心急火燎赶到老家，母亲面容蜡黄，口不能言，气若游丝。在我一声声颤抖的呼喊中，母亲微微睁开眼，嘴角轻微地嗫嚅了一下，目光紧盯着床边的樟木箱。我想起她曾说过：“你添儿子我高兴，我求你姐买了对手镯给我孙子做念想，她说她下次回来探亲时带给我。如果我走了，手镯我放在樟木箱左角。”我赶紧心领神会地说：“木箱，是吧？”母亲脸上有一丝不易察觉的满足，双眼闪过一道泪光，不再睁开。我紧紧攥住母亲那干瘦枯皱的手，承接母亲最后的温暖和她留给孙子“压箱底的财富”。

木箱再次跟我“团聚”，当年漆光鉴人的木箱，有了几处裂缝，漆皮也有些剥落，如同一位饱经沧桑的老人，它见证了我洗尽铅华、尘埃落尽的青春岁月。看到它，我百感交集，它承载了我简单而不单调、贫穷而不卑微的韶光年华啊。

（原刊于《中国教师报》2016 年 6 月 22 日）

附李茂林先生对本文的评价：写得好，将深藏在60后每个读书人心灵深处的樟木箱子轻轻地挪了出来，用心血与泪水将它擦拭一新，不堪回首的历史，坎坷不平的历程，一去不回的亲人，都在上面浮现出来，引人共鸣，令人唏嘘。

18

父亲是一本书

闲来无事，翻出一本散文集。随手打开一页，正是一篇纪念父亲的文章。当看到其中一句“父亲是一本书，做子女的也许要用一生的时间才能读懂”时，一阵锥心刺骨般的隐痛顿时刺上心头。

清明临近时，妻老在我耳边絮叨：“今年回去吗?”其实，回去不就是在父母坟前烧几堆纸钱吗？而这对故去的父母，又有什么意义呢？

2001年初春父亲因病卧床，稍好又下地干活，反复几次，给关心他的人们心头蒙上了一层厚重的阴影。他离世前的半月我回家看望他，眼中的父亲早已不是昔日父亲的模样，他面色憔悴，形体枯槁，蜷缩在病床上不停地咳嗽，只有那两只深深凹陷进去的眼球，还依然闪耀着流动的亮光。他看到我来到床前，立即挣扎着从床上坐起，紧紧握住我的双手，激动的泪水早已夺眶而出。三天前我回家看望他时他身体的能量几近耗尽，面色更加憔悴，形体愈显瘦小，声音嘶哑，眼光浑浊，话语已经不很连贯，说几句就要歇一歇。此时我心中已有一种预感——恐怕父亲离驾鹤西去为期不远了。一股悲怆的情绪油然而生，我不由自主地紧紧握住父亲的手，泪水溢满了眼眶。这时的父亲，却显得非常平静，倒是先安慰起我来。

在我印象中，父亲是闲不住的。小时候，家里烧的柴火都是父亲在劳动小憩时砍的。沟边溪旁，一丛丛老鼠刺让人无处下手，父亲戴上母亲特制的帆布手套，三两下就砍了一捆。记得十几岁时，有天傍晚父亲收工回来，嘴巴动了几下，我忙问他吃什么，他有点不耐烦地说：“吃亏!”可能，这也是父亲唯一一次对劳累的抱怨。

1982年7月25日，高考分数发布，我名落孙山，回家后，我足足睡了一天一夜。父亲从来不多说话，那天却走到床前叫我：“儿子，起来，锄头把底下不误人!”我不敢懈怠，爬起来跟着父亲又像平常一样做自己该做的事。此时，我开始做着文学梦，把十里八里外缺了封皮的书借来读。停电的日子，就用墨水瓶做成的简易煤油灯，熬到深夜一两点是常事。母亲唯恐我多用了煤油，总是一遍又一遍催促我睡觉，可父亲一次也没催过我，也从来不问我读的是什么书。他不像电影《包氏父子》那样对儿子读书寄多大希望，他也不知道我读的那些书，对我将来会不会有用。

1985年暑期，我写了篇《父亲》的散文，投给《黄冈报》，居然发表了。收到样报后，我在灰暗的煤油灯下读给他听，未等读完，父亲流泪了。当时农村已分田到户，父亲虽六十好几，但还是一把劳力。由于大哥在外教书，我虽年已二十，犁耙活还是外行，就只得靠父亲了。有一次，望着父亲在泥田里吆喝大黄牯的背影，我突然有了想写父亲的冲动，于是就有了这篇小文。也许，是那篇稚嫩的文字中的真情，刺痛了父亲的泪神经……

父亲活到84岁。80岁生日那天，我们兄弟都回去了，父亲笑着说："自己好像还是孩儿样的，怎么一下就到八十啦!"我们兄弟要他什么都别做了，他说，菜还是要自己种点，不能老去买，再说，活动着人也舒服些。有次我回去看他，他正挑着粪桶浇菜回来。我要他不要挑了，他说："挑得起，就是腰有点直不起了。"当时他已经81岁了。

十年来，对父亲我一直心怀愧疚。曾对儿子说：我将来化作一缕青烟后，不要墓碑，也不用你们清明牵挂了，骨灰就撒在爷爷奶奶合葬的坟头，并书"你们的不孝之子回来了"，和着纸钱烧去，以慰双亲在天之灵。

这么多年了，清明时候倒不大敢回乡。也不只是情怯。总觉得，清明是不适于欢聚的。太浓烈的色调，反把清明弄坏了。独自一个人，在春风里走一走，看一看，想往事，怀父母，倏然间心神就远了。乱花飞絮，细雨如烟。忽然想起父亲当年的告诫：做事心要细，做人心要大。

2010年4月10日

19
母亲祭

上个月写了一篇回忆父亲的文章，妻子看后认为此文真切感人，就极力怂恿我再写一篇纪念母亲的稿子，几番提笔，哀不自禁，竟不能落笔。

前段时间，忽然梦见逝去多年的母亲。梦境中，总是与她相伴出行，走到一处小溪旁，便突然见不到她的身影了。这样的梦重复出现了几次，心里便有些慌张。我打电话给老家的大哥，请他代我去父母的坟上烧柱香。

母亲是因为长年的积劳成疾患心脏病去世的。

母亲是旧社会过来的人，从小缠足烙上了封建社会的印记，解放后虽经放足，但她的脚已经受到了严重的伤害，只能穿童鞋，走路很慢。在我的记忆里，母亲的胃病和心脏病伴随了她大半生。

成年后很长时间，母亲留给我的几乎都是很严厉的形象。我们兄弟姐妹5个，母亲对我们的生活细节要求得非常严格，饭前必须洗手，饭中不许说话，客人来了不许上桌、不许大声讲话，睡前必须洗脚，等等。我小时候很顽皮，经常闯下一些祸来，免不了招致母亲的教训，有时鸡毛掸子抽在屁股上，钻心的疼让我大声号哭。

如今，我已经快从中年步入老年了，说也奇怪，回想起母亲，许多事少年时不在意，而今却记忆深刻。

20世纪60年代，各种物资尤其是粮食紧缺。听老姐跟我说，为了能让全家人吃饱饭，母亲以她那病弱之躯和父亲一起披星戴月、起早贪黑，挖野菜、种自留地、养猪、养鸡，苦撑度日。为了使有限的粮食能多吃几天，母亲常常用面粉包上菜做成菜馒头，在小米里多放一些红苕叶子熬成菜粥。记得当年最好吃的饭就是饭豆大麦饭了，母亲和父亲一边吃一边会把饭里的饭豆拨拉成一堆，再倒到我的碗里。这些年来这个场景和母亲挎着一个大筐，装满了从自留地里摘回来的黄瓜和各种野菜，踉踉跄跄地走回家的情景，经常交替浮现在眼前，让我非常心酸。

“文革”后期，生活稍微好了一点，每年一进腊月我家都要杀一头自家养的猪，然后把一年吃的油榨出来。有时母亲榨油到深夜，也要把哥哥们和我从睡梦中叫起来，一起吃撒上盐面的“油渣儿”。那时日子虽然艰苦，但我从没见过母亲唉声叹气，怨天尤人，她常说：“日子总会慢慢好的。”可以说，是母亲的勤劳和从容的生活理念为我们的农家小院带来了欢乐和希望，使我在那样的蹉跎岁月里并没有感到苦涩和失落。

中学时代读物匮乏，在我心目中，最美好的地方就是县城里那家不大的新华书店。每天午饭后，我经常去那里盘桓，但是兜里没有钱，只能望书兴叹。一次，书店新来了名著《三国演义》，我特别想要，周末回家找母亲，向她讨要四块钱。出乎我意料，母亲爽快地把钱递给我，让我极为欣喜。须知那时这几乎是全家一个月的零用钱。代课期间，几位志趣相投的同事聊起新出版的傅雷翻译的《约翰·克里斯朵夫》，说很紧俏，买不到，我记得有位远房亲戚在黄石书店工作，我请母亲出面帮忙，她特地去找她的老姐妹写信邮购。过了半个月，黄石亲戚寄来了整套书，我们哥们几个一片欢腾。

男耕女织的中华农耕文明和男主外、女主内的鄂东淳朴民风，在我们家体现得非常典型。父亲耕种劳作、养家糊口，撑起家中的天。母亲纺棉织布、主理家务、碾米磨面、烧火做饭，还要侍候老人、养育孩子、饲养家畜家禽，兼顾家中的地。每到夏秋大忙时节，母亲还要下地帮父亲抢收抢种。那时候，每天晚上，我都是在母亲轻轻的纺棉声中入睡的。第二天被叫醒时，母亲早已做好了一家人的早饭。在我幼年到童年的时光里，几乎没有母亲睡觉和休息的记忆。就连一日三餐都是让父亲和我们这些孩子们先吃，母亲最后才吃些剩菜剩饭。母亲的勤劳、贤淑，我们看在眼里，记在心里。

我感谢父母的养育，德厚恩深，感谢好母亲传承了好家风。母亲不仅给了我血肉之身，而且给了我向上向善的灵魂。“啥时候也不能对不起公家，啥时候也不能对不起自己的良心”，“当官莫向‘钱’，做客莫向后”，母亲朴实的话语，为我做人做事铺就了底色，划定了底线。

2003 年 3 月底，我到北京修订《顶好双语作文》，大嫂来电话告知我：老娘病重了。我心急火燎地赶到老家，当时母亲已经吃不下任何东西，连水都喝不下去，口不能言，气若游丝。在我一声又一声颤抖的呼喊中，母亲微微睁开蜡黄的眼睛，斜斜地看我，脸上有一丝不易察觉的满足。只见母亲嘴角轻微地嗫嚅了一下，尔后，双眼一闭，不再睁开。跪在母亲的面前，我回想母亲劳碌的一生，眼泪禁不住往外涌。此刻，纵有千言万语，也无从倾诉，我紧紧攥住母亲那干瘦枯皱的手，承接母亲最后的温暖……

苦日子过完了，母亲却老了；好日子开始了，母亲却走了。母亲健在时，我远游了；我回来时，母亲却远走了……

2010年5月10日

20
当年炸米香

严寒的冬天是乡村的一段空白，农事暂歇，乡民们笼着宽大的棉袄袖找暖和地晒太阳。腊月天，乡下炸米儿的老汉便忙活开来。出太阳的日子，常见他们挑着一副担子，一头是风箱炉灶，另一头是黑黢黢的炸米机和长袋子，晃悠悠地来到村子的空场上。“炸米儿喽——炸米儿喽——”炸米儿的搁下担子，支好柴火炉，便亮开大嗓门来回叫喊。

炸米儿的多为60开外的老人，满脸的沧桑。他面前摆着一个黝黑的柴火炉，炉上有一个头小肚大、尾巴上还有个气压表的葫芦状铁罐子——炸米儿的高压铁锅，地上还有一条很长的口袋。炉火熊熊，映着老人皱纹纵横的脸庞。他神情专注，盯着铁炉把手处的气压计。他很少说话，别人在一旁说笑，他也不搭腔，一脸的严肃。几个顽皮的孩子，有时趁老人起身给炉子添柴火时，冷不丁地猛拉几下他的风箱，炉子里的火便一下子蹿了起来，他从不发火，只用眼睛斜睨一下他们，以示训斥。

随着风箱吧嗒吧嗒地响，炉火也闪烁跳跃。不大会儿，老汉看一看表，立起，将葫芦状的炸米锅扳起来，把顶端套进一圆锥形的网袋中——袋口是用废弃的轮胎做的，上面有小孔。他左脚踩到上面，左手拿着扳手套到容器的“耳朵”上，右手抓住摇柄，高喝一声“响——呶”，左手用力一扳，“嘭——”一声巨响，容器盖便被冲开了，一股白雾腾空而起，瞬间把我们淹没。我们松开紧捂耳朵的小手，蹦跳着，一头扎进白雾里，拼命地吸着热乎乎香喷喷的炸米香，一种说不出的舒坦和惬意流遍全身。

有时家里存有红苕果和糯米，我就缠着母亲拎到炸米摊上炸一响，炸出来的红苕果或糯米花惹得伙伴们直咽唾沫。母亲回家前总给每人分一点以解馋。

炸米儿时，有时也会发生不愉快的事儿。老汉有时走了神儿，时间没看准，炸出的炸米焦了，或者是蚕豆没开花。于是，小孩儿便回家拉来母亲与之理论一番。吵吵嚷嚷中，最后炸米儿的只能自认倒霉，炸坏的不要钱。遇到泼辣的主儿，还要倒贴小米和蚕豆。

那不太起眼的炸米摊子给我们的童年带来了欢乐。

现在的生活条件改善了，孩子们对炸米儿似乎疏远了，他们很难觅见炸米儿的淳朴风情和那份欢欣愉悦。只能从爷爷奶奶的讲古中吮吸到浓浓的炸米香。不知怎的，逢年过节，我总要到超市或路摊上买一些炸米糖、芝麻糖和花生糖，让孩子们从怡人的香甜中品咂出遥远的温馨。

（原刊于《湖北日报》“东湖”副刊）

21
故乡在心中

“露从今夜白，月是故乡明”，这些年，作为在外游子，我总想回老家红安看看。其实老家也只残存一点“遗址”而已。前不久，我借到麻城讲课的机会回了趟“家”。

车子不能进村，在村口废弃的石碾子前停下来。这石碾子是我儿时经常玩耍的地方，记忆中的它特别巨大，现在看起来感觉变小了，像失去水分变得干瘪的老人。我知道这不过是真实的错觉。

我与年近半百的舅舅，边聊过去的话题，边沿着村道慢慢向前走。村子里安静极了，偶尔几声鸡鸣狗叫，却很少见到人。记得小时候村里特别热闹，到处都有小孩子的身影。舅舅说，这些年，农村人能进城的都进城了，剩下的都是些老弱病残，蜗居在老宅里挨日子。

在一家农户门口我看见了一丛洁白的菊花，开得很泼辣，令我眼前一亮。真没想到在这萧条的村落里，居然还有如此美丽的生命坚守。此屋两扇木门虚掩，一边门环上挂着铜锁，两边贴着褪色对联，字迹依稀可辨：“春风送暖飞堂上，细雨添欢赠酒中。”多么美好的向往啊！看来山里城里人们对生活的期待都是一样的，只是有的人离幸福很近，有的人离幸福却很远。

转过几道弯，绕过小池塘，就到了我家门前。

旧时的院落大致还在，只是房子只剩残垣断壁。有人在里面种了蛾眉豆，茂密的藤萝爬满墙头。院子一角，不知什么时候长出了一棵高高的柿子树，听二姨说前一阵子树上还结满了红红的果子，此时只有黄叶枯丫，在初冬的阳光下略显几分凄凉。

我向原来堂屋的位置走去，地上到处都是屋顶掉下来的青瓦片，踩在脚底下发出阵阵破碎的声音。站在废墟中央，看见堂前的香案断裂在地，成为两截。一尊白色的石膏观音像半埋在泥土中，脸上还挂着慈祥的笑。歪在一边的香炉里填满了土，土上又生出了不知名的小草。此情此景，我心里百感交集，难以言说。

我来到后山父亲坟前烧了一把纸，便依依不舍地离开了故乡。望着渐行渐远的村舍，我忽然有一种心痛。

思乡的诗人说：“唯有门前镜湖水，春风不改旧时波。”我知道，那不过是诗人的假想。门前的池水会干，曾经的笑声和哭声，连这残存的破宅，包括生命，一切的一切，都将在岁月的风吹雨打中灰飞烟灭、归于沉寂。

从今往后，故乡老家的一切一切，都只能成为游子心中的回忆了。

（原刊于《文汇报》“文化”副刊）

22 乡　愁

“村口那山路，延伸着我儿时的记忆。如今那铺天盖地的桐梓树，写满了我童年的趣事。在那岁月的风霜里，失去原有的神奇。山边的金银花，还在洁白地开放……”那田野的泥土味、河边的水腥气总是止我浮躁、令我心安。

那个山村，很小。几十户人家，错落在一条沟里。那时，还没有电，每家的房梁，都被煤油灯或蜡烛熏得像包公脸一样黑。人们日出作，日落息，鸡犬之声相闻，热心互帮。一家杀年猪，满村都香了，全湾子人去喝杀猪酒；一家娶媳妇，全村办喜事；一家发丧，户户不动烟火；一家夜里有了病人，全湾子男丁壮妇会应声而起；一家来了客人，左邻右舍自会送来时令鲜菜。那时，乡亲都没有什么财富，却都没人算计钱。故乡，是安详的“桃花源”。

在这块土地上，你会时时感到朴拙的宽容和扎实的力量。山脚，有一合抱粗的垂柳。柳下，是一条极瘦、极清澈的小溪。夏日夜晚，总有一把破旧的二胡，嘶哑地呜咽，向静山、残月、瘦溪，向父老乡亲倾诉着无解的忧郁。那时刚刚中学毕业返乡正郁闷的我，循着二胡声，便总有乡亲静静环立倾听。那目光固然是无法理解的困惑——他们珍爱脚下的黄土，却支持、怂恿这块土地的“叛逆”，“争口气，有出息的进城去”。你稍有不顺，又会说：“回来，还是咱山里的白菜萝卜养人！”这是一种看似相悖却意味深长、专属于那块土地的情怀。

终于，湾子里出了第一个大学生，乡亲们便来道贺。那贺物，是不知压在箱底多久舍不得吃的一两束挂面，是尚带着母鸡体温、需换油盐用的几个鸡蛋。一位叔伯长辈，送来 2 元钱，却是由一沓角币、一堆“钢镚儿”五六个品种组成。“拿着补补吧，别屈着孩子。”当我今天挥洒几百金而不甚在意的时候，想起那样的“一堆”，心中每每自惭和不安。

我真的“出息”了，进“城”了。黄土、老树、瘦溪悄然远去，生活之舟将我载入另外一个世界。我学会了装模作样穿西服，故作绅士地扎领带，蹩脚地跳什么“慢三”“快四”……可是，我总觉得，那个我是那样陌生，时时感到灵魂深处的不安。

那一年盛夏，单位开车的师傅送我回家。当那还不多见的小汽车艰难地爬行在故乡的土路上，我没有半点荣耀，却清晰地感受到这冰冷的“铁壳子”给我与乡亲们拉开的距离与隔阂。车近村边，陷进泥浆。不远处，一儿时同学赶着两头黄牛犁地，见是我，“哦，回来了”。不等我再说话，便径直走去卸犁杖，摘套，为我赶牛拉车。我赶紧搭话，庄稼茬口好吗？几成苗？雨水“赶趟”不？猪崽儿什么行市？母牛下牛仔，三年五个头，能剩多少钱？终于无话可问，终于无话可说。昔日我与他寒霜初凝、月明星稀时，一起赶场子看电影的秋夜长话竟已恍若隔世。巨大而难以言喻的歉疚与自哀压迫着我，我再不敢坐回车内，任凭汽车在身后亦步亦趋。

老父病情加重，溘然长逝。父亲劳作一生，刚烈正直，在村中极有人望，举丧之日来人便也极多。刚开春天干，物燥，风大。哥哥们坚持要多烧纸，给进入另一个世界的父亲多送点钱。他们虔诚地烧，乡邻默默地帮，我却冷汗淋漓。想着，这干燥的村落，万一风卷起火……当我制止哥哥时，我真切地感受到乡邻谴责与不屑的目光，令我不敢直视。

山那边的表叔父，是方圆几百里出名的发丧道士。闻家父病逝，放下了外边的生意，连夜挟着二胡赶回。当呜咽的二胡奏出如号啕般凄凉的道士叫亡曲子时，满湾子顿时穿云裂石之声，仿佛这山村底蕴的瞬间迸发！我第一次感受到灵魂的巨大震悚与空灵的明净。哦，我的乡亲……哦，我啊……

我走出故乡，走进了县城，摩天大楼、华灯美酒使我感受了城乡的巨大反差。在那个年代，每次“归省”，看到的依然是延续了几千年的刨坑点籽的播种，弯钩犁、弯钩镰、牛前人后。在县城，家里几乎成了乡亲们进城看病的导诊站和招待所。每每看到囊中羞涩的乡亲们面对巨额药费的凄惶；看到一有大病，几如大厦将倾的农民兄弟；看到在绿树荫荫的美丽大街上，我的乡亲如进“大观园”的尴尬；看到一些美食华服的“城里人”向我朴实的乡亲投去的鄙夷目光，我心中的歉疚愤懑油然而生，不知多少次长夜难眠。

去年腊月，再回故地。当我再次坐上乡亲的火盆旁家长里短聊天的时候，我才又一次痛切地感到，乡村几十年的变化之大之陌生，已是沧海桑田。我真的已不了解他们内心深处的酸甜苦辣和命运的喜怒哀乐，他们已远离了我，或者更确切地说，我已经远离和抛弃了他们！

有人说，这块土地的一切，包括传统、观念、生活都代表着陈旧与落后，在现代文明的冲击下，注定要走向消亡。我却无论如何不敢苟同。我固执地认为，乡村是中国人伦道德、传统文化传承的根基，是净化灵魂的殿堂。在这块苍茫厚重而又古老的土地上，任何自以为是、居高临下的解读无不失之肤浅、匮乏与苍白！这里有任何“现代文明”永远无法取代的人生价值的解说，更是我们这个古老的民族百折不挠、生生息息、繁衍昌盛的根基之所在。

哦，那无解的乡愁……

（原刊于《南方周末》）

23
村庄是一块精神胎记

村庄是我的根。

之前，我是个没心没肺的少年，根本没有意识到这一点。然而那一夜我觉得自己一下子成熟了，似乎明白了这道理。这是我十五岁第一次远离村庄（到县城一中读书），激动、留恋，还有一点伤感，空洞的双眼伴着父亲的鼾声在黑暗里空洞地逡巡，以前总是讨厌父亲香甜但有点贪婪的鼾声，此时却觉得是一种享受，和院子里鸣叫的秋虫一样。

离别，使以前所有模糊忽视的人和事都浮现在眼前。思绪兴然，信马由缰，清晰的物像在鸡叫两遍后才渐渐随干涩的双眼混沌、麻木，定格于梦境。

鼾声消失，睡意朦胧中我下意识摸了摸旁边的被窝，空的。听到灶膛里竹节的燃响声，我确信天要亮了，这是母亲在黎明时的惯常工作，更是为我一天读书在做铺垫。今天则不同，今天的这一顿早餐之后我就要在相当长的时间内吃不到母亲为我做的早餐了。窗外白蒙蒙一片，厚雾裹着鸡公沉闷压抑的晨叫声，把我在家最后一夜甩给了西天边的残月。雾太浓，看不见那残月，只看见母亲像残月一样佝偻着腰在土灶前给我做饭，这是我熟悉的姿势，即使有雾遮挡我也看得清，一切已刻印在心。母亲已越发苍老了，我心里酸酸的。

村子通往县城的土路有两条，一条出村往正南走，路近；另一条出村往东走，路远，绕道。见时间紧迫，我出门就往南走，却被父亲叫住，让我随他往东，我疑惑：是不是雾大父亲看不清？要离家了，不想惹他生气，浓浓的悲伤像浓浓的雾裹着我们，也就不问什么了。浓雾静静伴着我们父子俩，静静地走着，寂寥的深秋、大片的浓雾里只能听见我们的脚步声，蒙在土里的萝卜菜种子和乡亲们一样，都还在梦中。

父亲突然停住，说：去给你爷爷说一声。爷爷的坟墓在湾子后山的那边。我蓦然明白父亲绕道的原因。

雾遮掩我的泪痕和悲伤，却遮不住我对村庄的牵挂，带着十五岁的梦想我离开了村庄，身后是父亲复杂的表情和母亲无声的叮咛，浓雾是阻隔更是传导，丝丝屡屡牵扯着我的心。

在我心中，村庄还有那深入骨髓的声音。

村庄的声音是天籁，是土地与生灵的变奏，是风雨与雷电的和弦，是人与自然的交响。

村庄的声音从每天第一声鸡鸣开始。刚从笼子里跳出来的公鸡，抖抖精神，引颈长鸣，声音高亢而清脆。一鸡高歌，群鸡唱和。东方微白时，土地醒了，鸟儿醒了，家禽醒了。燕子在屋檐下的小巢里呢喃，喜鹊在窗前的柳枝上喳喳叫着，小鸟在树丛中鸣啭。圈里的猪哼哼唧唧地叫唤着，声音低沉而浑厚。秉性憨厚的老牛，俯首食槽，一边咀嚼草料，一边哞哞叫着。羊圈里的羊也睡眼惺忪地加入了合唱的队列。农妇们择菜、洗菜、淘米，锅碗瓢盆碰撞出有质感的韵律。没有乐队，没有指挥，这些听上去杂乱无章的声音，以其特有的节拍把率真和天性演绎得淋漓尽致。

多年来的风吹雨打，村庄始终是我的一块精神胎记，总是似梦非梦地萦绕于心，熟悉、隔膜、牵挂、期盼、失落——伴我从青年到中年。

对于村庄的牵挂是我们离乡人共有的心理，恋家是我们离乡人共有的脾性。因为共有的心理和脾性，村庄就成了我们离乡人坚定不移的向心点。尽管心和双脚像风筝一样四处漂泊，归路这根线总是牢牢拴在村庄这个桩上。

回到村庄，你才恍然明白，你从哪里来，要到哪里去。回到村庄，你才明白，这里是真正的家，是走向生活的起点和走向成熟的驿站。

（原载于中国教育新闻网，有删改）

24
孩提的那些事

作为20世纪60年代生人，我们的童年岁月虽然简单，却决不单调；我们的童年生活虽然贫瘠，却决不卑微。“我们的故事很多，我们的青春很长。”

打陀螺

小时候，有一样经常玩且非常有趣的玩具，那便是陀螺。

陀螺大多都是自制的，做起来也比较简单，锯一截手臂粗圆筒柱形木料，硬木最好，用刀削成圆锥形，在锥尖处打进一粒钢珠，研磨掉杂梢刺儿，这就制成了“陀螺”。

我也制作过好几只，但手艺不太好，钢珠没地方买，是向修自行车师傅讨来的，得到一颗钢珠我如获至宝。若没钢珠，也可在陀螺尖部钉上一枚钉，只是玩的效果差许多，有了钢珠的陀螺，玩得更轻松，速度更快、更稳。有小伙伴家大人是木匠师傅的，那做出来的可是相当好，陀螺精致、漂亮、光滑。

玩陀螺是要用鞭的，鞭的主要作用一是把陀螺启动起来，一是通过不停地抽打，给陀螺增加动力，保证它的旋转。鞭也是自制的，鞭绳通常用布条或多股棉绳制成，要粗细得当，抽在陀螺上发出“啪、啪”的响声，悦耳动听。

陀螺的玩法各地大体一致，用鞭绳把陀螺紧紧缠起来，一直缠到鞭底，稳稳地放在地上，猛地一拉，陀螺就启动了，紧跟着猛地抽上几鞭，陀螺就可以稳稳地转起来了。

各玩各的会生厌，小伙伴们通常在一起玩，还可以想方设法玩出新花样。

可以是陀螺与陀螺互碰。两个人约好，看看谁的陀螺更结实，于是启动，加速，并有意识地使各自的陀螺向一块凑，然后各自猛地一鞭，两个陀螺就会“啪”地一下碰在一起，如果分不出高下，就继续碰下去，直到有一方不转了为止。还可以比赛陀螺旋转时间的长短，两人或多人同时启动陀螺，看谁的陀螺转得时间长，先翻倒或停下的为败方。

玩陀螺可在家里玩、路上玩、学校玩。下课后，校园里到处是“啪、啪”的鞭响。小小的陀螺转出了孩童的快乐。

露天看电影

那不是一个美好的年代，但是在一个并不美好的年代，会出现许多美好的夜晚，使你忽略了白天的痛楚和哀伤。一切都与生命有关，而与生命有关的细节总是值得回忆的。

直到现在，我的记忆中还经常出现打谷场上的那块银幕。一块白色的、四周镶着紫红色边的银幕，用两根竹竿草草地固定着，灯光已经提前打在上面，使乡村寂寞漆黑的夜生活中出现了一个明亮欢快的窗口。如果你当时还匆匆行走在通往打谷场的田间小路上，如果你从城里赶过来，如果新闻简报已经开始，赶夜路的人的脚步会变得焦灼而慌张。打谷场上发亮的银幕对于他们好像是天堂的一扇窗，它打开了，一个原先空虚的无所事事的夜晚便被彻底地充实了。

那时每个公社有放映队，每有新影片到，放映员会逐村去放映。我们会约上几个小伙伴，方圆三五里内有电影放映的都会去看。

得到邻村放电影的消息，就早早做准备。照明设备，没有手电，用的是松明灯，就是一个小铁罐，内放些山上平时捡来的松树枝，一般是有松油的那种，那树枝极易被点燃。还会准备吃的东西，家里条件好的小伙伴会炒点黄豆、南瓜子之类。

早早吃过晚饭，我们便赶往邻村，露天影院极为简陋，一般是农村的晒谷场或学校操场，一块幕布、一部放映机、一束光、一个放映员、一群人构成了露天影院的全部要素。

我们到后先找一块平整的石头作为凳子，放在操场的前面，看电影的人群可分为三个阶梯，第一梯队是我们这些坐在石头上的小朋友们，中间梯队是坐在木凳子上的本村的小朋友，再后是站着的大人。有些小朋友们看不着还会爬上操场边的大树上去观看。

电影开始前，小朋友会在空地上玩一会，当光束投到银幕、放映员开始调试时，有些小朋友调皮地将小手掌伸进光束中，做各种手势，银幕上便会出现狗头等剪影，逗得大家开心一笑。

电影一开始放映，大家便安静下来，聚精会神看电影，精彩之处，观众们一齐哈哈大笑。那时无论放什么电影大家都看得津津有味。《渡江侦察记》《地雷战》《地道战》《上甘岭》《闪闪的红星》《智取威虎山》《红灯记》《红色娘子军》是我们孩提时的精神食粮。

那时我们这些十来岁的小朋友最喜欢看的是战斗片，看过之后，第二天在校就学电影里台词："长江！长江！我是黄河，听到请回答。"几个小朋友分成两队，一队为解放军，一队为国民党军，用木棒、扫帚当枪，大干一场，至今我的额头还有"作战"时留下的伤疤。

有的电影剧情很精彩，我们就到处赶场，看四五遍也不觉得乏味，如《渡江侦察记》《闪闪的红星》，不知看过几遍，以至有些台词都会背，有些镜头至今仍历历在目。

打谷场上的欢乐随着银幕上出现一个"完"字而收场，之后是一片混乱。有的妇女这时候突然发现自己的孩子不见了，于是尖声叫喊着孩子的名字；也有血气方刚的小伙子突然扭打在一起，引得人们纷纷躲避，一问原因，说是在刚才看电影时结了怨，谁的脑袋挡着谁的视线，谁也不肯让一让，这会儿是秋后算账了。我那会儿年龄还小，跟着邻居家的大孩子去到一个个陌生的打谷场，等到电影散场时却总是找不到他们的人影。

就这样，露天电影伴着我们渡过愉快的童年，直到 20 世纪 80 年代中期，我在黄州读书时，还在对面工校露天影场看过几场电影，从那以后再也没有看过露天电影。

弹 珠 子

弹，在这里读二声，是一个动词，表示一项游戏。弹珠子作为一种儿童游戏，三十多年前的中国男孩子几乎都玩过。所谓珠子，是一种比鸽子蛋小点的玻璃球，里面镶嵌着三棱的彩色花瓣，晶莹璀璨，很漂亮。

弹珠子的叫法各地有不同，但玩法大同小异。通常是，在地面挖几个距离不等小坑，参加游戏者各自拿一个玻璃珠子，用拇指将小球轮流往小坑里弹，先进坑者为胜，进完一个坑再进第二个，按照先近后远的顺序，直到进入最远的那个坑，就是全胜。这规则非常像现在流行的高尔夫。而在弹的过程中，还要想方设法破坏对方的珠子进坑，用自己的珠子将对方的珠子撞开，改变它的路线，阻止它进坑。这规则又很像是台球。

这些年台球、高尔夫大行其道，在广袤华贵的高尔夫球场里，在精致严谨的台球案子前，那些一脸痴迷的中年男人，在我看来还是一群撅着小屁股、兴致勃勃玩弹珠子的小男孩。而弹珠子比高尔夫和台球方便、随意多了，一小块平坦的地面、几颗廉价的玻璃球就能开玩，不用球杆、球童和电瓶车，只要手里有一只小玻璃珠子，马上就能一决高下。

搪瓷茶缸

小时候除了吃饭的饭碗之外，喝水就是搪瓷茶缸，几个搪瓷茶缸全家共用。没有茶具的概念。

那时候每家都必备几个大小不等的搪瓷茶缸，小的平时用来喝水，来客人时用来沏茶。大的一般能装两三斤水，相当于一个大茶壶，夏天晾上一大茶缸白开水，中午放学回家端起冰凉的开水，咕咚咕咚一气喝下去，嘿！那叫一个爽快！除此之外，搪瓷茶缸还经常担当起饭盒的职责。那时候都用铝制饭盒，很薄，不隔热，又没有把手可以端，饭菜太烫时不好拿，而搪瓷茶缸带把儿，端起来很方便，再热的饭菜都能端起来就吃。尤其冬天，装着饭菜的搪瓷茶缸直接放在炉子边温着，吃时端着手把儿，打开大盖子，饭菜带着滚烫的热气冒出来，吃起来格外带劲。搪瓷茶缸的普遍应用，还因为它不用钱买，那时候开会纪念、毕业典礼、劳动奖励等等都是发搪瓷茶缸，因此每家的搪瓷茶缸上都有红彤彤的大字写着“学雷锋积极分子”“优秀共产党员”等字样，也昭示着一份份荣誉。众多茶缸摆在桌子上，不像生活用品，倒像党小组开会。

长大后我才知道喝茶要用专用的茶具，而且特别喜欢收藏茶具，见到喜欢的就爱不释手，一定要买回家去。我这种心态就是缺啥补啥吧？

25
乡村那些事

少年无邪，嬉戏本是天性，“笑篱落呼灯，世间儿女”。而我的少年却没有提灯笼、翻泥打洞捉蟋蟀这么闲情逸致、充满诗意的生活。

十一岁之前我和同龄人都是放牛娃，暑假的主要任务就是放牛，清早6点左右迷迷糊糊就被叫起床，也可能是中湾子小女孩过来喊的。赤脚下地，口脸不洗，走到屋前皂角树下解开系着牛的绳子，牵着往村外田野走。放过牛的一般都知道哪里水草丰茂，哪里的草基本已经被啃没了，作为一个认真的放牛娃，通常我会和中湾子小女孩走到很远的地方，水草未曾被别家牛吃过的地方放牛，如果是一大片草地，就牛绳一扔，任它去吃草，如果是田埂，则要根据它的节奏慢慢往前走，通常就是看着它吃草，也不说话，或者随手扯几根沾着露珠的青草玩，牛的肚皮上方尾骨处有一个凹陷，吃饱了凹陷就会基本消失不见，没饱就会凹进去，要判断牛吃饱了没有，就用手去按一按，凹下去就说明是假象，牛还没饱，按不动就说明饱了，凹陷必须有一点，如果完全没有，就是撑住了，这样也不好。

我们家的牛是一头老黄牛，我很喜欢它，眼神很温顺，有时候也会呆呆笨笨的，比如走路踩到了我的光脚丫，它居然也不继续走，就那么站着，我就会双手上提至胸前，运气发功，从侧面使劲推它，它顶不住就会侧退两步，脚就拿出来了，有时候我会佯装生气，会举起竹条作势要打，它害怕避开了就算了，无动于衷就会真的抽下去，作势很重，着力很轻。

水沟里通常水草丰茂，有时候就会放牛下去吃草。上来时若牛抖脖子、踢脚，别无其他，一定是蚂蟥上身，于是我掰起它的脚，它也乖乖地一动不动，让我揪去脚趾丫里面的几个蚂蟥。

中湾子家的是一头牛犊，有一次和小女孩去远处的坟地放牛，躺在坟头上，然后小女孩爬起来抓住她家的牛角，一人一牛在那里顶住较劲。

看到有人骑在牛背上回家，我亦想试一试，可是温顺的老黄牛却拔足狂奔，结果可想而知，摔得头破血流，活生生地躺了几天。很多时候牛的眼睛里面蕴含了某种情感，就好像可以心思相通一样，牛卧在树下，有时候我一个人从那里经过，就会走近与它对视，它的眼睛里好像会有深沉的亲近感，虽然年纪小，看着却也心里软软的，然后抓一把草拿过去喂，等它嚼到嘴里了，就抓住嘴外的草和它拔河。

后来有时候会想起它，想起那双会说话的眼睛，但是它通常都是温顺的和默不吭声的、笨笨的样子。

高山看日头，回家摸枕头。说的就是在高山上放牛的人或者劳作的人看着那氤氲在一片彤云中的落日在西山上只有两杆子高的时候，他们就该马上放下牛鞭或者锄头等农具，就势蹲下或者躺在如碾盘大小的巨石上卷了最后一袋蛤蟆烟儿，悠然地点燃，喷云吞雾间，回首看看自己的成就，抑或是一地茁壮成长的绿意，抑或是漫山各种颜色相间正在反刍的牛羊，狠狠地吸了最后一口烟儿，扔掉烟头儿，用胶皮鞋狠狠地捻一捻，确认没有一星半点的火种了，才悠然地甩个鞭花，一声脆响，竟惹得山影跟着回响不绝。放下挽好的裤腿，拎起那串鲜亮的松树菇子或者贴地皮儿哼着山歌小曲悠然而归。身后，羊儿甩下颗颗黑如珍珠的粪蛋蛋，老黄牛抛下了一层摞着一层的“花卷卷”，路边的野花喜得笑容灿烂，一切定格成一帧优美的风景！我喜欢这样日出而作、日落而息的场景，多少次这样的场景就在睡梦中复现！

通常小孩子六七八岁就会下田去插秧了，夏季农忙时，大人也是将小孩圈在身边照应。我插秧基本是边玩边插，手上抓着一把秧苗，时不时站直了捏一会秧苗底部的泥巴，一旦有蚂蟥吸到腿上，就连蹦带跳地爬到田埂上，把蚂蟥揪下来，然后用树签什么的从头捅到尾，翻个底朝天，通常在田埂上这么一折腾，插秧的时间也就所剩无几了，或者没事就用脚踩田里的泥巴，或者某个角落里忽然有鲫鱼跳起，必定是要去抓的，因为水不深，鲫鱼的鳍会露出水面一点，所以很好抓。插秧基本上就是玩，秧苗一束一束插下去，站得整整齐齐、笔直端正（通常快手都是一点就收，秧苗都浮在水面上，但是可以存活）。

读中学时中午放学是回家吃饭的，常常会走小路也就是田埂进出学校，去的路上会掰嫩黄瓜吃，回来的路上会去草垛里面掏鸡蛋。稻谷脱了粒之后一捆一捆地会被堆成垛，以备冬天枯草季节给牛吃。如果用心观察的话，你会发现有些草垛上会有一些洞，那些就是鸡掏出来然后坐在里面下蛋用的。

有些鸡在外面野放，所以也不是总是回家下蛋，就会下在外面，这样的洞伸手进去，十有八九都会有鸡蛋，不过后来没机会掏了才意识到这些草垛里面也可能会有蛇，如今想想都有些后怕。

农闲时男的上山砍柴，女的织毛衣、纳鞋底，小偷小摸没怎么听说，男男女女那些事，半遮半掩含含糊糊，围观者互相递个心知肚明、你知我知的暧昧眼神，似笑非笑地打趣寒碜当事人。

20 世纪 80 年代中期每家每户的主要娱乐活动就是看电视，村里只有一家有彩电，每到周末便会连续播放一些港台片，于是周末的时候这家的情况通常都是满屋子的小孩，排排坐，吃果果，齐刷刷地仰头望着梳妆台上的电视机。

26
乡里乡亲

那条山沟不大，里面总共住了50多户人家，村头若是惹起一声狗叫，全村的狗子很快都会吠个不停。

“他二叔今天出沟去干啥呢?”“出沟卖猪娃儿，换点钱。”三婶子进屋：“春儿她妈忙甚呢?”“张大妈今日过来吃午饭，忙着煮块腊肉。”

这“二叔”“三婶子”叫得极亲热，沟外人听惯了便说：“那沟里的人团结、和气、豁达，都以为沾亲带故呢!”其实不然，全村50多户人家，有段、郑、赵、汪4个姓氏。

然而，生生不息的沟里人却偏用这拙朴的热烈创造出一派朴实醇厚的村风，乡里乡亲这话也就成了对沟里人很贴切、很形象的一个形容。沟里段家的三个娃娃挨了开水烫，便招来满村人的探视和询问。郑家大嫂陪孙孙住在医院里，沟里人自发到医院病房看望，瓜果、梨、桃堆得满屋皆是，竟比县长住院还气派。年轻的护士极其惊诧：“这家竟有这么多的亲戚吗?”于是，这山沟里的人情便熏陶了一位城里姑娘，令她感动，也令她折服。

汪家的媳妇泼辣，善骂，一有不顺心的事，便站在沟里的至高处，做一顿痛快的“河东狮吼”，骂得极酣畅，极淋漓！奇怪的是沟里人此时此刻却没一人去理会，也没有人怨怪对骂，而一如平常地做手头上的活，谈些家长里短的话。若有人实在听不下去了，便去劝说：“回去吧！嫂子，莫把肚皮气坏了。”“气坏了又咋的，就是要骂他个狗血淋头。”青年的劝说引来了愈烈愈高的声音。青年笑笑走了，不再理会。汪家媳妇虽有骂人这一劣性，但做饭却是百里挑一的，沟里50多户人家大事小事，若要论厨子，第一个就是她，她骂人能花样翻新，饭做得也是五花八门，虽多是粗粮，却能做细，很给沟里人增色。沟里人谁家没吃过她做的饭呢?

于是，这骂人，倒成了沟内的一幅绝好风景，成为寂寞山村的一种发泄和抒情。山风不变，人情不变，乡村依旧纯朴，人情依旧动人，而人与人相濡以沫的日子也因此更深沉、更恒久，乡里乡亲的故事说起来便更绵长、更醇厚。

27
打糍粑

每年到腊月间，越是接近年关，城里人都忙着上街置办过年物品，乡下人却都是自己动手准备年货。寒冬腊月，雨雪纷飞的时候，农活不能干，是乡间办年的好时机。家家户户腌鱼肉，炒花生，炒瓜子。而糍粑又是必备之食品，打糍粑则是办年时最热闹、最精彩的重头戏。

打糍粑是个体力活，又是个技术活，一家独干有困难。因此，乡亲们打糍粑时往往是相互邀约，说定时间，左邻帮右舍，亲房帮叔伯，人多力量大。再说办年，就是要办出那个吉祥如意的气氛，人少了就不热闹。

是日，选精良糯米淘沙洗净，在木甑里蒸熟，趁热放进石臼里，几个男子汉早已在石臼周围站好，两人一对，轮流上前用杯口粗的木棍捣搅。捣时用尽全身力气，趁热快捣。捣搅要掌握好节奏，二人一上一下，交错用力，连捣带翻动，捣动中还要随时相互搓刮棍子粘上的米浆。否则，用不上力，捣制不匀，还会伤手脚。几分钟下来，捣臼人已是满头大汗，气喘吁吁，一旁的另一对汉子立马将其替换下来。如此替换数次，有时还要在石臼旁的凉水桶里将棍子蘸蘸水或者主家婆娘用清水毛巾抹一下棍端，以防粘连。打上一个小时，到臼里的糯米雪白白的一团软糊起来，其时，臼底下的那层并未打好，该翻过面儿，打糍粑的汉子，便相互递个眼色，“一、二、三、四”出口，糯米团儿便随杵棍一跃腾起，汉子们位儿一换，“叭”的一声，一个响炮后，糯米团儿覆个面，又规矩地重落于臼里了。再捣，直到臼里的糯米全都雪白细腻起来。

外面冰天雪地，打糍粑现场则热火朝天，捣臼声铿锵有力，大伙兴奋起来，越捣越快，伴随着哼哧嘿哟的声声节奏，高潮时还打哦呵，那更是惊天动地，热闹非常。姑娘们趁机窥觑小伙子身上震颤的块肌，互相打情骂俏。没有人在打糍粑时板着面孔，都是自然地笑，嘻嘻地说，哈哈地做，不时侃上几句，张家的糍粑白，李家的糍粑细。“嗨！初一到你里吃糍粑可得不?”“那好崴！冇得问题。”打糍粑时那欢快的场面、融洽的气氛中充满了丰收的喜悦，也饱含着对未来的期盼，乡里人的欢乐仿佛都捣进了吉祥如意的糍粑里。

直到双棍一搅缠，撑起捣好的糍粑，用冷水在石臼里摸一摸，确认没有粘连，捣臼人就一起用力提起糍粑团，放在瓷盆里收拢揉光，再倒在垫有米粉的簸箕内，均匀按压摊平约一寸厚。上好的糍粑像是工艺品，犹如白玉盘，美丽至极。有时，趁糍粑软和时，还可用蒸熟的绿豆作馅，制作一些绿豆小圆粑。讲究一点的人家用红色将糍粑点缀一下，或者写上喜、福、欢度春节之类的吉言，鲜艳夺目。放两三天后，糍粑变得硬挺后再切成条块，在大年三十里挑水浸泡，以后可以随时食用，或成礼品。

糍粑食法多种，可煮、可炸、可烤，风味各异，食用方便。最让人回味的是除夕之夜，烧着火炭守岁时，在炭火上烤新鲜糍粑，烤得圆圆鼓鼓，看着变形绽放，闻之清香扑鼻，再蘸点白糖食之，那种美味和惬意，是吃任何山珍海味都无法替代的。

28
难忘那顿年夜饭

腊月廿五，生产队杀了一头年猪。父亲把分得的猪肉拿回家，我口馋得不得了，闹着要煮肉吃。结果，父亲不仅没煮肉，反而因我的吵闹烦了，给我“吃”了两巴掌，疼得我泪水直流，吓得声音都不敢出。

腊月廿六，父亲让我去放牛。我牵着生产队的一头黄牛在田埂上让它吃草。黄牛时不时地把头伸进草籽田里吃草籽。父亲的巴掌我还记在心里，心情不好，心想，牛是生产队的，草籽也是生产队的，它爱吃就让它吃点吧。我放松了牛绳，想让它快点吃饱，好回家。结果，因为草籽头天下午喷过农药，牛在回家的路上口吐白沫。父亲听说后跑来又给了我两巴掌。这时生产队长也赶来了。队长一边派人抢救，一边向大队里报告。牛没抢救过来，大家又分了些牛肉。看到牛肉，我想，父亲给我的后两巴掌还是值得的。

看到牛肉，我更馋，但我再也不敢吵闹着要煮肉吃了。最后父亲把分得的牛肉烘烤成腊牛肉，说正月里好招待客人。

母亲开始做年夜饭了。我知道过年这天父亲是不会随便打人的，就吵着要母亲炒点腊牛肉。父亲听了举起巴掌很快又放下，说：“给他炒小半碗吧!”

腊牛肉切得跟豆豉一样小，吃起来很香，却有点咸。我吃着腊牛肉还端起父亲的酒杯抿口酒，感觉苦苦的。父亲让我先吃炖猪肉，说腊牛肉火气太重，放在后面尝点就可以了。我在父亲的监督下，用炖猪肉吃下了两大碗米饭。父亲问我吃饱没？我盯着腊牛肉说：“没饱，我用腊牛肉还可以吃下一碗饭。”父亲说：“你知道这腊牛肉吃成什么代价么？事是你惹出来的，明年要扣我们50斤稻谷呢。”父亲说完眼睛红红的，转身离开饭桌。

父亲一走，我吃起腊牛肉来。牛肉的香辣让我满口生津的时候，我听见母亲抽泣着劝父亲：“大过年的，你也别太难过，明年的生活明年再打算。”我终于放下了手中的筷子，走进父母的房间说：“父哎，娘，都是我不好。”父亲打断我的话说：“不怪你，走，吃团圆饭去。”

后来，我常常忆起八岁那年的年夜饭，真是酸甜苦辣咸五味俱全。

29 碗中乾坤

在我老家，有小儿满周岁行“抓周”礼的风俗。“抓周”的仪式一般都在吃中午那顿“长寿面”之前进行。一般人家，限于经济条件，大多用两张大饭桌拼成大案，上摆：印章，儒、释、道三教的经书，笔，墨，纸，砚，算盘，木碗，瓷碗，洋瓷碗等。仪式开始后先由大人将小孩抱来，令其端坐，不予任何诱导，任其挑选占物，视其先抓何物，后抓何物。以此来测卜其志趣、前途和将要从事的职业。抓周展现了父母对子女的舐犊之情，同时也客观上检验了“推动摇篮的手，就是推动世界的手”这句话。我抓周先抓了一个馒头，后拿了一个木碗，特别迷信的父母心里凉透了，从寓意上看我是一个叫花子的命。在物质特别匮乏的年月，瓷碗很是金贵，因怕我打碎瓷碗，木碗一直供我独用。

让父母更闹心的是，我刚蹒跚学步时，大病了一场，像一只受了重创的小鸟，幸亏奄奄一息之际被医生救起。由是我面黄肌瘦，秃瓢矮个，头疼脑闷，身体不适，只有哭泣，不会言语。五六岁时还是湾子里伙伴的跟班，但凡模仿电影里的游戏，我一定是扮演反派角色，受尽欺凌。看完电影《地雷战》后，发小“带头大哥”安排我扮演“手扒地雷不着，倒抓一罐屎”之鬼子，有人提出异议说“哑巴演不了”，不知上帝拨动了我的哪根弦，反唇相讥“你是哑巴”竟是我的第一句话。父母知道后，甚为高兴，可是无论他们如何启发，我还是不能开口说第二句话。七岁生日那天，家里请了匠人，母亲特地加了两个菜，工匠吃毕后，父亲允许我上桌，母亲照例用木碗盛饭给我，因这之前的端午节我吃过蒸蛋碗拌饭，故我陡然开口“我要那个碗!”父母喜泣，一人搂抱，一人反复搓摸我的小脸，工匠师傅亦惊诧：“原来这伢儿就是一个栓门哑。”

自此，我像是有了正式“名分”参与同龄人的一切活动，每到饭点我端个木碗到门口大树下的“公共饭堂”，在同伴面前晃来晃去，惹人眼羡。说是饭堂，也就是在大树下支一石板。大家或蹲或站地围着，边吃边东扯西拉闲聊。鸡呀狗呀，围着人堆游荡，脖颈伸得长长的，张着嘴嗅着咯着，等着掉点饭粒，或扔点红薯皮之类的东西，打打牙祭，但大多时候是让它们失望的。孩子们的碗里能照个影儿，尚哄不饱肚皮，哪还有它们的份。

男孩子大多蹲不住，端着碗晃悠，小狗就摇头摆尾围着他们打转转。一不留神，有孩子碗掉了。碗如果栽个跟头打个滚，成了豁嘴，仍能接着用。最怕的是“啪嚓”一声摔成几瓣瓜，那就少不了受骂挨打。

碗里的稀稠与滋味，孩子们最敏感。那年月，碗里最香的日子，就是过年那几天。生产队杀头大猪，孩子们拿个洋瓷盆或竹篮，摆着长蛇阵，好不容易才能分到几斤肉。回到家，大人先削下一小块，切碎了，放铁锅里“滋滋啦啦”一炒，满院溢香。扑鼻的香气，钓着孩子们舌尖的馋虫，孩子们幸福得像朵朵小雪花，扑扑棱棱，洒洒脱脱。及至元宵，黑洋酥汤圆里有猪油和着芝麻滚滚涌出，糯米汤圆因猪油的滋润显得粒粒饱满、晶莹剔透。在农人看来，猪油像根引线，一头浸在眼前的碗里，另一头牵着亲情，闻到此味，便能记起与它相关的全部情感和意蕴。然而，成长不过一眨眼的工夫，猪油的失宠突如其来，人们循着潮流追赶着新的时尚口味。

我的聪明孔开得迟，大概老天爷想作为补偿，同龄人中，在读书这件事上我可谓顺水顺风。初中在一个离家几里外的小镇上，寄宿住校，父亲特地给我买了一个喜上眉梢的洋瓷碗。仅仅两年洋瓷碗就锈出一些小沙眼“闹退休”，我利用午休时间到镇上找锯盆、锯碗儿的手艺人帮忙修补，锯碗的师傅把碗捏在手里，对着天空一转，沙眼处透出丝丝光亮，找准目标后烧热了牙膏皮样的东西，往上面一粘，小锤子一敲，便搁在脚边，等放凉了盛点水试一试，滴水不漏。初中毕业我考取了县一中，县中读书与中学时不同，我们是自己淘米，用铝盒蒸饭。下饭的菜，就是从家里带来的咸萝卜、豇豆、霉干菜之类。家庭条件好点的学生，可能会带些油炸黄豆、咸鱼、腊肉什么的。父亲说光吃腌菜不行，要我打点青菜，补充维生素，所以他隔三岔五地给我少许零花钱。

五分钱一份的青菜，我有些舍不得买。我的零用钱都是花在买纸笔和蜡烛上。晚自习下课后，教室就停电了，还想学习，就只能点蜡烛。一支蜡烛八分钱，能点两个晚上。直到现在，我都记得蜡烛那特有的辣眼味，记得镜子里那黑黢的鼻孔，记得考了好名次后老师那高分贝的表扬，记得同学们不无羡慕嫉妒的眼神。兴许是上苍的有意考验，那一年高考，有读书天分的我考砸了，尤其我拿得出手的语文竟然只是得了个及格分数。其实，我的作文应该是不错的，高中两年里我多次得到老师的嘉许和鼓励，但高考前那段时间，我似乎中了邪，愣是不听老师的话。几次作文，语文老师都不待见，我也无意取得他的宽宥。评讲模拟试卷时，他指着我的作文，一字一顿地叮咛："你，这样写，绝对不行！"那竹节般清癯修长、被香烟熏成褐色的手指敲在卷子纸上的情景，我没齿难忘。

高考"首秀"失败，土里刨食的父母百思不得其解，误以为我少时就缺营养，故复读的第一天，父亲专门找学校院墙外开饭馆的老板联系我吃饭的事宜，经过一番讨价还价达成包月就餐的协议：如果只炒一个荤菜，八毛；如果一荤一素，一块。绚烂的夕光中，我送走父亲，看到父亲黑瘦的背影，显得那么单薄而苍凉，我不忍看第二眼。饭馆老板姓黄，其服务对象基本以学生为主，一家三口靠经营小店为生。老黄热情憨厚，小黄聪明伶俐，相比之下小黄妈妈略显吝啬刻薄。说刻薄也是当时的感受，现在想起来，如果那个小饭馆不是因为有了小黄妈妈，也许倒闭得会更快。

老黄每次炒菜的时候，都会有学生站在旁边等自己的菜出锅，所以老黄每次放荤菜的时候，学生伢子们就会在旁边喊："老板，多放一点儿喽，不要那么小气嘛。"每次有人这么一说，老黄就尴尬地笑一笑，顺手多抓一撮肉放进去。

这时小黄妈妈就会很生气地冲过来，对老黄说："你疯了啊，一个菜才八毛，又要肉又要油，又是米饭免费又要交房租，你这么搞我们还要不要做生意了?!"

小黄妈妈发飙的时候，学生们就赶紧吐舌头做个鬼脸纷纷溜走，留下老黄一个人很无助地被小黄妈妈劈头盖脸骂一顿。我也听见过老黄的辩解："好啦，以后我们的女儿如果在外地上学，要炒个菜的话，有老板这么对她，我们也放心对不对?"

高考筛考后吃饭，小黄总是隔三岔五给我端一小碗西红柿鸡蛋汤或紫菜蛋汤或丝瓜肉末汤。我说自己没点这个汤，小黄说："别人点了，爸爸水放多了，一个大碗装不了，多出来的就给你了。"

现在想起这些细节，我还是觉得很感动，那时只是很木讷地"哦"了一声，权当自己明白了。其实内心是感激的，只是表达不出来，缺乏自信的自己，总不能很饱满很及时地表达自己的情感。这一菜一汤的恩情里，自有股纤细绵长的力量。稻黄粱熟之时，我拿着大学录取通知书跟老黄报喜，他破例给我炒了几个硬菜，还跟我对吹了一瓶啤酒，我喝酒当属瘾大量浅之人，每次滚罢雷阵，才到中场，便已醺然。醉眼朦胧中我突然发现小黄脸色有些异样，她提出一起去校园里走一走，离开时我能感觉到她鼻翼翕动，彼此似乎都有不舍，但各自都别过头去，不敢再多看一眼。一别两宽，这段历史就这么结束了，真是好快。

转眼，大学毕业算是端上了铁饭碗，上班的头天晚上，母亲早早洗完碗筷，拿着凳子挨着我身边乘凉，告诫我“当官莫向‘钱’，做客莫看后”，我笑而答曰：“我又不是当官的。”“哎，做老师是教育官的官，你的心不正，会歪一大片呢！”母亲即便目不识丁，疏于表达，但这句话，却颇有阅历人间顿悟的况味。这些年事冗时仄，不对称的分配乱象时时泛起，脑海里亦有多次倒腾，但老母亲的遗训时刻伴我前行。我始终保持着向上的姿态，不停地远行跋涉。三十年一晃而过。当我穿梭于华灯迷离的餐馆，一道菜一道菜品味着，觥筹交错间，那记忆里的木碗，会冷不丁地浮现在眼前，勾起我眼角的泪水。

（《中国教育报》约稿）

30 酒人糗事

“酒啊，装在瓶里像水，喝到肚里闹鬼，说起话来走嘴，走起路来闪腿，半夜起来找水，早上起来后悔，中午端起酒杯还是很美!”这个段子特别贴切地表达出嗜好杯中物之人的心理冲突。

酒以水为形，以火为性，清冽的仪容、纯净的色泽、醇厚的芳香，望之柔而即之厉。酒是艺术，也是文化。浅酌会使人面若桃花，光彩粲然；狂饮则使人柔曼变火辣，持重变放荡。人生百态，乾坤天地，尽在杯中。自古，从王者霸主到流氓泼皮无不为之心荡神驰，善饮者为酒仙，沉溺于酒者人称酒鬼。

“山僧不解数甲子，一叶落知天下秋。”不知不觉我一头栽进了知天命的门槛，如同漏收的玉米，虽然青涩，但经不起一夜风霜。回首走过的岁月，盘点人生的冷暖，犹如歌词：人生如酒，亦梦亦幻，亦浓亦醇。当年的豪举氤氲化为纸上墨迹，追思起来才更显韵味深长。

我第一次饮酒是八岁，至今已有四十余年。

那年腊月廿五晌午，生产队杀了年猪。父亲把分得的猪肉拿回家，我口馋得不得了，闹着要吃炖肉。结果，父亲不仅没炖肉，反而因我的吵闹烦了，给我“吃”了两巴掌。下午，父亲令我放牛。黄牛时不时地把头伸进草籽田里吃草籽。我还没走出被挨打的阴影，心想，牛是生产队的，草籽也是生产队的，它爱吃就让它吃点吧。可是，因为草籽头天下午喷过农药，牛在回家的路上口吐白沫就死了。因此大家又分了些牛肉。看到牛肉，我想，父亲给我的两巴掌还是值得的，但我再也不敢吵闹要吃肉了。廿九下午，母亲开始做年夜饭，我知道过年这天父亲不会随便打人的，就吵着要母亲炒点牛肉。父亲听了举起巴掌又很快放下，说：“给他炒小半碗吧!”

牛肉切得跟豆豉一样小，吃起来很香，让我满口生津。我偷偷地端起父亲的酒杯抿了几口酒，感觉苦苦的。

第二次喝酒是1982年8月，一好友考取武汉大学，其局长父亲高兴，拿出珍藏的茅台叫我陪他喝，喝多了，还让土地爷痛饮了二手酒。母亲责备说，三只老母鸡都补不回来身体。那时刚刚分田到户，一般像这样50多度高档名酒，凭票供应。现在想来那是我的“处女醉”。

湖北人善饮，以前有这么一句民谣：“不要说我穷，天天喝得脸通红；不要说我差，我也常坐桑塔纳。”喝酒的“九头鸟”，豪爽之中也透着狡猾。劝酒时善用甜言蜜语诱惑，花言巧语刺激，深谙豪言壮语自我抒情，进而自言自语酩酊大醉成一片，直至倒头一睡大家不言不语方休。在黄冈，主人坐毕，举箸劝客，点击杯盘，“来来来，菜不够，酒来凑”，“酒不好，菜来找”，“感情深，一口闷”，套话俗话，迭出不穷，让人三杯两盏落肚，血脉偾张，脸色酡红，脱衣挽袖，醉人声高。于是出门时爹娘的苦口婆心、夫人的咬牙切齿，全抛之脑后，管他呢，先痛快痛快再说，人还能活两辈子不成？就是死，也要等明天再说，一番豪气，淋漓尽致。我一哥哥老李就是“早起喝三盅，一天都威风”的主儿，他讲理讲面，喝酒作风硬朗，拿起酒杯说喝就喝，一仰脖，喉结上下一跳，酒就下肚。一次他醉后回家，吐得一塌糊涂，醉倒路边，有流浪狗途经此地，吃了其秽物，也醉了，卧倒在他旁边。朦胧中他感到旁边有变化，伸手一摸说：“兄弟你的衣服好呀，都是毛，哪买的？嘿，小样儿，你还戴的是狗皮帽子。”“茅台国窖剑南春，五粮古井杏花村”，对于绝品名酒他了然入怀，话匣子打开，透着几分平易亲切。去年他有次喝多了到树林方便，系腰带时把一棵树也系在身上了，怎么也走不了，一个劲地嚷嚷：“兄弟，松开撒，我要回家呢！”可怎么也解不开。友人找到他时，他正抱着树呼呼大睡呢。另一哥们儿灏子普通话好，闲时善放歌，每逢聚会亦爱杯中之物，世纪之初，国人有考证热，捏粉笔头的均要参加普通话考试。一同事偶有奇想，请灏子代考，那日，灏子“因替考而醉”，但考试前半程灏子发挥极佳，不知道上帝拨动了主考官的哪根弦，他发难：“请问你叫什么？”这下可让灏子防不胜防，没有说出考生名，相反脱口而出“我叫灏子”。又一日有饭局，灏子作为“压舱石”登场，席间海阔天空、酒语杂荟，四人5瓶白酒顷刻而罄，即便有人“现场直播”还未尽兴，提议再喝啤酒“漱口”，灏子此时已有醉意，喝完几瓶后和东家一起上洗手间，宾主均为双手撑墙放水，兀地有人响屁，灏子醉眼朦胧，打着酒嗝问：“咋又开一瓶？”

“花看半开，酒饮微醺”最是饮酒低回境界。我喜欢跟三五个知己猜拳行令、自然开怀的那种感觉，“煮酒论英雄”“海量纳知己”，有朋有酒春常在，一觞一咏情意浓。随着淡雅醇香顺势直入心脾，天地万物即刻视作无物，世界在我眼前又舞动起来，那种浅醉却是一种难得的享受。有几年我一直晃荡在酒风醉尘里，故厨务全是自己亲力亲为。我做菜讲究酱油的品牌以及葱丝的粗细老嫩。尤其我的招牌菜葱油鲫鱼、回锅牛肉，有我对火候的独门心得。当然，我的豉油鸡也非常可靠，连装盘都有模有样。因为爱酒而做菜，一个人只有对厨艺发自内心地迷恋，才可能选择这样的亲炙生活。放假的日子里，但凡中午满案即是百味珍馐、佳肴异品、水陆陈杂。不知多少次我自个儿放翻在侧，“墙走我不走，半醉离凡尘”，此时读经、撰文，灵感迸发，逸兴遄飞，怡然自行。随着太太“端起了锅碗放不下”，我大多放着自己家中的名酒不理，偏爱去别人的歌台舞榭找乐。有次我和驴友一起到文博园，游毕，在一个蒙古人搭的帐篷里吃饭，喝的是马奶酒，席间有年轻的蒙古族姑娘小伙唱着民族歌曲助兴，坐在成吉思汗的画像下面，听着奔放的马头琴声，啃着手抓烤全羊，平日里那许多虚妄的柔情愁绪此时皆烟消云散，只剩下金戈铁马热血沸腾的英雄豪气。那一晚不知喝了多少，我只觉得喝成灵魂出窍，神游八荒，记忆中最后一个片段也是残缺不全的了。友人把我送回家时，我已是烂泥一摊。到家后，读小学的儿子跑过来就对我踢了两脚，嘴里还念叨着说：“叫你平时打我，叫你平时打我。”此后，每到饭局，友人调侃，让人忍俊不禁。

酒品与人品，似不可同日而语，但很多时候，亦可管中窥豹。相逢时可以啜茶，离别定当把盏。觥筹交错时的率真、耿介、委蛇，酒过三巡后的酒风、酒品、酒态，都折射于杯盏之间；人间冷暖，世态炎凉，都尽显于抿呷之中。从酒文化角度去解读一个人的德行、风骨、好恶，恐怕也就八九不离十了。

“长剑一杯酒，丈夫方寸心”，“高谈满四座，一日倾千觞”，这是对于酒之魅力的诠释。酒，有时炽热似火，有时冷酷如冰，有时缠绵似梦。酒，它能叫人忘却忧愁烦恼，也能叫人超脱旷达。饮酒可洞见人品，也能发人哲思，举杯沾唇难奏其效，饮用过滥易乐极生悲，唯有恰到好处，不温不火，方为最高，方为最妙。

“好酒不伤身，微醉如酒神。品自香中来，天地皆入樽！”这是我对酒的理解。

（《中国教育报》约稿）

31
五味杂陈三局棋

“车走直路马踏斜，相飞田子炮打隔，卒子过河了不得。”这是中国象棋的基本规则。

象棋易于附体，一旦沾身，脑中时有红黑子辗转腾挪，如影随形。帝王将相，墨客骚人，贩夫走卒，均和手谈有着不解之缘和特别情感。身陷象棋的“黑洞”，对弈的紧张，起伏的心境，插科打诨的口舌之快，都是宣泄，甚为迷人，让人忘食、忘寝、忘忧。

棋诀有云：“持重而廉者多得，轻易而贪者多丧。不争而自保者多胜，务杀而不顾者多败。”说的是对弈，喻的是做人。尤侗曾云，试观一十九行，胜读二十四史。

约莫十岁我跟大人们学会了“马走日，象飞田”。初中毕业那年，偶得一本《棋海拾贝》，在充满奇妙文字、数字的图画里，我发现了另一个世界，另一种美。凭着小聪明，我很快就弄明白了“炮二平五”“大刀剜心”是怎么回事，算是初窥象棋门径。读着，在棋盘上摆弄着，再读，再摆弄。恍惚间自我感到有些升值，加了些许“本钱”。

及至高中我从牙缝里挤出 3 块钱买了本《弈林新编》。里面有关于开局、中局、残局的各种研究，还有许多精妙的杀法以及古谱排局，它对我棋艺进步起到了关键作用。每到上课，凡是非高考科目，我就在下面偷看棋书。讲台上面，但闻老师抑扬顿挫，诲人不倦；课桌之中，却见小子橘中探秘，乐此不疲。

大学时，学校娱乐中心有个棋馆，我成了常客，象棋室的管理员是个麻子脸的老者，大家都以老杨称呼他。老杨见我风雨无阻，每天报到，感到诧异。一日他看到我手拿一本《自出洞来无敌手》便跟我说：“从你选择的书来看，你棋力不错，跟他下一盘吧?”

顺着他的手势，我看来人挺着将军肚，龙骧虎步，顾盼自雄；再看众人对其礼敬有加，心想这位一定有些来头。后方知，他是学生工作处的王处长，曾经的外文学院象棋冠军。

那盘棋我输得很惨。开局他着法并无特别之处，但进入中局之后他的子力之间联系紧密，我有劲使不上。我设计的几个小陷阱都被他轻描淡写地化解，他一路金戈铁马，黑云压城之时，我竟有些透不过气来，未到残局已是溃不成军。

那次败北后我发愤苦读，有针对性地在图书馆借了几本棋书猛啃，神游书中，物我两忘。通过打谱、实战、再打谱、再实战，不断总结，我的棋力增长迅速。

其后三年，在棋馆王处长和我常有交手，开始我处下风，后我能分庭抗礼，稍晚我的战绩便领先于他。实习后的元旦迎新春师生象棋对抗赛，最终是我和他的竞技，为三番二胜制。赛前我们洗手，他皱着眉头跟我说："赢了我你小子就是冠军了！"首局开局波澜不惊，进入中局，他欲摧城掠寨，怎奈我以炮镇中限制了他士、象的活动，兼以车、兵直捣黄龙。他抓耳挠腮，呼气局促；时值冬日，他鼻尖上竟沁出了细细的汗珠。次局，他执红先走，渐入中盘，似乎一切在他掌控之中，手指在桌子上马蹄声声，口中还哼着小曲儿。而我因有一局领先，信心颇足，一招一式沉稳有加。进入残局，他竟然"帅"陷囹圄而浑然不知，我炮碾丹砂，他只好弃车保帅，"一车十子寒"，丢了车的他已无心恋战。他阴沉着脸，二话没说扬长而去。棋馆老杨小声跟我说："小子，你嫩着呢，他可是个护棋的主儿。每次比赛哪个不让他三分，惹了他，够你喝一壶的！"

次年六月，班上的同学都欢天喜地庆贺自己的分工，独我被分到山区县。此时我方知"世事如棋"的真意，但为时已晚。

幸好，女友是一位情义双全的女孩，到省城一名校报到后，她安慰我："没有过不去的坎儿，跟我一起去我家吧，好好表现，争取下次称呼我爸我妈时能把定语去掉。"

棋局之事，为人之道。女友爸爸自己爱下棋，叱咤县域棋坛多年，在他看来，只消几局，下棋者的素质修养、意志品性、见识城府便可一跃棋上。不管是骡子是马，都应该拉到棋桌上遛遛。若是输了棋急红眼的，或是耷拉着驴脸一声不响的，就甭提了——歇菜！那日，舟车劳顿后我到她家已是傍晚，饥火中烧，汗流如注。待我洗过手脸，老爷子说，晚饭还有会儿，我们先下局棋吧。甫到棋桌，老爷子猛吐一口烟，我不爱烟味，顺势将椅子往后拉开一步，身体也尽量后倾；老爷子问我为何，我谎称：离棋盘太近，视野变窄，看不清全局。真是“怕什么来什么”，我害怕士象局，他刚好走的就是士象局。开局棋路纷纭，有如歧路亡羊，令人茫然。对他含而不露、稳中带凶的棋路我不大适应，再加上有些轻敌，如同梦游般我输掉了这盘棋。晚上老爷子告诉女友：你这男朋友可以，能玩品不孬，棋如其人，就定了吧。

“人生三杯酒，流年一局棋。”十年一晃过去，所在学校来了一位棋风泼辣的新校长，上任的头一年就搞了一次象棋赛，我因曾经比赛比出了纰漏，故有“一朝被蛇咬，十年怕井绳”之虑，没有报名参加。第二年又有象棋赛，而且奖金颇丰，因买房后手头很紧，我便报名参加了比赛。一路上我过关斩将，有惊无险地直抵决赛。决赛是我和校长间的较量，一盘定胜负，由于过于紧张，进入中局我只能左挡右封，占要津，扼九宫之险。在我感慨尽人力而安天命的当口，他竟走了一步错棋，惊呼：“车死了！”此时裁判和工会主席到门外嘀咕了几句，宣布决赛改为三局两胜制。第二局我有点情绪波动，加上他四周的“高参”，我很快便败下阵来。第三局我用“五九炮”攻他的“屏风马”，这是我熟悉的套路，颇有心得。俗话说，兽医多了阉不了马，尽管有几个军师出谋划策，校长还是陷入长时间的思考，面部表情凝重。裁判会意宣布封盘，择时再下。此时，我不再在意输赢，但特别鄙视这种奴才嘴脸，便起身随口说了一句：“这棋没法下了。”余光所及校长脸红脖子粗，青筋暴露。及至暑期学校宣布人事，我被下派到农村工作一年。真乃“局中局外两沉吟，犹是人间胜负心”。

小小棋盘，深奥玄妙。有时寥寥几子，处处暗藏机关。观局势，灵慧莫拘泥，随缘而进，峰回路转。人生如同弈棋，棋局深浅，各有境界；人生不如弈棋，没有二局，起手无回。

（原刊于《中国教育报》2016 年 8 月 6 日）

32 不堪回首的“情诗往事”

高中那会儿，新诗正流行。班里一帮热爱文学的少男少女，没事儿就抄诗背诗，当然，也偷偷地写着连自己也不大明白的诗。我就是其中的一员，北岛、舒婷、汪国真的诗，过目不忘，张口即诵。

我被诗歌男神女神迷得如醉如痴，而同桌却对班里一个叫玫的女生迷恋得如梦如幻。别人上课眼瞅黑板，他却总是单手支颐，侧脸朝着玫的方向不眨眼地瞅。有一次，同桌就被正讲着地球磁力的地理老师“涮”了一把：“很显然，我讲的地球引力对你无效，起作用的磁偏角好像在你北偏东30°的方向。”

一天，同桌突然买了半斤猪头肉给我。“不明所以”的我狼吞虎咽地吃完，他咽了咽口水说：肉你吃了，你帮我写封情书吧。我心领神会地答应了——吃人家的嘴短，这事当然得干。虽然没写过情书，但想来应该不是难事。本欲模仿名人写的情书凑一篇，可一转念：同桌想借花献佛，我何尝不能假借他的“梦中情人”，大抒一把咱热烈而又廉价的诗情呢？故事的结局是，大约一个礼拜后，气呼呼的玫把那封“朦胧诗体”情书用力地拍在我的课桌上，恨恨地对我说：本事大嘛，哼！敢署上自己的大名。我拾起来一看，脸顿时红了半边。

虽然这次事故让我颇有些悔恨，但半斤猪头肉诱发的诗情，却再也抑制不住。大学年代，我也开始真正花心思写属于自己的情诗。

不知何时起，一个名叫芸的女孩深深地吸引了我。芸是南方人，温婉明媚，活脱脱就是一首席慕蓉的诗。尽管“情不知所起，一往而深”，但我一直羞于表白。最后，我几乎用尽全部激情和才气抒写出一首滚烫的情诗，央求一个与她关系不错的女生捎给她。当然，为了达成目标，我请这个女生吃了一顿羊肉水饺，喝了啤酒，还看了一场《罗马假日》的电影，代价已远超当年同桌请我吃的猪头肉。我一再叮嘱她，一定要亲手把情诗递到芸的手中，绝不能让别人看到。她接过情诗走了，而接下来的我，就像怀揣了72只兔子似的，激动又惴惴不安地企盼着某个时刻的到来。

然而，一天、两天，一月、两月，半年、一年，一直等到照完了毕业照，也没等来女孩芸的一丁点儿“表示”。终于，在一次只有我和芸两人在场的时候，我和她聊了几句闲话后，突然问她：那首诗还在吗？如果在，请还给我吧。芸很惊讶地睁着一双美丽的大眼睛，扑闪扑闪地望着我问：什么诗呀？我说我写给你的，叫××递给你的。芸茫然地摇摇头，随即恍然大悟似的，笑笑说：哦，知道、知道。我说诗还在吗？芸说：你还是去问××吧。随即她蝴蝶一般飘飞而去。刹那间，我感到“情况”有点儿不妙，似乎有什么“糗事”发生过。

我没有勇气直接去问那个女孩，后来，辗转从一个老乡的嘴里知道了实情。原来，我那首饱含着炽热情感的情诗压根儿没进入芸明亮的眸子里，而是被“红娘”拦截了。更要命的是，“红娘”还在宿舍以及同伴间大肆渲染，说我给她写了情诗。看着我一脸惊讶的神情，老乡幽幽地说：咋啦，这事你还不知道呀？

光阴似箭，岁月如流，一晃眼，近30年过去了。两次给女孩写情诗，无论是挨骂的惨痛，还是被“涮”的尴尬，都早已随风而逝，留下的只是些风干了的美好记忆。

（原刊于《中国日报》中文国际版2016年8月6日）

33 有没有那样一首歌

“爸爸，我下载了几首好听的歌，一起来听吧！”儿子打开电脑，打开音乐播放器，播放了一首。喧哗、嘈杂，我摇摇头。“这首轻缓、抒情，如何？”“没有感觉。”我再次摇头。

“每次走过这间咖啡屋，忍不住慢下了脚步，你我初次相识在这里，揭开了相约的序幕……”千百惠的歌声飘来，我如闻天籁，面露微笑。儿子说：“爸爸，你只喜欢老歌，这可不行。”“但是那些老歌，许多年前，也是新歌呵。”我眯起眼睛，耳边仿佛又响起了悦耳的歌声。

在黄州上大学时，我和室友都喜欢听歌。只要有人，寝室里的那台收音机从不沉默。即使周日在江边野餐，我们也携着收音机，一首首美妙的歌曲伴着我们的欢笑和憧憬，在江堤上飘荡。

记得第一学期某个冬日的晚上，我们在张啬《路灯下的小姑娘》的旋律伴奏下，学起了太空舞，我们戏称之为“抽筋舞”。我们一边抖着双脚，一边唱着：“亲爱的小妹妹，请你不要不要哭泣，你的家在哪里，我会带你带你回去……”大伙儿嬉笑不已。其时，学校新建宿舍楼，我们租住在校门口的一居民楼，寝室是木地板，在我们忘情跳舞时，楼下寝室的女生们却不得安宁，她们“摩拳擦掌”，集体前来找我们算账。在微开的门前，当她们看到我们正快乐地跳呀、唱呀、笑呀时，紧握的拳头松开了，紧皱的眉头舒展了，其中一个擅长跳舞的女生，还主动做起了我们的舞蹈老师。从此，两个寝室结为“友好寝室”，室友们亲如兄妹。

大一快结束时，室友佳因另有发展，申请退学。在他离开学校的前一天晚上，寝室举行了告别晚会。临别，佳和女生杨合唱《在雨中》。“在雨中我送过你，在夜里我吻过你，在春天我拥有你，在冬季我离开你……”歌声里有无限的伤悲。唱着唱着，最后两人相拥而泣。我这才知道，他俩正处于热恋之中，难以面对突然而至的分离。想到人生的无奈和难以把握，我们也心如刀割，为他们，也为自己。

那个时候，费翔是许多女生的梦中情人。他那动听的歌声、优美的舞姿，加上挺拔的身姿、深邃的蓝眼睛，令不少女生为之倾倒。那年秋日的黄昏，被《故乡的云》拉得很长，定格为一幅青春的场景，以至于多年后再次听见或唱起，当时的画面和澎湃的心绪总会自然浮起。记得有一天，我和丽正在学校大屏幕的投影仪上看费翔的表演。“你就像那冬天里的一把火，熊熊火焰温暖了我的心窝，每次当你悄悄走近我身边，火光照亮了我……”在费翔的歌声中，丽悄悄地告诉我，她一定要找到像费翔这样英俊、会唱歌的男朋友。毕业后，听说丽真的找到了“费翔第二”。许多年过去了，又听说“费翔第二”恶习重重，丽忍无可忍，带着孩子去了国外。去年，丽在微信里说：我好想唱一首老歌。微信的小窗口里飘出她那略带磁性的歌声：“我曾经豪情万丈，归来却空空的行囊，那故乡的风和故乡的云，为我抚平创伤……”我实在不敢相问，此刻是否有人能为她抚平创伤？

音乐连接着人生的故事，对于儿子喜欢的那些歌，我始终觉得不如老歌好听。而儿子也不喜欢我和我父辈的那些老歌。或许，我们所喜欢的，只是属于自己的青春时光和记忆。

总有一首歌在我们心中意义独特，关联着某段难忘的回忆或难舍的情感。它们成为我们生命节点的注脚，情感记忆的切口，当旋律响起、歌词入耳，一份“独家”的感触引起心中隐秘的波澜。“我又走过这间咖啡屋，忍不住慢下了脚步，屋里再也不见你和我，美丽的往事已模糊……”千百惠还在轻轻吟唱。

我偷偷地来到面盆前，拔下鬓间的一根白发，眼眶已经湿润。

（原刊于《中国教师报》2015 年 11 月 11 日）

34 恩师余常松

1979年，恢复高考不久的一个冬日，当民办教师的大哥带了一个操汉腔的儒雅长者来家里。同行的还有一位本村的老师，他兴致颇高，话锋甚健，熟悉英邑小县掌故。他说，来的这位先生，叫余常松，毕业于武汉大学，颇具才气，个性鲜明；虽然身处穷乡僻壤，但卓尔不凡。

过了两年，也就是高中二年级时，我们政治课的内容为“政治经济学”，任课老师就是余老师，先生讲课与一般老师不同，他不用教材，也没有讲义。但是，先生对于政治经济学和相关学科的基本理论、重要概念了然于胸，信手拈来。在他的课上，还不时听到一些前卫的、深度的观点，激发了一直接受教材知识、涉世未深但又求知若渴的年轻人的独立思考。先生原籍武昌——辛亥革命的发端地。他乡音无改，但讲课娓娓道来，以市井老太太买菜讨价还价为案例讲解价格与价值的关系，通俗易懂，逻辑井然。先生授课精思妙想，直击考点，讲授脉络清晰，讲解风趣生动，激情四射；他深谙高考命题规律与趋势，善于拓展延伸，即使是百多人的大课，他也会关注每个学生，穿梭于课桌和学生之间，提醒学生从事当下的学习，以便使所有学生参与到课堂教学中来，让学生在课堂上“感悟”与“对话”共舞，“激情”与“理性”齐飞。

先生是一名普通但又特别的老师。他普通，是因为他和所有的教师一样，生活在体制内，遵守所有的规则，履行所有的义务；他特别，是因为他思想的独树一帜，因为他话语的石破天惊，更因为他在体制之内用他的笔、他的语言、他的行动努力地为自己也为别人争取平等、自由和生命的尊严，遇见蹊跷之事，常有粗口爆出，为此他显得不够合群。

先生是一个率真的人，他有什么想法就会直接表达出来，不会因为恐惧流言而瞻前顾后。先生也是一个清高的人，他不会也不屑于讲一些他认为的废话来解释自己的观点。即使遭到误解甚至责骂，他也不改初衷，因为他坚信理解他的人用不着他解释，不理解他的人解释也是多余。在一个媚俗的年代，先生的“真”和“傲”显得尤为珍贵。渐渐地，我才知道他是每届县委班子倚重的知名人士，以远见卓识、敢言能说而深孚众望。

由于听了先生的课，也由于曾经他和我家大哥有过交集之故，我和先生变得熟悉起来。有次到他蜗居的平房宿舍拜访，他正在阅读一张发黄的报纸，不知是先生一时记不起来还是有意考我，他问“历览千载书，时时见遗烈”的下一句是什么，作者是谁，哪个朝代人。我据实以答。先生很高兴，夸我有古典诗词修养，由是师生交往就更加频繁了。先生经常关心我的生活，勉励我勤奋读书，读出自己的未来。

高中毕业后，我没能力挤过独木桥，在农村中学当代课教师。由于离得不远，我常回母校探访师友，也不时轻叩先生柴扉，问学请益，感受先生“炉边谈话”的温馨，领略“书中乾坤大，笔下天地宽”的意趣。先生一直在县一中任教，我则求学、工作、再求学、再工作相间，但是师生交谊持续至今，不觉已有三十余载。

在教育学术界，先生成名甚早，大学毕业由于率真本色不善奉承，又因史无前例的“运动”，他被“发配”到英山教书；尽管面对着“学制要缩短，教育要革命”的教育教学生态，但他对教育的思考一刻不停，他的言谈和做派，好评如潮、广为传诵。最难能可贵的是，先生并没有陶醉于自己的理论建构，他尝试着走出学校围墙，走出书斋，深入乡村小学，深入课堂。

惟楚有才，汉水潇潇哺育了一代又一代俊彦贤杰、文人墨客。喝汉江水长大的余先生有一支生花妙笔，右手写教案，左手写随笔。进入古稀之年，他耗时近十年，呕心沥血的第二本小说《禁地飘香》出版后，一时洛阳纸贵，同侪门徒争相传阅。先生是罕见的文人型学者、学者型文人，他左右挥毫，且吟且行，一如《大别山》评论所言，其人其作品已组合成为“黄冈教育界一个迷人的符号”。

“八山一水一枝秀，毕昇文化数风流。品如高山德厚重，功名利禄何所求。”有一年的春天，我感到百无聊赖，特别慵懒，准备“东南飞”，先生突然亲临老家寒舍，给我留了这几句诗。好诗如清风，佳句似佳茗，细细玩味，顿觉心清气爽。从容入世，清逸出尘，不为世俗所累，不为人情所倦。每每想到这几句，我的心久久不能平静。先生放飞的是希望，守巢的是自己。于是我谨承师命博文约礼，砥砺德行，力争做一名普通而有节操的老师。

（原刊于《中国日报》中文国际版 2016 年 9 月 10 日）

35 我的四位好老师

他们不是伟人，也不是社会名流。从“小人物”的流风遗韵中更能真切地看清社会切片，更能感受人性的光芒，更值得永远铭记。三尺讲台，四季耕耘，三十几个春秋“行有不得，反求诸已”，我常常以自己求学过程中心中的好老师为镜子自省、自律、自纠。

我童年的记忆里有这样一位老师，她是我们本村的一位汪姓民办教师，总是笑眯眯的，而且一笑起来眼角就会往上翘起，孩子们都不怎么怕她，有时候我们还会在她的课上捣乱。记得小学二年级的那年冬天，天特别冷，池塘和小河边都结了厚厚一层冰。下课后，胆子大的男生就会去冰上溜冰冒险，作为班上“孩子王”的我，理所当然的冲在了最前头。有天下课后，我们照旧来到学校前的池塘，哪知我刚一踏到冰上，冰就破了，我的两只棉鞋一下子灌满了水。等我爬起来，早已有好事者去报告了老师。当我咧着嘴走进教室的时候，汪老师已经守在教室的门口。她一只手提着她自己的花棉鞋，另一只手提着一个烘篮，眼睛里既有责备，也有怜爱。我由此享受了特殊的待遇：穿上老师的花棉鞋，脚踏烘篮烤火，虽然不能再出去疯闹，还得接受小伙伴们投来的狡黠目光，但我觉得很兴奋，很幸福。放学后，汪老师二话没说，就让我趴在她的背上，把我背回了家。时至今日，我依然记得老师的背是那样的温暖，那样的有力。

——老师无私的“最美育人”行动，总能打动学生的幼小心灵，点亮孩子心中的灯火。

我的初中是在一所乡镇的中学度过的，当时我学得最好的学科是化学，因为我特别佩服我的化学老师——张老师。张老师个头不高，很瘦，不苟言笑，但却有一股无形的魅力。当时，不知咋的我们上课总是昏昏欲睡或者一心盼着早点下课去打饭。可她特别能“吹水”和“神游”，我们都喜欢上化学课。张老师上化学课，从来不带一片纸进教室，更不用说带备课本。每到上化学课，她就慢慢地背着手踱步进来，拿起一支粉笔就开讲，所有的东西都已经装在了她的脑子里，就像安了一个自来水龙头，一拧开就“哗哗”地喷涌出来。更神的是，她一堂课下来，从不写一个多余的字，也从不用黑板擦擦一个字，一节课的板书整整齐齐、完完整整，从头至尾清清楚楚、明明白白。用现在的教学术语来说，就是一幅漂亮而完整的“思维导图”。同学们在化学课上从来都不会走神，所有的目光都聚焦到老师口若悬河的讲解和手中那支神奇的粉笔上。私下我们都会啧啧称叹：功夫呀！功夫呀！可当时，不知啥原因，听说她是大学读书时不规矩，从省城“发配”到山里的“右派分子”。

——只有一碗水，难解众生之渴。老师“吃得住学生”的扎实功底，总能赢得学生的求知目光。

教我高中语文的是刘老师，北京人，说话京味十足。据传，刘老师是因为父亲“站错了队”，他北大未毕业受了连累才“落魄”到大别山来做老师的，所以他仍然保持着一副目空一切的姿态，走起路来脚一癫一癫的，眼睛总好像在看着天空。刘老师每上一节语文早自习，就会在黑板的右上角用漂亮的粉笔字，抄写一首唐诗或宋词，或者在线装书里摘录一些温良恭俭、慎独、慎微、慎初以及兼济天下的段落或警句。什么话都不说，同学们都心知肚明地开背起来，背不过关的，下午放学后还需要留下来“补火”。久而久之，班上大部分同学“背功”了得，放学后“留学”的越来越少。我那时是班上的语文课代表，虽然我从不怕背书，但始终有一个问题在我的脑海中挥之不去：为什么刘老师要我们背这些唐宋诗词、经典段落和警句？背这些有什么用呢？到了高考的前夕，有一次我实在忍耐不住，就问了刘老师这个问题。总记得当时刘老师回答我说：你们背的这些东西，高考不一定会考，你们现在不一定用得上，但是将来肯定有用。现在回想起来，当年的刘老师不是为了考试而教，而是为了提高学生的语文素养而教；不是为了当下的分数而教，而是为了学生将来所用而教。

——大智无价！老师淳朴而又智慧的教育情怀，总能让学生不断回想。

大学几年里，令我印象深刻的老师有几位，既有长得很帅似青春偶像留校的“哥们儿”，也有衣着得体、温柔大方、相貌出众的知心姐姐。但最让我记忆犹新的是讲《美学概论》的一个老头——夏曾澍先生。夏老师个头较小，面容沧桑，可他往讲台上一站就能让人感觉其魅力四射，他机智、敏捷，能迅速地捕捉教材所散发的“美”之内涵：雕塑《掷铁饼者》在掷铁饼摆回到最高点、即将抛出的一刹那，利用空间中凝固的永恒，把人体的和谐、健美和青春的力量表达得淋漓尽致；Canon 是用 28 度的轮回诉说雨后一尘不染的天空，湛蓝、悠远、纯净的钢琴曲。《蒙娜丽莎》的神奇之处在于她的微笑；《向日葵》的绝妙之处在于画出了向日葵这样一种颇有象征意味的植物的律动感及生命力。他妙言成趣，慧语连珠，比喻恰当，语言诙谐，他的课堂为学生提供了很多意想不到的养料。他瘦矮的个子成了银盘山上一道亮丽的风景线。他幽默神侃，不按常理出牌，但课堂的精心呵护、智慧经营，成了我记忆中的珍品。他是我大学时代的灯塔。

——教师立体多元的知识框架，高贵的学科气质，总能让学生景仰。

光阴似箭，往事难忘。几位老师的形象总是在我脑海中萦回，深藏于心中。他们的言传身教一直激励着我们在人生的道路上求真向善，砥砺前行。今天，我也做了三十几年的教师，不知道我能不能够像我的这几位老师一样，进入到学生未来的记忆里，因为做老师只有学生觉得好，才是真的好。

（原刊于《新华每日电讯》2016 年 9 月 10 日）

杏坛语丝

1

快乐地点一盏灯

如果我们这些60后、70后，跟90后或是00后的孩子们讲当年点灯的故事，他们一定以为是电灯吧！其实对电灯还是说开灯更准确一些呢！用火点的灯那才真叫点灯呢！用火点灯，对孩子们来说，哇！那是多么有趣而浪漫的事情啊！然而，在我们这一代人点灯的年代，一点都没感觉到浪漫，现在想来，那只能算是无奈。

曾经伴我走完童年的灯，都是煤油灯，只是那时煤油灯叫做洋油灯。做法很简单，装过墨水的瓶是我家唯一能找到的玻璃瓶，所以，我们读书时用完了墨水，瓶得留着，父亲不知道从哪讨来的一点铁皮，把它裹成筷子般粗的管子，取三寸来长，中间穿上棉线，瓶里倒入煤油，第一次使用时管内的线也用油先浸湿，点火的一头线只露出一点点，留在瓶里的线就需要一两寸长了，便于吸油，这样就可以点灯了。点灯时用的是火柴，那时叫洋火，划一根就可以点着了。那时候我觉得最郁闷的事情，就是我家的煤油灯总是只亮一点点，家里太黑了，我渴望亮啊！于是，我悄悄用针挑得火光明亮一些，可母亲着急地叫起来了，然后灯就又暗回去了。

点灯需要油，油只有村里的小卖部才有卖的。小卖部每天只开两个小时，而且是傍晚时分开，我家离村里的小卖部有两里路，买油一直都是我的任务。这是最让我感到恐怖的任务，因为每次买油都要排长队，买好油回家时天已经黑了，我提着油壶得急急地赶路，几乎就是小跑，尽管那是一条很安全也很普通的小路，但对于年幼的我来说，路上的黑暗是足够令我恐惧的。我总是不敢回头看，又总是想要回头看，仿佛有什么东西在后面追我，这样的恐惧，伴了我好多年，现在想来，依然觉得那条路是阴森森的呢！

不记得是哪天开始点上电灯的，家里终于亮了，也不记得是哪天开始那个小卖部关了门，买东西可以白天到镇上去买了，那条在心里面一直黑暗着的路，也亮了。只是，现在在年轻人都觉得点灯、点蜡烛特快乐的时候，我却怎么也快乐不起来，我明白，那是岁月的黑暗如同一条尾巴，沉沉地拖住了我，我想，沉重就是生活的本色吧。

一次过节，班上的学生买来许愿灯，说要放到天上去，看着他们放灯，我竟然心里动了一下：这灯，我要不要也放一盏？他们鼓动着说：放吧！放吧！我竟然犹豫了很久，最后还是决定点一盏灯。站在楼顶，我虔诚地把灯点燃，看着火光燃烧起来，我的心也激动起来，仿佛一下子年轻了十岁，当许愿灯飞向天空，飞向远方的时候，我感觉我的心轻松地飞起来了。

原来，快乐就这么简单，浪漫也这么简单。不是不会，只是我一直在害怕，在拒绝。

（原载于中国教育新闻网）

2

万景秋最美

古人说："自古逢秋悲寂寥，我言秋日胜春朝。"秋日竟然胜春朝？已是秋天，我竟不懂了秋，心中一阵惊悸与恐慌！秋风吹我颊，秋阳沐我身，秋雨润我魂。被烦乱侵袭的思绪早已在岁月里僵硬，不曾留意春来秋去，蓦然回首时，自己竟已风化成了一个季节——秋，这时才懂得一点秋意。

"秋"也，野火将生，草木干涸，穹庐肃杀，寒气四逼。涌上心头的是"秋已至，天转凉，鸿雁下斜阳；红花谢，绿林黄，莫忘添衣裳；欲惆怅，享阳光，天籁语铿锵；桂树茂，菊散香，徐风携清凉"的况味。初秋的清爽与炫魅，中秋的婉约与宁静，深秋的寂寥与幽思，让人对秋别有感受。

深秋，萧瑟草木摇落而变衰，"寒山转苍翠，秋水日潺湲"。菡萏香销，西风愁起，红衰绿减，黄叶满地，寒烟四起，冉冉物华休，游子他乡日盼归，如是满目苍凉，怎一个悲字了得。人们悲秋多源于此吧。

忽然觉得，秋不是从凉风习习开始的。日月的旋转、季节的轮回中，秋应该是春夏的延续。季节在更替中缭绕着一种思绪。深秋的寂寥始于春的萌发、夏的升腾，是成熟与空旷后的一种沉淀，是一首雄浑的钢琴曲的高潮。

在深秋里倚窗而立，剪一缕秋阳与秋天约会，秋阳的明媚依然能灼热你的肩背，让你昏昏欲睡；握一枚素笔，牵一帘秋雨，捕一息残荷的幽香，洒一笺秋的文字，"孤村落日残霞，轻烟老树寒鸦，一点飞鸿影下"，正是秋日里诗心的萌发。秋日里有橙红橘黄柏绿，有枚枚小菊初放，生命依然在寒秋里韵动。感天动地、轰轰烈烈的生命是匿藏，不是消失。

碧落方静，秋是抖落一身铅华后的淡泊与宁静，秋是从沧桑中走来的成熟知性的女性，秋是把心拓成的海。秋，更有风骨，更有韧性，厚积不扰天地，蕴蓄只为生机，在四季的轮回中静穆无言。秋是湍急的河流冲出山谷终于到了大海时表现出来的平缓与辽阔，是一种潮落后的平静，是一种"猝然临之而不惊，无故加之而不怒”的胸襟，是一种敢于面对风雪严冬的勇气。秋是几十年师魂在圣坛的羽化和对圣坛的深深眷恋。深秋，没有了大喜大悲，气定神闲，乘物以游心。深秋，是佛心禅言慧语的人生，是天空能容云霞而得秀美的境界，是心灵的淡定与空灵。

万景之中秋最美。“落霞与孤鹜齐飞，秋水共长天一色。”深秋，一个多思多情的季节。

（原刊于《中国青年报》2016 年 10 月 9 日）

3

夜的随笔

失眠的深夜，总会起身去阳台，看周围逐渐暗下去的灯，心里生出平静的欢喜。

白日的喧嚣已退，热闹后的寂静让思维的触须像菊花般美丽舒展。整个人亦变得轻盈剔透起来。

于是自然而然地，忆起年少时的对月当空。在那稚嫩的年纪，一直是那样无瑕的心境。当如水的月光照亮我心中的天地，感觉一切都是纯白的。整个人像脱离了现实般，进入一种虚幻的境界，仿佛苍茫天地间，从来就只是我一人。淡淡地看花开花谢，云起云飞。

那时的心，也许是孤独的，但并不寂寞，在清如水的倒影里映照年华，快乐自得。谁曾想过长大后会是什么样子。只是一味地投入我筑就的这片年轻梦境里，心无旁骛地飞翔。并且天真地设想，多年以后的月光，也还是这般清澈见底。

可随着年岁增长，烦恼终究还是多了起来。它们的日益累积让人变得浮躁。走在路上，我通常是一副麻木的表情，对许多事情也渐渐失去耐性和欣赏。在这个速食时代，甚至没有时间静下心来去沐一场月光。就算有，更多的还是对月当空时，那剪不断理还乱的忧伤。

看见很多人在热闹地生活，三五成群地聚在一起，喝喝小酒，划划拳，或在 KTV 里热舞高歌。偶尔自己也会应邀加入，但大多时候我只是默默地吃东西，不大爱说话。来聚会的大部分都是初次见面的陌生人，如果我能上前去说一声 Hi，然后和他们愉快地聊天或玩耍，那么我就能多一个朋友圈子。但，很多时候我都是独自唱歌，显得格外疏离。

并没有清高的意思，只是越来越不晓得和陌生人说些什么。排场的话说多了便觉得敷衍，逢场作戏我又不擅长。成年后，交朋友倒成了一件不太容易的事，多了一份警惕和顾虑，友情变得慢热起来。不像小时候，三言两语感觉投机，马上就能成为两小无猜的知己。

所以，慢慢地我连聚会也淡出了，下班后待在家里听歌，看电视剧，写写随笔，在各大网站浏览别人的博客，看无名小卒为了出名而作秀，看明星的八卦新闻占据头条。论坛的口水战铺天盖地，各种各样的报道真假难辨。网络的天地五光十色，内容太多太多，反而令人眼花缭乱。

在这个物欲横流的社会，我失去了心底那份宁静的快乐，每个来来回回的人无不这样。

曾经以为网络会是最后一个能够让我忘记一切烦恼的地方，可到头来发现，无论多么热闹的聚会，或者多么冷清的生活，也还是排遣不了心底的那丝寂寞。那丝绕来缠去的成年人的繁复情愫以及世事纷争，足可以让你在夜深人静的时候辗转反侧。

而这样的失眠夜，常常让我想起三十几年前，那个月光下的纯真少年。那些没有纸醉金迷、灯红酒绿、声色犬马包围的平淡岁月。

那时，满眼都是光与影的纠缠，但少小的心绪有条不紊。月下的世界，静静的，就如仙子般，有遗世独立的高洁。那样温柔至极致的景韵，像蕴含了光芒的白色水晶。而我在这水晶里，安静地憧憬，满脸童真。就像透明的梦，没有尘烟的沾染。它的芬芳深入骨髓，无法释怀，可是再也不能重来。所以，弥足珍贵。

也许，每个人的心里都曾经有过这么一片清净的天地，只属于自己，没有任何干扰地、静静地存在于混沌初开的意识里。那样的状态，除了让人怀念，更多的还是让人感慨。

（原刊于《文汇报》2016年11月5日）

4
“读”过暑假

年轻时，暑假要分给朋友、献给学校，娱乐和培训占据了整个暑期生活。等越过了 45 岁这道坎，暑假就逐渐变为私有了。

年轻时，时间充裕却容易溜走。等发觉自己不再年轻了，奋斗的目标却慢慢地变得虚无缥缈起来，生命的激情也随之变得若有若无起来。

人生也许就是这样，等我们经历了无数个无忧无虑的暑假后，才会倍加珍惜余下不多的时间。

暑假对于我们教师来说是非同寻常的。日本左藤学教授在《学习的快乐——走向对话》一书中说暑假是学校盘活制度的时间。教师在这样一个特殊的时间段里需要不断地调整工作的心态，不断充实新知识的内容，不要让自己怀着沉重的负罪感走上新学期的讲台。

自新课程改革以来，学校组织了各种暑期培训活动给教师充电。但是，这种培训多苦于经费的短缺和组织者精力的限制而草草收场。真正有效的学习应该是持续不间断的，并发自教师内心地对学习的渴望和热爱。

讲句实话，真正养成读书习惯的教师并不多见。尤其是在当下这样一个充满各种诱惑的社会里，潜下心来读书的教师实在少之又少。

我就是这样一个静不下心来的人。为了让自己养成读书习惯，我经过了一场极其漫长而痛苦的灵与肉的斗争，最终还是战胜了自我。其中一个法宝就是我支教时给人临时代课教过的一篇课文《哲学家的最后一课》中所说的，在人的心灵里是很容易长满杂草的，要铲除这些杂草，必须用稻子去占据整个心灵，让杂草失去生长的空间。在我看来心灵里的“杂草”就是各种不良嗜好，而“稻子”呢，就是书籍，当我们的生活中只有书籍的时候，教师的精神生活才是丰富的，暑假才会变得充实起来，教师的精气神才能重新得到焕发。

我是一个中学英语教师，暑假给了我充裕的时间阅读中外文学作品。我常常希望暑假更长一些，每当暑假快结束的时候，总有一种感叹——“哎，该读的书还没有读完呢!”但当自己整理所读过的书籍目录的时候，又觉得这个暑假没有荒废，内心还会生出一种教学的冲动，在新学期的讲台上，我又有了用武之地。

暑假是漫长的，如何使自己读更多的书籍呢？我觉得其中还有许多方法可讲。

我的读书方法可能同其他教师不太一样，别人是读完一本再读一本。我则不然，我的读书方法是学校课程式的。我有每天的课表，自己常常把它戏谑为在进修研究生课程班。

晨光熹微，我就沿着中国文学史一路读来。第一节课是诗经，第二节课是唐诗，第三节课是宋词，第四节课是元曲，第五节课是现代诗歌。学习方法很简单，就是大声朗读。课程内容都是鉴赏版，有原文还有名家写的鉴赏文章。我很庆幸自己不出一分钱就能聆听到大学中文系教授的文学鉴赏课。

烈日炎炎的下午时段基本以本专业的课程为主。午睡起来第一节课，做一个名师课堂教学实录，写好自己的点评。第二节课是阅读教育专著。这两节课的内容是写作的主要素材和思考源点，然后利用足够的时间和原始的写作冲动在电脑前涂鸦。

夕阳西下，暑热散去，我手里捧着鲜活的时文选粹带着儿子到小溪边朗读，沐浴着夕阳的余晖，驰骋在时尚文学的想象中，一天的燥热全然离我而去。

晚上月明星稀，知了声声，独自一人坐在长明灯下，读起了鲁迅、巴金等大师的经典文学作品。

很多人问我：“看来你在家里是什么家务活都不干的。”是的，在我的生活里书籍是唯一的，我可以放下金钱，抛开虚名，唯一放不下的就是这些成堆的书籍。走进我家大门，映入眼帘的就是书，成堆的书，室内室外尽是书。

去年暑假，我读完了《曾国藩九九方略》《治心经》等养心的文学作品及教育专著。同事们都惊讶于我读书之多、之勤。我常常想，教学水平的高低真的取决于教师读书的数量和质量。

《中国教师报》在去年围绕教师如何备课问题展开了激烈的讨论，许多教师都主张把课文背出来再备课，而我则认为教师应该把更多的精力放在读书上，读经典的书，读古今中外的文学作品，读各类教育专著。只要教师的语文素养，尤其是文学素养提高了，语文的意识就强了，语文的味道就更浓了。每一个暑假就是阅读大量文学作品的最佳时间，“读什么”“怎么读”的内容和方法明确了，我们就可以毫无顾虑地扑到书海之中去了。

于永正说：“不知道哪片云彩会下雨。”其实读书和教学真是如此。读书是不可以讲功利的，但说不定你哪次读到的某本书会在教学中带来莫大的启发。教育生涯是有限的，我要把有限的时间投入到无限的浩瀚书海之中。中学教师的工作很繁忙，平时读书的时间又很少，那就更需要我们利用好暑假这段时间，勤奋读书，从而充实我们的教育力量。

（原刊于《中国教师》2016 年第 15 期）

5

对教师节的纠结折射出对教育的纠结

这两天，微信、微博、QQ及手机报等平面媒体有关教师节的段子、文章铺天盖地，但除蒲公英评论等主流媒体，鲜有理性之言论。绝大多数媒体要么断章取义，要么抓住“小尾巴”不放，只见树木不见森林，放大负面和消极情绪，忽视正面和积极情绪。教师节俨然成了“诟病与褒奖之结晶节”。我认为这种以沉船的心理看待教师节不可取。

首先，教师节的异化既有外部因素，也有内部的推手。

春华秋实，桃李沁香。1985年重新设立教师节，其初衷便是“提高教师的社会地位，形成尊师重教的社会风尚”。教师节是全社会给予教师的尊重，作为教师收获的是一种无上光荣。一代代无私奉献的先进代表成为教育工作者的标杆，一个个为莘莘学子贡献毕生精力的“花匠”成为今日美谈；所谓“为学莫重于师”，尊师本应一如既往，可放眼当下变味的教师节，何尊何卑、何雅何俗，无须赘言已是人人皆有感悟。

首先，面对应试教育引起的综合征，全社会焦虑但苦于没有治愈良方。对于学校来说，不唯高考没有今天，只唯高考没有明天，学生的个性受到压抑，因而厌学风气盛行，导致质疑学校教育声音不断。公众对于教师的视角，仍然囿于那种“羞谈钱、做人梯、当蜡烛”之类的认识，忽视教师首先是普通人，有血有肉有情有欲，无形中制造出“道德陷阱”来。教师节就是一次对师德集中开发的时间节点，变成质疑“行风”“师德师风”聚焦的火山口。其实，社会发展到当下，公众应该对于教师职业有一个理性的认识，不必刻意强调教师的坚守清贫；“甘守三尺讲台”，绝不应是委屈地坚守清贫。而在教育行业之内，原本是一个全体教师的共同节日，慢慢演变成“精英教师”的表彰节。从“平等”意义上讲，不一定要“有节就有福利”，让教师在平静的环境中工作，过上有尊严的生活，比过教师节更好。

其次，独生子女所引起的综合征，是全社会所始料不及的。一个不可回避的现实就是：独生子女的问题就是教育出了问题。尽管传统教育方式方法不断嬗变更新以期适应“孤独的童年”和“娇惯溺爱”的独生子女们，但计划没有变化快，可以这么说在独生子女教育上，我们教育人都在摸索的路上。事实上，从大的背景上看亦如此，比如，部分独生子女不愿意接受职业纪律和体制约束，喜欢按照自己的想法去工作，缺少组织和集体的观念，不愿意接受批评等等，已经成为令不少用人单位头疼的问题。“独生子女就业综合征”正在悄悄露头，引起了人们越来越多的关注。

再次，新媒体引起的教育综合征，进入新世纪由于互联网的异军突起，传统的教育手段随之不断进化，互联网的双刃在此消彼长中“互不相让”，网络游戏、网络诈骗而引起的危害影响了一代人的成长，同时也波及学校教育。在互联网模式下的学校教育需要不断更新和升级，面对互联网的负面冲击，我们似乎疲于打补丁，而没有构筑出相对坚固的防火墙。从教师层面上讲，少数先天不足的教师借助计算机和互联网弥补了自己的不足，弥补了自身的短板；而一些科班出身的教师的风光暂被遮蔽，甚至出现“劣币驱逐良币”的现象。加之网红教师一夜暴富，堂上不讲网上讲等等，长此以往，教育业态行风不容乐观。

客观地说，如何更好地纾解应试教育、独生子女和互联网之困，对于全社会来说，都是有待进一步研究的课题。我们既不能因噎废食，也不可过于乐观。

（原载于中国教育新闻网）

6
英语走下“神坛”？

千呼万唤的高考改革，终于在首都北京开启了它的破冰之举，这对大多数对社会“英语热”现实痛心疾首的国人无疑是一个特好消息，尤其是对广大的初、高中学生而言。

多年来，“英语热”已经到了不可再升的地步。似乎所有学段的终结考试都有英语的身影，它是通往高一级学校必过的门槛，拥有至高无上的神圣与威严。比如，一些职业技能考试，和英语八竿子打不着，非要拽上英语这一项，不仅让人难以理解，而且还会消耗大量的时间和金钱；再比如，一些大学的研究生考试，专业内容和英语毫无关系，但不管是报考还是毕业，都必须拉上英语，这也根本说不过去。四、六级的英语考试，更曾经成为众矢之的。学，无以致用；不学，这堵墙跨不过去。以至于全民学英语，这本身就是对资源的一种浪费。

然而，国人对母语的学习却极端不重视，这从如今城市人请家教却少有人请语文教师中就可见一斑。而作为一个中国人的我们在写汉字时常不是写错字就是写别字——中央电视台《中国汉字听写大会》节目中那些场外成年人的默写正确率极低就能折射出这个问题。英语在高考中的“贬值”，也不代表不重视英语，而是要让英语学习更符合其语言工具的属性。不要寄望英语降分就能拯救国学，就能终结培训热，就能解决中国考试制度的一系列弊病。它只是一个“窗口”，让人们从中看到了更多的可能性。

“弱化英语”，说到本质，是一个解脱的开始，有利于纠正“重英语、轻母语”的倾向，让英语回归到“外”语的本位。一种语言不只是一种工具，它还包含着民族文化。这次变革对于传承和弘扬传统文化会起到一定作用，是教育本真的回归。它必将给高考带来良性导向作用，激发人们学习母语的热情，让更多的人能从英语学习的桎梏中解放出来，做他们该做的学问，想他们乐意想的事情，从而让持续多年的“英语热”降降温。

与此同时，大家几乎“一边倒”地期待在成人教育及各种培训教育和学历教育方面也能出台这样的改革措施，让已经走出校门、放下英语多年的中年人也能享受到不被英语折磨的“福利”；不必非要在一些和英语不沾边的专业技术等级考试中强制考英语，该取消的应尽快取消，而不要让全民族陷入英语应试教育的泥沼之中。

（原载于中国教育新闻网）

7
春节随想

有一两个月没坐下来认真地写东西了，也不是没有时间，只是感觉总在无聊地忙碌着。我深深地叹一口气，坐在电脑前，看着窗外明媚的阳光，在温暖如春的室内，回想一年来发生的事情。一年就这样结束了？真快啊！在这一年中我做了点什么，搞资料？写稿子？又送走了一届学生？感觉没有做到一件让自己十分满意的事情。还好经过沟沟坎坎，工资稍涨了点，这应该算一件喜事吧！泛黄的记忆，犹如倒带的影片，在我的脑海里胡乱穿梭，毫无章法，键盘上噼里啪啦的声响在耳边回响。

日月如梭，时光荏苒，转眼间我们已迈入了2011年。过去的一切琐事我们几乎还来不及整理与思索，却已被扔进了历史的垃圾堆里去了。可能社会发展的速度越快，我们越觉得时间过得快，越觉得有些焦虑，有些不知所措、无所适从，不知这种想法是否正确。

最近我越发感到过年没什么意思，尽管我们的物质生活比以前好了不知多少倍，但却很少能找到真正的快乐，似乎老了很多，不只是人，更是心态，变得麻木了许多。小时候一块腊肉、一把玩具枪、一件漂亮的上衣能让我们高兴好几天。现在能有这样的体会吗？我们的快乐在哪里？相反我们有了越来越多的不满足，谈论的话题大多是金钱。没完没了的房子、车子、票子。房子，有了一套要两套；车子，有了一辆要两辆；票子，有十万要百万，没有尽头。几乎没有人能超然于对物质的狂热追求，也许因为过去我们实在是太过于贫穷，以至于一旦初尝物质享受和财富的神通后便不顾一切疯狂追求——如同蚂蟥见了血。而我们的国家和社会过多地强调GDP，保增长，又加剧了这种蜕变。

我作为一位中学的老师也难逃这种压力。看到家乡的父老乡亲一个一个都有房有车，年赚十万百万的，心里总不是滋味。每次别人和你打招呼聊天，不是问你教师行业多高尚多光荣，培养了多少人才，为国家作了多少贡献，而是问你工资多高，奖金多少，福利如何。——还是逃脱不了世俗的烦扰。当然不能把做教师作为赚钱的工具，可是我们始终都是凡人啊！于是我们无比地困惑，我们的方向在哪，前途在哪？不是追求金钱，那只有教好我的学生。可是现在的学校教育还有一块洁净之地吗？还是原来的象牙塔吗？也都被物质化的紧箍咒套着——花钱补习，请客送礼，花钱买辅导资料、电子学习工具，似乎一切都离不开金钱。我们没有人才培养的长期战略，没有人才培养的理念，有的老师干了一辈子都不知道什么才是真正的教育，充其量只是个教“书”匠，而不是教“人”匠。渐渐地我们失去了方向，变得浑浑噩噩，找不到除金钱以外的快乐！

每年的春节联欢晚会我都从头看到尾，今年也不例外，可是让人大跌眼镜的是，我的偶像赵大叔在央视表演的小品《同桌的你》所表现的主题，实在不敢恭维。该小品讲述了王小利在多年后带儿子小沈阳拜访小学同桌李琳，一封情书却引来李琳老公赵本山的诸多误会。这封笑点十足的“情书”可谓是整个小品的最大亮点，引起现场观众笑声不断，搞笑台词层出不穷：“我 20 岁，但我虚岁 16”“我们一起走进苞米地，此处省略 72 字”。暧昧的情节、老套的人物关系，尤其是所谓的笑点十足的“情书”中的几句台词，更是雷死人不偿命。“我 20 岁，但我虚岁 16”，这不是典型的“二傻子”吗？剧本作者和演员是自己傻得可以，还是借此侮辱观众的智商？“我们一起走进苞米地，此处省略 72 字”，简直无聊透顶、恶俗不堪！如果这便是该小品的“最大亮点”，那么这个小品的品位还真高不到哪里去！姑且不考虑他赚了多少银子。为何春晚总是拿肉麻当有趣，拿“黄段子”当幽默，更重要的是我们似乎觉得现在可以信赖的公众人物越来越少，难道此时你还没觉察到金钱的魅力、人性的软弱吗？

小到一个人，大到一个民族、一个国家，除了物质繁荣外，还要有点精神，这是增强国家凝聚力的根本。没有它，人便只是一具躯壳，国便不能成为一个强国！

（原载于中国教育新闻网）

8

一场同学会风波的贫富差距之痛

这是“五一”期间我亲历的一件事，在一场热火朝天的同学聚会中，突然发生戏剧性的一幕，一位同学愤然宣布退出这个“虚伪冷漠、假情假笑”的班集体，让聚会戛然而止。

那个场景跟小说、电影中的情节一样，上午在酒店报到后，大家寒暄拍照，中午在餐厅把盏，大学毕业25年的同学，近30人围坐了一大桌，言笑晏晏，充满了温馨与欢乐。酒过三巡，每个同学致词时，有位同学照例深情回忆了一番同窗情谊与校园往事，末了，他拿出一个塑料袋，说他还有很多话要说，事先已准备好了，写在给同学们的一封信中。这时，全场响起热烈的掌声，大家为他的用心细致感动叫好，期待那些温暖的未尽赠言。

他从容不迫地分给每位同学一封信，然后转身离去。有同学意识到了什么，拆开信一看，傻了眼，这不是感情信，是一封绝交书。原来，他曾因生意上的事，找过两位要好的自认为有能力帮他的同学借钱周转，没能如愿。于是，失望的他认为所谓的同学情在困难的试金石前不堪一击，同学会不过是给了“成功者”一个炫耀的机会，他厌恶这种虚伪。

他毅然决然离开的身影，定格下来的是寂静与沉重。以前见过这样的报道，一些同学会往往变味，沦为“成功者”的舞台，成了部分人的狂欢；没想到却不幸见证了这样的尴尬，让人感到悲哀。

不能不说，这场同学会的插曲，从某个方面看确实是社会万象的一个投射。这个时代给我们提供了史无前例的成功机会，很多人跟我的一些同学一样，凭借百折不挠的奋斗，取得了成功，挣的钱花都花不完；也有不少人跟我的另一部分同学一样，因各种条件所限，历经艰难却收获不大，每天要为生存奔波，为将来养老的不确定性忐忑。虽然从宏观而言，时代赋予每个人的机会是平等的，但个人的际遇与能力又是不一样的，不能简单地认为那些没成功的人是能力或努力不够，这样的认知有失偏颇，也解决不了现实中的差别问题。市场经济的优胜劣汰，造成强者恒强的马太效应。成功者会追求更多的成功，鲜有想到去拉他人一把，贫富上的差距进而造成心理上的落差，并埋下矛盾的隐患。

当然，大多数的成功者都离不开自身的奋斗，我的这些同学同样如此，他们出身草根，没什么背景与资本，绝大多数都经历过下岗再就业的艰难，经过不懈努力，一些人才事业有成，他们的成功令人尊敬，也值得祝福。让我感到忧心的是，那位写信的同学，因为自身的挫败感，在信中流露出的“怨恨”已近于诅咒。一个受过高等教育的人，尚如此非理性地看待别人的成功与自己的挫折，也难怪网络上充满了一些仇富的语言。这或是当今的某种现实：贫富差距造成阶层的分化与心理上的落差，一些底层的人因困顿窘迫，心生怨尤，成功者却在春风得意中对这些浑然不觉，一心追求着更大的成功，根本不会去顾及因高调张扬、因自私自利对他人造成更大刺激。

自古有言，一家饱暖千家怨。成功者或认为他们的成功是理所当然，没有借钱给他人的义务，并以“救急不救穷”的理由来漠视他人的帮困诉求，因此互利互惠、锦上添花的多，单向助人、雪中送炭的少，但终究回避不了他人内心积蓄的失落情绪，这种负面情绪一旦发作，就会导致相互的伤害。这两天通过做工作，那位写信同学的心情得以平复，他认识到自己的以偏概全与过激。但我想，那些同样心怀失落的底层人群，又该如何抚慰他们的心灵？先富起来的人们该不该有些担当，在帮他人致富上尽点社会责任？如何调节收入分配上的差距，以弥补或填补不同阶层之间的心灵裂缝与财富鸿沟？我想，这还有待各方探讨。

9 好教师当如出色的"根雕师"

古人云："善救物者无弃物，善救人者无弃人，唯有春风巧着力，朽木也能成绿荫。"认真研读习总书记在2014年的教师节关于教师的精辟阐述："教师重要，就在于教师的工作是塑造灵魂、塑造生命、塑造人的工作。"我感受更深，作为一名教师，引以为自豪的同时却又感到任重道远：一个好教师当如一位出色的根雕艺术家。

匠心与慧眼

一段树根或埋入地下，或弃于荒野，或焚于炉灶，或碍于路上。而在根雕师的审美视野里，它们便具有残而不废、缺而不亏、雅而不俗的特点。正是这种奇怪局限的、似与不似的物态，给人提供了一个巧借自然的创作空间。

一所学校就是一片"根园"，我们期望这园里的每一个树根都是天然艺术品，可是结果总会有一些不合意愿的"枯枝残根、歪瓜裂枣"存在，人们常常摇头叹息，认为这些不顺眼的学生是"朽木不可雕也"。但在好教师眼里任何一个学生都是一笔宝贵的财富，都有可供塑造的空间。

施艺与施教

每一位根雕艺术家，尽管艺术修养不同，技艺上的特长和表现手法各异，但都要在尊重树根天然形态美的前提下，去发挥自己的创作才能。一位出色的根雕艺术家会因势象形，把根的自然美和雕刻美巧妙地结合起来，精心地打造每一个树根："巧"在他去留有道，桀骜反叛的"侧根"留而刻之，便成了精华所在，富有灵气，成为"亮点"；"妙"在他因型而造，依其天性，顺其自然，奉献给人们大自然的多姿多彩。

一个好教师，就应该像根雕艺术家一样，坚信"天生我材必有用"。所谓“坚车能载重，渡河不如舟；良马行千里，耕地不如牛”，器物各有专用，人物各有短长，只有扬长避短，以长补短，才能人尽其才，物尽其用。世间皆无“废物”，更无“废人”也。在倡导学生个性发展的今天，“好教师”会用“多把尺子”来“巧妙”丈量学生，用爱心、知识和智慧点亮学生心灵，帮助学生扣好人生的第一粒扣子。

耐心与爱心

根雕的过程讲求“三雕七磨”的耐心，即以模拟根自然形态的磨制方式为主，以少量、局部的雕琢为辅，使雕磨过的部分和根的形态尽量融为一体，不露雕琢痕迹。有时，为了一件作品，根雕者需要花几年的工夫。

每个孩子都是“世间唯一”。不同的孩子会因遗传因素、家庭教育、社会经历的不同形成不同的学习基础和个性品质。好教师会用积极乐观的眼光来欣赏学生的天性，用足够的爱心和诚心把每个学生雕琢成一件根雕艺术珍品。老师的爱心，表达的是对孩子的关爱与精心护佑；老师的诚心，传递的是对孩子的尊重与责任。好教师当以“仁者爱人”之心从事“雕琢”的事业，去帮助学生筑梦、追梦、圆梦，实现学生自己心中的中国梦。

淡泊与宁静

落拓的艺术，清贫的教师。艺术品要想实现其真正的价值往往有一个“藏在深山人未知”的遭遇。而作为教师，其职业幸福感，来自教师对学识、能力等素质升华的渴望，来自教师在平凡的工作中享受为师的快乐。“成功不必在我，奋斗当以身先。”无论是一个誉满神州的根雕大师还是桃李满天下的好教师，都需要有执着的“尖茅草”的精神，都需要“板凳坐得十年冷”的定力，都需要“挖一口属于自己井”的战略眼光。只有淡泊宁静和有为有弗为，才能掌握“剔不足”、“补缺憾”和“展其长”的“雕”的艺术。

“传道、授业、解惑”是我们教师的神圣职责，如果我们把教书育人当成根雕来经营的话，我们一定会有很多“精品”新鲜出炉。

（原刊于《黄冈日报》、《湖北日报》、中国教育新闻网）

10 “部编本”语文教材这么做就对了

9月初新学期开始后，全国将有数百万小学生和初中生使用“部编本”语文教材。“部编本”是指由教育部直接组织编写的教材。据“部编本”语文教材的总主编、北京大学的温儒敏教授介绍，之所以要编“部编本”，是因为现有的“一纲多本”教材质量参差不齐，“部编本”能起到示范作用（见2016年8月18日《人民日报》）。

记者采访“部编本”主编温儒敏教授，温教授介绍“部编本”语文教材最突出的特点就是增加了传统文化篇目。

近年来关于语文教材之微词屡见于媒体端，最大的问题莫过于“轻传统、重现代”和“崇洋媚外”了。教材编写的确不是件易事，但抓大放小并非难事。

笔者两次参加人教版统编英语教材的编写和修订工作，对于教材编写和修订略知一二。教材编写有六项基本要求：教学思想体现“宽”，教学目标控制“适”，教学要求注重“用”，教学重心放在“能”，教学内容反映“新”，教学实施适应“活”。语言学科在体现“新”上较为容易——这个“新”不是前沿，而是定论。可在如何对待传统的“旧”，编写者的态度截然不同。一者认为可推陈出新为教学的灵活性预留接口，另一者认为世易时移，教材应该有明显的时间信号和接口。不过有一点大家的认识都是一致的：好教材不在于覆盖多少知识点，而在于能够运用多少知识点。好的教材类似美味，差的教材类似冷拼。

为何现在的语文教材饱受诟病呢？一个不争的事实就是，不管哪个版本的语文教材在对待传统文化上都或多或少出现偏差：古诗文被砍、鲁迅作品被××替代。

其实，教材须“瘦身”，但古典诗文非“赘肉”。越是民族的，越是世界的。中华民族的传统文化经过几千年的洗礼，其中蕴含的深意值得现代人仔细推敲。中国古典诗文，是中华文化最富内涵的精髓，是最为含蓄凝练地表达思想感情的文体之一。说开了，语言的问题，不仅是功夫的问题，还是境界的问题。学习中国诗文能够显著而有效地提高人的语言感知能力，可以提高一个人的艺术修养水平。相比于课本中新增的那些“时髦”作品，古典诗词歌赋的德育和美育作用更为明显，更有利于文化基因的传承。简单删减带有传统文化符号之一的古诗文，就会犯“把洗澡水和婴儿一同倒掉”的低级错误。

前段时间笔者随人民网“新丝路中华文化推广及属地采风团”到南亚，在印度泰戈尔故居前导游边讲解边把印度和中国作比较，其中有几句引起了我们一行的思考。“你们是一切向‘钱’看，我们是向自然看；你们是删减鲁迅的文章，我们是增加泰戈尔的诗篇。”无独有偶，去年我们访问列夫·托尔斯泰故居庄园时看见玻璃罩里，展开摊放着一本1903年英文版《道德经》，书中空白之处，密密地写满俄文，是托翁手迹。他曾经深受老子与孔子思想的双重影响。道、仁和兼爱是托尔斯泰感受中国智慧的基石。他对儒家的修身齐家、中庸之道，道家的无为、克己谦恭和佛家的慈爱众生倍加推崇。他后期对人性思考的卓越著述《复活》应该是中俄文化结合的一抹惊艳。据导游介绍，直到今天，所有俄罗斯15岁左右的孩子都要学习《战争与和平》和《复活》中的精彩内容，这是国家教学大纲所规定的必修内容。

再说，传统文化中的“未知生，焉知死”“天行健，君子以自强不息”的顽强抗争精神；“力行近于仁”“行重知轻”的知行合一观；“天下兴亡，匹夫有责”的爱国主义精神；“朝闻道，夕死可矣”的追求真理、勇于奉献精神；“老吾老以及人之老，幼吾幼以及人之幼”尊老爱幼的伦理规范，等等，对现代人格的塑造也是非常可贵的。

我国传统文化源远流长，博大精深，影响着中国历代优秀人才的培养，有着极高的教育价值。教材的编制和取舍关乎民族的未来，不应随意删减包括古典诗词在内的经典篇目。从这个意义上讲，即将投入使用的“部编本”语文教材，增加传统文化篇目是正确的选择，能够触发孩子对传统文化的敬畏之情，呵护并不断激发孩子身上的“诗性”，从古人智慧中汲取营养，并起到引领、辐射其他版本教材的作用。

（原载于中国教育新闻网、荆楚网、凤凰网）

11 不可坐视教育人才“东南飞”

开学将近，本地很多优秀教师都离开原学校，辞职跳槽。据报道，在过去的十几年中，笔者所在的黄冈地区“东南飞”的教师就有近五千人。这让师资原本就捉襟见肘的学校雪上加霜，也让关心教育的人忧心忡忡。

故园难舍，故土难离，这些“有两把刷子”的老师缘何义无反顾地“东南飞”呢？笔者了解得知，他们有的是因为“工作努力却一直没有价值体现”；有的是认为“树挪死，人挪活，要去找寻自己的幸福生活”；有的是觉得“能飞走的就是能人，留下来的都是没本事的”；有的是“为了孩子的前途和命运”；等等。

在市场经济体制下，人才自然会产生流动，我们钦佩那些仍然在乡村耕耘的教师，但也要尊重一些人的别样选择。据说，“一听说是湖北黄冈来的教师，深圳家长就会两眼发光，觉得把孩子交给他们，就离名校不远了”。黄冈教师在外地成为“金字招牌”，也印证了“是金子哪里都可发光”的名言。

可是，优秀教师“东南飞”说明了什么呢？

其一，教师薪酬较低是一个绕不开的话题。长期以来，“再穷不能穷教育”在一些地方只停留在口号上，工资待遇不高是优秀教师外流的一个根本原因。前年，湖北省出台的“骨干教师”政策，按照15%的比例评选骨干教师，评上的教师每人每月发放600元津贴。然而，由于有的骨干教师是“一言堂”的结果，导致这一举措饱受争议，反倒让一些老师萌生去意。

其二，有些学校的管理存在缺陷。少数“一把手”视学校为自己的一亩三分地，一些有思想、有方法的好教师长期无法施展自己的拳脚，这样一来他们又怎能不跳槽？当然，“素质教育轰轰烈烈、应试教育扎扎实实”的现实，也消解了年轻人的工作热情，撩拨着他们“世界那么大，我想去看看”

的心。

古语云，“国将兴，必贵师而重傅”。如何才能让欠发达地区的教师“留得住，教得好”呢？

首先，强调“个人奉献”没错，但不能弱化“教师待遇”。发展地方经济，提高教师待遇，是留住优秀教师的最佳途径。近年来，地方政府的确为教育做了一些工作，成效也很明显，然而要让“孔雀”不再“东南飞”，我们还必须切实落实教育法和教师法，提高教师待遇，使其所得与付出相匹配。

其次，教育主管部门和学校要改变工作作风，让教师保持对教学的热爱，并在学校寻得归属感。教育教学管理要做到“心中有教师，眼里有细节”，成为尊师重教的先行官和旗标，让校园成为真正的“人才乐园”而不是“人才故园”。

再次，对优秀教师的“飞走”，当地政府和教育部门应深刻反思。让校园成为“人才天地”而非“人才基地”有很多内功要练。教育主管部门理应承担起监管职责，规范评选程序，让当选者心安理得，落选者心服口服，经得起舆论的评判，把“情感留人”做实。

只有激活用人机制，提高教师待遇，让有志于献身欠发达地区教育事业的人才既能得到经济实惠，又能受到社会尊重，才能从根本上解决优秀人才“东南飞”问题。

（原载于中国教育新闻网）

12
基础教育亟待化解的“多”和“少”

基础教育，说开了，就是一个人在成长过程中为了获取更多学问而在先期要进行的学习阶段，是成长过程中的关键期。如同盖房子先要打地基一样，垫什么样的底，就会建什么样的楼。三尺讲台系国运，基础教育“不仅是国计，更是民生”。然而现在的基础教育不尽如人意，为何？梳理后不难发现，基础教育的六“多”和六“少”现象阻碍其良性发展。

课改新词多，守住常识的少。的确，针对时下基础教育的弊端，一些改头换面的、颇具颠覆意义的词汇一个一个地冒出来，比如“自主”“合作”“探究”等。这对于改变教育教学方式、强化学生主体意识具有一定的促进作用。可是略作思考，难道“不愤不启，不悱不发”的启发式教学就排斥“合作探究”了？非也。每次课改，一些所谓专家习惯“语不惊人死不休”，创造与众不同的“理念”，打出自己的旗帜，换汤不换药。其实，课堂教学是“有心栽花花不开，无心插柳柳成荫”，学生是一拨一拨儿的，教师的教育教学方法因学情而异，“教无定法，贵在得法，立足课堂，自觉觉人”才是王道。除了更新教学理念和新的教学技能，那些虚头巴脑的名词无论如何包装都不过是“假把式”。

课程开设多，真正落实的少。进入新世纪后，实用技术、劳技、阅读写作、地方课程、法制安全、心理健康、大课间等增设课程层出不穷。但是相对于数量的不断递增，课程理念、师资和设备都相对滞后，容易出现教育教学九龙治水、合力难聚的现象。细化的科目意味着分解责任，也造成了知识的碎片化。任课老师本着“多一事不如少一事”的原则，即使是可以随口渗透的知识点也会吝惜传授。在笔者看来，科目设置应以“优化学科结构，加强知识类型的均衡选择”为原则。一些科目可以植入其他科目之中，像实用技术和劳技、法制安全和心理健康等完全可以合并，没有必要将其创出来单独另设。

处理教师的多，处分学生的少。这些年来，殴打教师的恶性事件频频发生。令人寒心的是，事件过后，教育部门无一例外地把板子打在了教师身上，而那些不良学生仍旧“逍遥法外”。因为只有这样才最省事，才能迅速地息事宁人，化解外界的不满。在多重“夹击”下，现在的教师行使管理学生权甚是不易。但是，作为教育行政管理人员，不能为了尽快“灭火”而不主持公道，更不能因为怕事、怕麻烦而不为涉事教师争取公道。这种困境束缚了教育发展，对此，应尽快推动“教师职业保护法”的立法工作，保护教师在职业范围内规范行使职权。

专家和名师多，安心“蹲地头”的少。近年来出于政绩的需要，教育主管部门对教育好坏的评价往往“以结果论英雄”，直接或间接“打造”一批专家和名师。当然这其中不乏佼佼者，但更多的是在非自然状态下成长起来的名师。很多专家和名师热衷于南来北往地“跑场子”，不安心“蹲地头”，往往“教别人种田，荒了自家的地”。每个人拥有的时间是固定的，场子跑多了，哪来时间“自我充电”呢？毕竟专业才是教师的立身之本。

教师工资法理上多，区域内横向比较少。多年来，党和政府高度重视提高教师待遇，“教师工资不低于公务员”的口号喊了二十年了。用“口头上的宠儿，事实上的弃儿”来形容这一口号丝毫不夸张，每到年终兑现工资，就会出现教师集体讨薪，缘何？其一，津贴补贴部分，公务员可发，但说到教师就要暂缓，公务员虽账面工资总额低于教师，可一些地方公务员巧立名目多发几个月，实际收入就比教师高。其二，即使在教育系统内部，有绩效工资成了“官效”工资的，有住房公积金按总额百分比计算的，亦有剔除绩效工资而按百分比计算的。一句话，教师工资“缺斤少两”的现象年年发生，待遇偏低更使得教师招考“遇冷”。相比而言，公务员招考人人挤破头，不乏高学历、名校毕业生；而教师招聘时往往是门可罗雀，偏远山区（县）还招不满。2015 年 6 月，甘肃会宁警察招考引发的教师离职潮即是对比最好的注解。

关注名校名师的多，关心村小草根教师的少。约莫十年光景，一些省城和地市主城区名校有钱就任性，“虹吸”地方优质师生，高歌猛进，“客大欺店”地迫使教育行政主管部门为其“锦上添花”，学校硬件超标准配置。与这些“不差钱”的优质学校相比，一些“村小”和“麻雀学校”举步维艰，稀缺优质师资“下不去，留不住”，鲜有人去关心村小教师的住房、医疗等实际困难，导致生源流失，学校慢慢萎缩。原本是乡村文化传承的高地，渐渐变成了“普九最短板”，沦为教育的“洼地”。其实，“村小”才是最值得雪中送炭的，无论是教学设备的添置，还是长期在“村小”执教的草根教师的生活质量，都不能被忽视。毕竟教育被视为农村孩子通向美好未来的钥匙，而掌握这把钥匙的是伴随他们成长的教师。有“村小”在，乡村的精神生活便不再贫瘠，薪火相传、传统赓续就有了依托。

当然，疏解这几个“纠结点”，不可能一蹴而就。既需要顶层设计制度的“给力”，也需要地方政府和教育行政管理部门的“齐发力”。一句话，基础教育办得好不好，关乎社会文明与活力，也关乎社会公平与正义。

（原刊于《中国教师报》2016年10月19日）

13 快乐课堂不是硬给学生“挠痒痒”

快乐教育最终的落脚点是课堂，而教师教的愉悦和学生学的快乐产生于师生之间思维的相互碰撞与和谐“共振”。快乐课堂简约深刻，教略学丰，不仅富有感染力，同时也给师生留下思考和回味。

快乐课堂是实惠有意义的课堂。

要让学生“进来以前和出去的时候有变化”，那么作为执教者就必须往“让孩子们学到新知识—锻炼能力—获得情感体验—产生进一步学习的强烈要求—主动投入到学习中去”的方向走，而这些均是因班因人而异。所以老师必须做到既不完全预设又要及时生成情感智慧。

快乐课堂应是鲜活的有些“节外生枝”的课堂。

快乐教育的课堂不是降低课程标准，不是减少教学环节，不是减轻智力负荷，更不是坡上放羊，而是有其教学内容和教学目标的规定性。教师课堂教学的基本任务就是通过自己的教学活动，使课前预设的不同维度的教学目标一一达成。然而，课堂的价值和魅力远不止于此。一堂课不应也无法完全是预设内容的再现，有时是教师的有意延伸拓展，有时则是学生无意的“节外生枝”。在这样的课上，学生自然会既有计划内的收获，又有计划外的得益；课堂教学既有有心栽花的繁花似锦，又有无心插柳的岸柳成行。

快乐课堂理应是有些缺憾，留有瑕疵的课堂。

一方面，教师认为的快乐课堂不一定是孩子们想要的快乐；另一方面，真正的快乐课堂是不可复制的。快乐课堂不是刻意求新、一味求活，而要在求真、求实上见功夫，一切从学生的实际出发，精心组织和开展切实有效的教学活动，让学生在知识累积、能力提升和积极的情感体验等方面都有实实在在的收获和得益。

真正的快乐教育并非仅仅在课堂抖包袱，硬给人挠痒痒。它应该让孩子们感到既熟悉又陌生，既在情理之中又在意料之外。教师的教学语言既要有泥土气息又须具备书斋气息，而且能写一手好字，能设计一个好的多媒体场景等，这些都是教师必备的基本功。

苏霍姆林斯基在《给教师的一百条建议》中讲述了这样一个故事：一个在学校工作了 33 年的历史教师，上了一堂非常出色的观摩课，听课的一位教师问他："你的每一句话都具有巨大的思想威力，请问，你花了多少时间来准备这堂课?"那位教师回答："这节课我准备了一辈子，而且，一般地说，每堂课我都准备了一辈子。但是直接针对这个课题的准备，我花了约 15 分钟。"一辈子与 15 分钟，一语道出了教师备课的真谛。

（原载于中国教育新闻网）

14

感恩教育，别搞花架子

根据学校工作安排，近几年我参加了几次感恩教育活动，如：“孝行天下，爱进万家”“对话心灵，成就人生”“玉琢天成，与爱同行”等，每次演讲现场，学生们都被感动得热泪盈眶，喊出振聋发聩的口号。学生参加这样的感恩活动时，常会抱着自己的长辈稀里哗啦地泪如雨下，过后我问他们：“感觉如何？”他们说：“仅在当时激情澎湃，现在依然如故。”另外一个性格内向的孩子则对这种形式“感觉很不爽”。

“借得大江千斛水，研为翰墨颂师恩”，无论师恩还是父母恩，都需铭记在心，以待日后回报。感恩教育从孩子抓起，不无必要，可是如果搞成一种道德绑架式的作秀，一种模糊事理的狂欢，像精神传销似的，不利于常态化天天践行。受教育那三两个小时，母子或父子相抱，哭得泪如雨下，过后，则风平浪静，涛声依旧。

当我们在感谢演讲者带来心灵风暴的同时，也一定要剔除内在的糟粕。感谢他唤醒了我们内心中的某种沉睡，然后，深入思考。

其一，功利化。学校把学生老师家长组织起来，聘请专门的感恩教育专家施放“催泪弹”，演讲者讲得酣畅淋漓，学生听得热情澎湃。配上感人的背景音乐，孩子和父母在台下同听，人们忍不住飙泪。不仅只有听演讲，还有行为表演。或者让学生高呼爱父母爱老师，或者让学生当场向父母向老师下跪。每每动情处，满座皆掩泣。看着这么多年轻人泪流满面、疯狂忏悔的场景，我终于明白人是那么容易变成玩偶而不自知，且让家长都有这么一个错觉：我们的感恩教育多成功！

其二，庸俗化。操场上，状若沙场秋点兵，千人洗脚。父母在座，孩子端盆给父母洗脚，那种表演意味就更浓了，感觉是“孔雀开屏”般肤浅。不是洗脚不好，是感恩教育动辄就洗脚不好。当我看到千名学生，在这位所谓的教育专家的指挥下齐刷刷地低下朝气蓬勃的头颅，向在场的所有老师鞠躬的时候，我觉得这是“杯具”。这些脑袋当中有的或许刚刚还产生过叛逆的思想，咒骂过某老师的“恶行”，批判过教育对自己的伤害，现在却在“感恩”的名义下，被彻底清空。他们将老师修饰成了一个虚幻的概念物，然后，对老师鞠躬下拜。

其三，虚假化。布置诸如洗脚等家庭作业，让很多地方的感恩教育似乎总和洗脚画上等号。正如孩子的学雷锋活动，似乎总和孩子到敬老院扫地、给老人梳头等画上等号。当好事成了程式化，就不算是好事了。

如此，昙花一现，富有表演性，煽情意味重，值得我们深思，至少我认为感恩教育，应该做好以下几点：

一是别搞花架子，感恩教育说得再多，不如做得更细。多换位思考，多念及别人的帮助，感恩之心自然发芽，感恩之行自然不远。糕点好吃，但不能替代家常便饭。感恩教育的形式，要细化到人的举手投足中去。人感恩的心态，应该伴随人一生的，而人的一生，显然不能天天靠表演进行。譬如，父母的生日，让孩子记住日子，并到时向父母说句“生日快乐”，这就是感恩。又如孩子自己的生日，先别忙着张罗同学来庆贺，要记得首先感恩父母给予自己的生命和养育之恩。感恩的行为如呼吸，不动声色，细若纤毫，却伴随一生。

二是师长携手给孩子一个感恩教育的范例和环境，潜移默化最关键，静水流深更长久。好的教育方式一定是身教，而不是说教。师长携手，用感恩的心态、感恩的行为，给孩子一个好的感恩环境：教师也在传达感恩。每位教师在自己的工作和生活中，要首先成为一个知恩感恩的人，用行为引领教育。同时要在教学中紧跟时代，多利用社会上的正能量素材丰富学生思想品德教育的内容，让感恩教育常态化。家长更要表达感恩。家庭是感恩教育最好的场所，人员结构丰富，时时发生发展的家中人和家中事，都是教育孩子感恩的良好素材。孝亲敬长尽好为人子孙的本分，是感恩；互帮互助说声谢谢，体恤别人的付出，也是感恩。农村俗话说得好，一辈做给一辈看，一辈一辈不失传。家庭之中感恩教育机会多多，细细碎碎，点点滴滴，润物于无声处。

三是感恩教育与其进行煽情式的作秀表演，倒不如和传统经典教育结合起来进行。近年来，多地开展了传统文化经典诵读活动，这些传统经典文献，其实是感恩教育的最好范本。读传统经典，让孩子懂得忠、信、孝、悌、礼、义、廉、耻，感恩教育自然水到渠成。当然，学习经典，要教会孩子批判继承，采取的方式依然是：取其精华，去其糟粕。传统文化是根脉，不管你觉得其中有多少不合时宜，但起码要让孩子们去了解它，并学会批判接受它。

总之，感恩教育别搞得太煽情，别玩些虚头巴脑的东西，须来点实实在在的干货。华南师大王晓丽教授坦言："这种感恩演讲不等于感恩教育。真正的感恩教育必须以学生理性地主动参与为前提。这也就是为什么我们不把'催眠''灌输''洗脑'等方式看作教育，尽管有时候它显得颇为有效。"

（原刊于《中国教师报》2016年12月9日）

15 微课缘何不受教师待见

“微课”，顾名思义，就是微型课堂，是指教师在课堂内外的教育教学过程中围绕某个知识点或技能等单一教学任务进行教学的一种教学方式。与传统课堂相比，微课具有“位微不卑”“课微不小”“步微不慢”“效微不薄”四大优势。

然而，在实际运用中，一方面，很多不明就里的家长不惜血本到一些教学资源网站充值下载一系列微课视频，让孩子假期在家消化这些“网红”“大V”的微课；另一方面，由于微课属于无生上课，和师生都在场的课堂有很大的不同，很多教师并不买账。

家长和教师对微课的评价之所以不同，主要是因为两者对微课和课堂的认识存在差异。

其一，在教师眼里，课堂的生成是随缘而进、顺势而为，并非“彩排”。

细查各教育网站微课，绝大多数偏向于游戏式、猎奇式和一些浅显的表现方式，犹如一个“重口味”的教学大卖场。

如同饱受诟病的优质课一样，微课为了“微小力大，四两拨千斤”，特别强调生动性、互动性和趣味性。为了追求授课形式上的引人入胜和人性化，微课不得不在教学形式和技巧上下足功夫。这本来是好事，但不幸的是，微课把本应一气呵成的深刻讲解，硬生生地切割在很小的时间单元里，知识与思想的传授失去了连贯性、逻辑性和深刻性。一句话，微课更像是表演而不是教学。

其二，过度的技术介入，是课堂的灾难。

微课的开放性使得准入门槛较低。而为了迎合不同层次的学习者和所谓的“深入浅出”，授课教师被迫对较为深奥的问题进行庸俗化、表面化、肤浅化的解释。

其实，微课能提高学习者的学习效率，这只是开发者一厢情愿的想法。试想，教师能为数百甚至上万人提供个性化的学习辅导和作业批改吗？显然不能。微课能做到的，无非是试图穷尽一切可能的问题与答案，然后菜单式地提供给学习者。

更重要的是，微课不能关注孩子每一个微变化。学生的成长过程也是接受肢体语言的“熏陶”、利用恰当的时间“反刍”、不断“顿悟”的过程。无论什么样的教学方式都应该关注受教育者的人格养成，而这一点恰恰是微课最大的缺陷所在。

诚然，微课最大的意义就是打破了优质教育资源的垄断性，使得人人都具有接受优质教育资源的可能性和条件，是时代发展进步的表现，但教师也应警惕对网络技术的依赖与崇拜，从小处着手，创建属于学生的真实课堂。

（原载于中国教育新闻网）

16 学校自我炒作背后是片面“政绩观”

最近，高校自主招生结果相继出炉，很多重点高中也在公布提前录取学生名单。本地的很多名校都在进行各种形式的庆祝，好不热闹。我们看到，身强力壮的汉子拖着“热烈祝贺某某学校再创辉煌”的移动牌匾，吸引着路人的眼球；电视台移动字幕你方唱罢我登场；更有“创意”者，则暗示、鼓动已经录取或有望进名校的学生的家长，到学校指定地点燃放烟花爆竹。

说实话，每年这个时候，笔者的心情都会有点复杂，为人们评价学校办学时缺少最基本的理性而失望。

学校为上一级学校输送优质生源，当然可喜可贺，可以通过校内音频或视频系统，祝贺考生本人，激发其他学生的学习热情。而自我炒作就不一样了，这是片面的“教育政绩观”在作祟，在有些教育行政管理者眼中，自主招生提前录取的成绩是宣扬自身声望和“政绩”的绝佳素材，乘机炒作可以实现“一俊遮百丑”的目的。

对学生而言，中、高考是人生重要的岔路口，无论考前还是考后，考生的压力都特别大。笔者当年参加高考前，四月底还有一次考试，叫“筛考”，“筛考”是一种形象的叫法，凡是参加高考的学生必须通过这次考试，否则就会失去高考资格，十年寒窗也就白费了。这是一种特别残酷的考试，幸而后来被废止。反观当下，一些学校考试后大张旗鼓地搞“火树银花不夜天”，这真是顾此失彼，有违“公平对待每一个孩子，不放弃每一个孩子”的教育理念。

这也说明很多教育者重视“术的精深”，而忽略了“道的广博”。考得好值得表扬，但也应关注根本没资格参加自主招生考试的考生或者落榜生。学校应该告诫学生，天道酬勤，只要努力付出，鲜花和掌声总会到来。

再有，自我热炒“丰功伟绩”，危害显而易见——助长极端功利主义教育观，引发学校间攀比，助推择校风，加剧教育不公，甚至形成灰色利益链等，严重危害教育事业的健康发展。俗语说得好，“痒要自己抓，好要别人夸”。时下进入一所学校，看一眼宣传橱窗，经常有“学校走内涵式发展之路”字样，显然，前述自我炒作与“教育内涵式发展”极其相悖。

（原刊于《中国教育报》2016年4月28日，人民网、新华网予以转载）

17
做一只“优雅的刺猬”

我不是一个喜欢锐利的人，对刺猬之类的并无好感，而“优雅的刺猬”于我却是例外。准确地说，我是被一句话给击中的。

那年夏天的晚上，看法国电影《刺猬的优雅》，小女孩芭洛玛说：“米谢尔太太让我想起刺猬，浑身是刺，防守严密，但我感觉她只是故意装得很懒散，其实内心跟刺猬一般细腻，喜欢孤独，优雅得无以复加。”“刺猬”与“优雅”，毫不相干的两个词却产生了一种奇妙的组合。

这部电影改编自妙莉叶·芭贝里的小说《刺猬的优雅》，这部小说2008年出版，连续30周在亚马逊网站销售排行榜上有名，销售量已超过一百万册。小说故事发生在巴黎高档住宅区的一幢大楼内，这楼里住着国会议员、外交官、律师等上层人士，而小说主人公——米谢尔太太，只是这幢大楼的门房。门房，即公寓的看门人，地位低下。米谢尔太太年老、矮胖，相貌丑陋，再加上故意显示出的邋遢、粗鲁，很符合人们心中的门房形象。而人们果真被她的外表给“骗”了，其实米谢尔太太学识渊博、酷爱读书，只要一躲到有满架书的密室，就会如饥似渴地钻研历史、哲学、政治、社会、经济等。她偏爱司汤达和托尔斯泰的作品，一不小心会冒出一两句作家名言。她对中世纪的哲学、近代康德的哲学、当代胡塞尔现象学都有所涉猎，并有自己的独特理解，她能与博士候选人就哲学问题平等对话。

读书，让一个从未上过学的老女人变得如此智慧，让一个平庸卑微的生命有了不一样的光辉。民谣歌手周云蓬说：“走得再远，也是困守在自己的监狱里。只有好书，能为我们提供越狱的机会。”不读书的人，永远只能生活在一个世界里，和周围有限的一些人打交道；而读书人可以生活在两个世界里，能从容地从现实世界抽身而走，进入精神世界，与古今中外的贤人智者会晤、对谈。读不读书，会影响一个人的面相。人的脸常常有他日常所触之物、所交之人的痕迹，亲近草木者多有飘逸淡然之神采，而混迹股票市场者多有躁郁轻浮之气色。在一堆人中，读书人的脸很容易被辨认出来，大多和悦喜乐，蔼然可亲。

门房工作多有闲余时间，但并不是每个门房都能将闲余时间用于读书，“米谢尔太太”这样的只是凤毛麟角。我遇到过很多保安，也有闲余时间，但可惜我所见到的多为抱着小电视而目醉神迷者。有闲暇但不会用来读书，也是我们很多老师的特征。教师工作自然很忙碌，但忙碌之外也有闲暇，周末及寒暑假就是读书好时光。即便在日常工作中，忙碌也不能成为不读书的借口。有些老师越忙越不读书，越不读书越忙；而有些老师越忙越要读书，越读书越悠闲。这是态度迥异的相反运动，时日越久，差距越大。清人张潮说：“能闲世人之所忙者，方能忙世人之所闲。”事若求全无可乐，人非看破不能闲，多一分禅悟，就会多一分对书的亲近与敬重。

《刺猬的优雅》中还有一位重要人物，就是 12 岁的小女孩芭洛玛。她出生于有钱有势的贵族家庭，父亲是国会议员。但早慧的芭洛玛看透了生命的荒谬与空虚，嫌恶家人的庸俗习气，她秘密计划于 13 岁生日当天自杀，并且烧掉父母的豪宅。但她在与米谢尔太太的交往中，渐渐发现“我的那些无聊的计划，只不过是无忧无虑生活的奢侈，只不过是一个富家小姐觉得好玩、觉得有趣的理性想法罢了”，她振作起来，直面人生，开始探询生命的积极意义。芭洛玛在米谢尔太太的影响下挽回了性命，而米谢尔太太最终却因为一位乞丐而丧失了性命。为了从马路上拉回喝醉酒的乞丐，米谢尔太太被一辆货车撞上，当场死去。

主动选择的死亡，会让一个生命在刹那间被照得透亮。矮胖丑陋的米谢尔太太在一圈圣洁的光辉中，被轻轻托住，送往了天堂。我愿意将这场死亡视作一场预谋，而策划者是为了让我们能透过米谢尔太太的外表而触摸到她纯洁、善良、温热的心灵。毫无疑问，是读书让米谢尔太太的内心变得细腻而柔软、善良而仁厚。

借助阅读，刺猬也可变得优雅迷人，拥有细腻而柔软的心。优雅与刺猬，是美丽生命的两翼。浅薄乏力的优雅，会成为美丽的空壳；而充满敌意的刺猬，刺伤别人的同时也会伤了自己。在阅读中，保持生命应有的草莽气、江湖气，独立自守，不妥协于现实，但同时又能对世界温柔相待，以悲悯的目光抚摸这个并不完美的世界。

我愿做一只“优雅的刺猬”，从书斋中款款走出。

（原载于中国教育新闻网，人民网、新华网予以转载）

18 孩子们为何不感动了

近日，读到一篇中学教师的文章，说到给学生讲解朱自清名篇《背影》时的困惑：尽管讲得声情并茂，学生却似乎不为所动，反而对文中的父亲费力攀爬月台、穿过铁道，最后捧回几只橘子的举动提出质疑：“这是否属于违反交通规则?”

无独有偶，还听一位语文老师讲过一件事。她以《令我感动的一件事》为题给学生布置作文，结果发现大多作文内容空洞、言之无物，于是问学生，难道没有更让你们感动的事吗？学生纷纷摇头，她还不甘心，循循善诱道：“生病时，父母有没有连夜送你上医院，通宵守护着你？学习到半夜，是不是煮好了夜宵放在旁边……”这回下面活跃起来，大部分说有过，“那你们不感动吗?”课堂霎时又静了下来，忽然有学生说：“这都是理所当然的呀。”

为什么大人和孩子在“感动”上，会出现这样的认识偏差？孩子们有自己的思维方式，对师长不再言听计从、全盘接受，这也许并非坏事。作为在互联网中成长起来的新一代，他们对信息的掌握、对事物的理解、对新知的接受，常常令父辈自叹不如。但对“锄禾日当午，汗滴禾下土”“慈母手中线，游子身上衣”的体认，却也令长辈唏嘘不已。是孩子的感情之弦“松”了吗？

时代的改变，为孩子们提供了不同以往的生活环境。网络购物、外卖服务等新兴业态的勃兴，让生活简便到只需动动手指，家长用辛苦包裹“爱心便当”反而显得不合时宜；微博、微信等通信工具的发达，将感情传递变得言简意赅，“临行密密缝，意恐迟迟归”显得费劲又多余；父母长辈“独宠一人”，让不少孩子对接受别人的付出心安理得。这些生活境况之改变，让孩子们失去了对“苦味”感同身受的体验；无远弗届的互联网，也让孩子们难以感受曾经的分别所承载的牵挂与不舍。所以，他们难以理解父亲面对一道月台时的艰辛酸楚，无法体会这微胖背影、寥寥话语中所承载的深情。

如今，日益加快的生活节奏，也在不断压缩着感动生发的空间。在匆忙的脚步中，人们很难发现身边正在上演的动人场景；在现实的压力下，人们也越来越没有时间和耐心去细细品味正在经历的深情。有时，甚至连大人的精神世界也变得迟钝，自然难以传导给孩子对情感丰富而微妙的体验。更何况，还有一些家长将亲情关系简化成金钱与商品的直接交换，放松了对孩子情感世界的观照与引导，如此，又怎能奢望孩子们拥有丰富的情感触角呢？

古人云，“感人心者，莫先乎情”，只有让孩子拥有共情的能力，才能让他们拥有易于感动的心。无论是家庭还是学校，都需要为孩子营造生发感恩之心的土壤，积极培养孩子观察生活、体悟情感、感恩分享的意识。科技的发展带来的不应是人情的冷漠，物质的富足激发的不应是感情的贫瘠。要想不让爱的“背影”踽踽独行，就需要大人和孩子们一起，击破心中的“壁垒”，找寻失去的感动。

（原载于中国教育新闻网，人民网、新华网、凤凰网予以转载）

19
“一带一路”需要中国版的“跟我学”

9月底，第十届“海外人才与中国发展”国际学术会议在华中师范大学举行。海内外专家建议：围绕“一带一路”倡议更好地开展华文教育。目前海外华文教育受到一些因素的制约，如华文教师匮乏、教师队伍严重老化、缺乏适用性强的教材等。

“国之交在于民相亲，民相亲在于心相通。”要实现心相通，重在民与民之间的文化交流。随着“一带一路”倡议不断升温，中国与“一带一路”沿线各国的文化经贸交流愈发密切。在社会文化领域的接触也会更趋频繁。作为文化传播的落脚点，华文教育能让更多外国人了解中国，体会“一带一路”倡议中的“和”文化，同时展现“文以化人”的软力量。

首先，我们要有清醒的头脑，有足够被抵制、被排挤的心理准备。文化“走出去”是一种很美好的理想，实现这个理想并不容易。“一带一路”倡议中的中华文化的传播必须是平和浸润的方式，路途注定遥远。众所周知，孔子学院是我国在借鉴英、法、德、西等国推广本民族语言经验的基础上，探索在海外设立以教授汉语和传播中国文化为宗旨的非营利性教育机构，是中外文化交流的平台，是我国人民与世界各国人民友谊合作的桥梁，受到广泛欢迎。2014 年 6 月美国大学教授联合会称孔子学院是中国政府的“分支机构”，其教师选拔和培训都受“控制”，并被允许忽视“学术自由”。美方带着某些政治偏见故意抹黑孔子学院，从这个意义上讲，中华文化从“走出去”到“走进去”是一个非常艰难的过程。

其次，中华文化传播必须要降低身段，采用文化相融、共生共荣的方式去服务和交流。“一带一路”沿线不同国家的政治经济格局的差异，促使我们需要在更广阔、更复杂的空间中实现文化的“互联互通”。据报道，目前中华文化“走出去”除了组团交流，最主要的方式是通过孔子学院这一途径，而孔子学院教材的三个系列——文化读本、对外汉语和汉语与中国文化过于“中国化”。比如文化读本中的老子、孟子、孔子等名言精选对于国人来说都有消化不良的现象，更何况外国人，难以达到“四海之内皆兄弟、和而不同、以文会友”等目的。海外华文教育急需与时俱进、适用性强的中国版的《步步高》(Step By Step)。近三十年英语学习之所以在中国异军突起，大有倒逼母语之势，除了我们开放包容的教育政策以外，一些适应性强带有美英色彩的教材及教学模式起了不可估量的作用。

最后，伴随着信息化社会的到来，真实世界和虚拟世界的界限变得模糊，三维技术的应用使人们的感知能力越来越强，这是人类发展中崭新的时代特征。唐代的司空图讲：“超以象外，得其环中。”有如绘画创作中不是让人们在画面上看到什么，而是让人们感知到人们共同的和共通的认知，需要着力推敲的是共享的途径和方式，要运用各种媒介，各种吸引人、打动人的方式。方式对了，一首歌、一段舞、一幅画、一首诗词、一部文学作品，都会讲“中国故事”。

“一带一路”国策是“现在进行时”，只要我们多观察，多了解，在避免一头冷一头热一厢情愿的基础上，借助汉文化的渊源优势，依托“一带一路”沿线各国共有的汉文化，放低文化艺术身段，与各区域文化发展主动合作，共同塑造“一带一路”沿线各国文化结合体，逐步实现各参与国的“心手相连”，就能把地区间的经济、社会、文化交流提高到新的水平。

（原刊于《中国教育报》2015 年 10 月 9 日）

20
传统文化：从“有意思”到“有意味”

诗意盎然报春来。2017年春节期间，以古诗词为主题的电视节目《中国诗词大会》红遍大江南北。这档被誉为诗词界“饕餮盛宴”的节目宛如一股清流，让看腻了歌手选秀、明星综艺等娱乐节目的观众们耳目一新。“冷”知识在“热”背景中复活，深刻启示着我们：在这个喧嚣浮躁的年代，我们需弘扬优秀传统文化，坚定文化自信。

这档节目火爆异常，让人多多少少有些意外。实际上，老百姓对于古典诗词的喜爱，是一以贯之的，但需要用恰当的方式来进一步激活。诗词大会正是因为暗合了社会中本就潜藏着的了解传统文化的需求，将电视节目模式和诗词文化传播相结合，才成为所谓的“荧屏清流”。

从“关关雎鸠”的诗经泛起点点轻波涟漪，到“落月摇情满江树”“万紫千红总是春”的诗词惊艳、百花齐放，再到“江山代有才人出，各领风骚数百年”的迁客骚情，中华诗词文化绵延数千年却始终熠熠生辉。特别是随着近年来文化环境和文化传统得以逐步修复，出现诗词热是自然而然的现象。可以说，古典诗词的“热”，源于文化传统固有的“美”。

但也有人可能会疑惑：日常生活中我们已不使用文言文了，为什么还需要古典诗词？特别是在当前娱乐化和商业文化流行的语境下，应如何透过古诗词热的现象看待其本质，该怎样传承古诗词，让它富有当代性和生命力？这俨然已成为一个绕不开、躲不过的话题。

必须指出，对待古诗词的功效，不能直接采取实用主义的、功利化的态度；倡导古诗词的阅读、朗诵，更不是简单粗暴的“崇古”“复古”。中华文化源远流长，积淀着中华民族最深层的精神和追求，代表着中华民族独特的精神标识。从这个意义上讲，古典诗词是中国人的精神礼赞。守望“诗心”，守的是“诗”也是“心”，更是民族的“根”和“魂”，是实现中国梦的强大自信源泉。

当钢筋混凝土的厚重感逼迫着我们加快脚步奔跑，当《我是歌手》等综艺节目占据着屏幕太多的空间，我们更需要古典诗词的熏陶，需要它们在日常生活中的潜移默化。古典诗词凝聚了大量美好、文雅、高贵的文字，可以帮助我们克服在琐碎生活产生的焦虑和不安感，让我们能看到“诗和远方”。尽管时空相隔，但古诗文中蕴含的情感是贴近当下的。倾听古人的声音，触及前辈的思想，感悟圣哲的意境，这正是诗词大会所传递的正能量。

但优秀的精神文化仍需要良好的传承载体。《大学》有云：“苟日新，日日新，又日新。”文化的“年轻化”与文化发展的新社会环境、新创制模式紧密相关。《中国诗词大会》的成功，证明了“曲高”的古诗词也能引来大众的“应和”，关键是能否找到符合大众文化追求、生活节奏和欣赏偏好的方式，顺应传统文化的传播规律，创新传播形式。

因此，守望“诗心”，亦需做好传承与展望。传统诗词穿越时代而仍有浸润心灵、启迪人心的力量，不仅意味着需要让传统文化与现代生活更好对接，更意味着传播方式需要随着时代变迁而推陈出新，创造性地使之转为现代型，从而实现传统文化从“有意思”到“有意味”的文化认同升级。

（原刊于《中国教育报》2017年2月16日）

21 翻书刷屏两相宜

如今的世界是 Wi-Fi（无线网络）的世界，数码的世界，也是信息的世界，刷屏，刷的是信息的屏，读书，读的是信息的书。手机、iPad 俨然成了人的外挂器官，刷屏已经变为我们生活的一部分，并渐渐占据了我们生活的空余。我们每天都在虚拟与现实的时空中不断地穿梭和转换，有时候甚至到都不能自已的程度。

面对数字阅读浪潮的汹涌而至，有人忧心忡忡，担心网络阅读习惯会带入传统阅读，使人丧失阅读复杂深奥的内容的能力，让心灵更加浮躁、浅薄，无助于提高全社会的道德和精神水准。

不可否认，数字阅读在给广大读者带来便捷、带来全新体验的同时，的确存在“浅阅读”“碎片化阅读”等问题，容易使人形成一种惰性化的依赖，习惯于通过搜索、提问或者交互来获得知识碎片，不容易形成深度的、批判性的、理性化的、系统的知识体系，久而久之，对人们的知识体系、思维方式，以及理性思考能力、逻辑思维能力和判断能力都构成了挑战。

然而，如果就此否定数字阅读的积极作用就有失偏颇了。毕竟，数字阅读不但可以给人们带来大量的信息、知识和娱乐的内容，还具有快速、及时、交互、便携、成本低以及充分利用零碎时间的优点，让阅读变得随时随地，这对于营造浓厚的阅读氛围，无疑是一种正向力量。

有时候，刷屏是为了更好地读书。一方面，个人是渺小的，手大捂不过天来。作为阅读方式的一种新趋势，电子阅读、手机阅读等新的阅读方式虽让我们困惑、挑战我们的经验，但这是科技的进步，时代的必然。另一方面，“浅阅读”是轻松的、消遣式的。“深阅读”通常伴随更多的脑力付出。

“浅阅读”帮助人们发现兴趣点，可以成为“深阅读”的前奏。比如，你喜欢诗词，已经读了很多唐诗宋词、汉魏六朝的诗歌，而延伸阅读或提醒你再去读一些明清诗词，这个时候你会觉得这些东西更容易理解，更容易记住，原有的知识结构会帮助你接纳和吸收。

更多的时候，在“任务驱动”下，你会“误入藕花深处”，大有“不到园林怎知春色如许”的感慨。比如，我朋友圈中有易中天、张曼菱、刘醒龙、野夫和中国教育报的几位编辑，浏览他们的收藏和分享是我每天必做的功课，他们各自都有一个独特的世界，他们的眼光挑剔而敏锐，有了他们的把关，“美美与共”的气息随时扑面而来，总有一些益智而有趣的声画文字进入我的视野。这类声画文字多以自我化的故事、主观化的视角表达对人生的思考和感悟。文字逻辑不一定严密，但情绪丰富饱满；内容不一定深厚，但思考也许深刻；结构零散，随便拎一段都可以切入开读，忽忽地滚屏跳跃着读完也不会产生阅读障碍；而且行文流畅，文笔多半很牛掰。读完之后不一定记得读了些什么，但其中有些字句一定会在某种心境下触动内心某根神经。

再如，凤凰网有一《读药》栏目。有些书我年轻时读过，可如今，读书的成果只剩下一点，通过他人的述说，我不仅补回来少不更事贪多嚼不烂的遗憾，而且找回了那“巫山一片云”。读马尔克斯大约是我二十一二岁，说实话《百年孤独》我没有完全读懂，只觉得文字上和整个氛围上，给我如“黄河之水天上来”的震撼。通过“读药”，我对马尔克斯的感觉发生比较大的变化，对他那种特有的东西，那种你永远只有张大嘴吃惊的东西，有了新的认识，这种阅读体验，仍然清晰如昨。我仿佛也再次站到了马孔多村边的那条清澈的河边，这既是在时间的缝隙中回忆，也是在空间的一隅流连，我终于知道了《百年孤独》的来路。

的确，纸质书有着特殊的“厚重感”。捧上一本书，即便随便翻翻，手指触摸纸张的质感及纸墨散发出来特殊的香味，是任何屏幕也营造不出来的。这也许就是“纸质书阅读坚守者”拼命抵制“碎片化点击屏幕游戏派”的重要原因。然而，刷屏的好处亦不容忽视，刷屏为阅读提供了多种选择。毕竟，千个读者眼中就有千个哈姆雷特，有时候或许你爱不释手的书籍，他人会视若敝屣。再说，一张电子存储卡便能储存几千部书籍的内容，可节约数平方米书房，现在的房价多贵啊。

其实，不管是传统阅读还是数字阅读，都要带着思考去阅读，而且还要勤做笔记，这样才不会陷入“浅阅读”。无论哪种形式的阅读都是一种读书的方式而已，关键还是要看读书的人能不能真正读进去。换句话说，我们要善于扬长避短，把数字阅读与纸质阅读结合起来，让数字阅读由“轻”质变得“厚重”。数字阅读就完全可以与传统纸质阅读双轮驱动，“比翼齐飞”，翻书刷屏两相宜。

（原刊于《中国教育报》2017 年 5 月 15 日）

22
码字人的“书”事

潇湘文化老总罗建云出书了，春节期间他到麻城看望老丈人，顺便驱车到英山一聚，送给我两本。

我总认为，书送有缘人。这有缘人，就是真正喜欢它的人。我知道《人生四十》写得不错，他的文章，我以前读过，有情有感，他自己的介绍里也说，许多朋友都为他的文字感动，这也是他出书的动力。

这段时间，常听到出书。朋友就顺口问我一句，你出不？我自己也有点迷茫，似乎找不到出的理由。若说是为保存，中国教育报刊社《蒲公英评论》设有工作室，也足以保存。若说没一点想法，也不实际，然而，弄个书号出一堆书，却要靠友谊来买单，别说我没这么多朋友，就算有，我也于心不安。我若出书，我不希望自己的书多是朋友买。我不怀疑朋友的诚意，我只是不想用友谊支付，或者说是消费友谊。我愿意，那种喜欢是出自内心的呼应，不是友情的支持。所以，我一早就有这样的想法：不求人作序，也不给人作序。不向人索书，也不赠人书。

不给人作序，这很好理解，我有自知之明，没这水平。事实上，也不会有人要我作序，所以我这“想法”，其实没有现实意义，只是自以为是的可笑。不求人作序，是以己度人，作序如应酬，无话找话，总是不好，我替人难受。不向人索书，原因很简单：真的喜欢，自己买本就是。不赠人书，理由也一样。

曾有朋友说你出书，我准买一本。我说很感激，你若真喜欢，我在网上印一本给你得了。书山字海，多如牛毛，我常想，这些书里，有多少是出后就没多少人问津的？也曾一遍遍自问：我若是别人，会喜欢自己的东西么？我不敢肯定。但我很明白，也很理解，出书者的心态，这是人之常情。说是纪念也好，对自己有个交代也好，乐在其中，自然想有个留存。文章的归宿，就是一本书，就像家是我们的归宿一样，没有家，我们的生存意义何在？没有书，文章的意义何在？我祝福每位出书的人，也觉得这是很应该的事，有能力，为自己出一本书，真的好。

杜拉斯的《情人》开篇很感人，相信许多人都记得，一个男人走到“我”的面前，说他更喜欢我老去的面容——这景这味，感动了许多人，也让无数人向往；其实，叶芝在《当你老了》里早有类似的表达：“多少人迷恋过你昙花一现的倩影，爱过你的美貌，真心或假意，唯独一人曾爱你那朝圣者的心，爱你哀戚的脸上岁月的留痕”——我想，对于一个码字的人来说，最喜欢的就是出自真心的，发自内心的喜欢，哪怕你不买他一本书。我就是更渴望有这样的情景，有人轻轻地对我说：我喜欢你的东西。喜欢，是一个很美妙的词。真的喜欢，是一种性情的吸引，一种精神的呼应，超脱于好坏之上。

网络时代“晒”“摆”成了常态。不止一个朋友问过我：你的博客，你的微信，为什么没一条内容属于你自己？我说，我不习惯，我也没什么可晒。我写的东西，和现实关系很微，很个人，很私人，很情绪。明知不会有人看、有人注意，放在“窗口”上呈现给现实中的熟人，我有些害羞。再说，既无人看，何必惹尘？QQ空间如书房，我自得其乐。我也很少回复朋友圈，偶尔会看，但要我每次或常常点赞回复，我真没这个耐心，也觉得没这个必要。有时被感动，有时有共鸣，不一定有回复的冲动，就默默有感有思好了。我喜欢微笑着想“你”，品味“你”，“你”知不知，我不管。

当然，我这一丝念想，是这样微不足道，别人不察觉，或不以为意，都非常正常，也是常情。我自己也是常忽略了朋友的关心和好意。有朋友曾说，我的世界里只有自己，别人进不去。我不知道是不是这样，但我确实会为自己留一点空间，不是孤傲，不是隐瞒，是我想不受任何干扰，给自己一小块自由自在的自我小天地。有的人，以为精神很重要，精神当然重要，其实日常生活何尝不重要，你想进入一个人的精神世界，只要你真正融入他的生活中，他的精神中就有你的底色。精神类似灵魂出窍，无所依傍，多少有些虚渺，但生活的点滴琐碎，才多是精神的基础。这就是为什么不爱的天长地久，爱的却不能相容，就是因为精神是自留地，生活才是我们共同的真实。我在意真实。有句话叫情深不寿，我发现真有道理，情太深，人不理解，你深情如海，到哪找这么大一个心容纳？其实，我的理解不寿，不是命不长，不是情不长，而是“难”。都说刻骨铭心只有一次，之后总有欠缺，也是“不寿”的意思。

（原载于中国教育新闻网）

命运就是一个花皮小包袱

——《用文字捂暖教育生活》整理断想

（一）

这本书虽然说的是我求学从教的亲历碎片，但我整理起来并不流畅，难以一线串珠。我努力地挖掘记忆的冰河，打破尘封多年的坚冰，那恍如隔世的岁月，几乎已经被我忘得干干净净。这遗忘有两个因素，一方面是时光的冲刷；另一方面是那个年代和现在迥然不同的面貌，这种不同竟然让我有一丝怀疑：自己真的曾经生活在那样一个时代吗？就像一个朋友说的，在80后也开始怀旧的时候，60后只能叫怀古了。所以，我想拨开时光的迷雾，找出60后风尘仆仆的样子，以此，献给我们的时代，献给我们的60后。

我们这一代人非常晚熟，因为每当自以为成熟了，命运就向我们扔过来一个内容叵测的花皮小包袱，你打开了，才知道命运这次给你的又是什么？从懵懂年少，到而立、不惑、天命，我们一刻不停地学习，一刻不停地进步，但对于命运的花皮小包袱，还是疲于奔命、应接不暇。我们不能和50后比深刻，不能和70后、80后比新潮。我们小时候跟在50后屁股后面学写大字报，学着闹革命。成年了，又跟着70后混舞厅，蹦迪斯科。成家立业了，又跟80后抢电脑、学上网。我们60后这一代，在生育高峰时来到这个世界，不但要面临僧多粥少的生活困境，还要面对一浪接着一浪打来的社会巨变。我们按捺住不解、迷惑和无奈，奋力追赶着时代的脚步，哪怕一个跟斗接着一个跟斗，站起来，拍拍身上的土，精神抖擞地继续追赶大部队。我们不敢说累，因为前有苦大仇深50后，后有年富力强70后，命运把我们放在一个尴尬而严峻的地方：我们不甘心老是听《英雄赞歌》，偶尔也爱唱《菊花台》；我们假装很会品尝洋酒，但其实我们从小连零食都没得吃。我们要表现得很in，因为我们不能让80后和90后说：你out了！我们60后，带着被命运锻炼出来的阿Q精神，在生活的齿轮中寻找着属于自己的一个舒服的夹缝，顽强而执着地创造着属于我们的幸福明天。

回顾我的大半生，踉踉跄跄一路走来，似乎一直没有停止过变化，粉碎

“四人帮”的游行锣鼓犹在耳畔，麦当劳、肯德基的香味就已经扑面而来。蓦然回首，我们已是人到中年，半生的沧桑巨变偷换了流年浮生，站在大厦的顶层，阳光温暖地照耀在肩头，天地间飘荡着《草原上升起不落的太阳》的歌声，我们的童年，穿着打补丁的裤子、的确良的上衣，当领带不再新潮，皮草陡然风行，不知今昔是何年？

（二）

不时听到有人说，写作是多么辛苦的一件事，每次听到这样的话，我都不由一怔，感到无从应答。我既无法说是，也无法说不是。

一方面，一个没有写作习惯或者说一个语用能力比较平庸的人，他认为“没有那么多写的”，每一年职称评审难免有熟人或同事找我给他评审材料“把把关”，有老师就嘀咕：“那么多人你最终不都是三碗萝卜、萝卜三碗吗？”其实只要“量身定做”，怎么可能是雷同的呢？他所理解的极限，对于一个语用能力较好的人来说，只不过是登山的起点。另一方面，一个整天靠刷屏而获取信息的浅阅读者，天长日久与一个爱好经典纸媒品读之人是有差别的，这在日常生活中就见颜色，比如我的某篇文字，有同事偶尔读过跟我咋呼：哎呀，那篇文字是你写的还是转载的啊？在他看来他是写不出来的，因为几十年来他没有“千淘万漉”，自然就不会“吹尽狂沙始到金”了。

对我来说，通常一篇文章写完初稿之后，需要扎扎实实修改两遍，第二稿是往纵深走，做出起伏；第三稿是去除瑕疵，尽力做到逻辑自恰、首尾呼应。这还没有完，之后至少还要修改三五遍，这三五遍或许才可以叫做“润色”。我的体会是，写作是非常耗费时间的，尤其是言论，经常是写一稿就得两三个小时，除了鲜明富有特色的观点，围绕教育现象就“事”说“理”，尽可能在学理性分析的基础上推导出“正确的结论”，一篇好言论修改数次很正常。

我经常开玩笑说：“写，让我变成了一条猎狗，瞪大眼睛看世界，张开鼻孔嗅四周，竖起耳朵听动静。干什么呀？搜寻生活中的真、善、美呀！”是的，写，让我读书有了动力——看看别人是怎样看待教育、教学的？别人是怎样做的？别人是怎样研究学生的？别人又是怎样写的？读与写是“洗洁剂”，能够洗去自己头脑中的污垢；读与写也是“充电器”，不断为自己的大脑注入新的理念和动力。

总之，读与写是我教育、教学不断进步的双翼。读与写的过程，是不断肯定自己、激励自己的过程，同时也是不断反省自己、否定自己的过程。在这样一个往复循环的过程中，让自己的实践有了智慧，有了理性。

感谢读、写的习惯。它充实了我的人生，成就了我的事业，并且让我的人生留下一个一个脚印。过去的事情，用文字凝固下来，才会成为“永久”。不写出来，终究只是一种记忆，而记忆大多不能长久，一旦消失了，也就找不回来了。

人应当有追求，有抱负。虽然不一定都能如愿以偿，但为实现理想而付出，一定会收获充盈。这样，至少对得起生我养我的父母，对得起教育我并寄希望于我的老师。

我的文章不是在书斋里写出来的，而是做出来的。

我写的，都是我的故事，我的经验、体会与感受。没有拾人牙慧，更没有抄袭。偶尔引用别人的话，是因为他说得对，引起了我的共鸣，或用来佐证自己的观点，增加说服力而已。

作为一位教师，必须把工作做好，课上好，否则写什么？还要会思考、会感受，少了这一条也不行。没有“消化生活的胃”，对所从事的工作就不会有深切的体察和深刻的认识，就概括不出规律性的东西。

教育的理论是古老的理论。我只不过是用孔子、苏格拉底等中外教育家的理论演绎自己的故事罢了。我很卖力，很勤奋，因为我总想做个学生喜欢的老师，不能愧对学生以及他们身后的家长。

但，做到这一点不容易。我不断告诫自己：不要忘记自己曾经是孩子。一想到孩提时的我，我对学生就会多一分尊重、理解和宽容。我会向学生交出这样一张“名片”——微笑，下面书写着三个关键词：尊重、理解、宽容。“名片”的反面写着两个大字：负责，下面也书写了三个关键词：严格、认真、耐心。

由此，我有了许多故事和体悟，写的习惯让我把它们形诸文字；于是，有了这本书。

博学者的引领（代后记）

余生于农家，性本愚拙，少时未承庭训，不知书香，7岁入学前确实不识几字，未读一书，但上学后“白日依山尽”好像还听长兄讲过。由于学的是文科专业，以教书为业，便免不了偏爱清词丽句、美文佳作。及至为父教子，还是自“白日依山尽”始，再加上“床前明月光”“远看山有色”，延及“昔我往矣”“蒹葭苍苍”。其间失意迷茫、颠踬蹭蹬之时，也曾想去点文气、书生气，长点霸气、江湖气，但是做不来，更做不到。

回想自己成长的经历，每一次进步似乎都有上苍的格外眷顾，赐予我与博学者同行的机会。刚毕业的时候，在一所中学代课，与一名师住在同一溜平房，常在一起神侃，说得准确一点，主要是听他侃。他的阅读面非常广，且有超强的记忆力，读过的书信“口”拈来，很多时候令我想起了唐代的“两脚书橱”李善和当代的钱锺书。他好读书又不尽信书，每有己见，常有文章在《人民文学》和《名作欣赏》上发表。可惜，仅仅两年他便调回了省城。幸乎！得益于他的影响，我读书而能思考，思考而能动笔，就是从那时起步的。

后来由乡村到县城，与彭衍胜、张鹏、郑烈山等博学的老师成为同事。从原职业中学的初中部到实验中学，我们一“同”便是二十几年。他们的聪慧让我羡慕，他们的勤奋更令我感动。我常想，一个“功成名就”的人就不必要对自己下手太狠了吧。但他们偏偏就是有点“自虐”的人。记得在老二中时，我们都还过着没有空调的日子。夏日炎炎，伏案码字，可不是件轻松的活儿。但在自己的“蜗居”，他们常常赤膊上阵，也就顾不得什么“斯文”了。他们的一篇又一篇论文、一本又一本专著大多就是心血与汗水流出来的。他们评人物，针砭时事，谈诗，谈文，谈掌故，信马由缰，与他们一起是我教书生涯中极富情味又格外受益的一段体验。

1996年后，业余时间里我成为英语周报社席玉虎社长麾下一卒，自此眼前展开了一片更加广阔的天地。当年代课期间席玉虎与我同为英语画刊社的专栏作者，他小我近两岁，但从求学的角度讲，属于学兄级别。当年他瘦得像麻秆似的，10年少见，发福得已成气象。与身材俱进的是他的学识与名头。经由席玉虎介绍，我结识了他的一大批专家学者朋友，从他们那里领略到了别样风光，文笔的土壤从此变得特别肥沃。

流光如同显影液，把生命深处那些隽永的意味一层层显示出来，渐次清晰，它们静默而执拗地排列在那里，让人恍然明白了关于自己的一些谜底。与凤凰同飞，必是俊鸟；与虎狼同行，必是猛兽！能走多远，看你与谁同行。人抬人抬出伟人，僧抬僧抬出高僧！我既不聪慧，也无深厚学养，如果说在术业上也有所进步，那都是受惠于前述博学者的结果。

光阴似箭，往事如烟。大惑方织，天命已到，回首前尘，不胜唏嘘。平心而论，浮沉于风云际会的大时代，我唯有满足满意、感恩感谢。我深感自己用心不专、用力不够，德之未修、业之未精，愧对亲朋、有负自身，这在一些篇什中有所表达。但既已走过、自难追回，唯有面对和接受。

近年来，文化快餐几乎渗透到人们生活的每个罅隙，成为你追我赶的“狂欢”。另一种热闹来自老牌文化讲座类节目的新生，“学术超男”“学术超女”一讲成名，不断上演着一幕幕“一夜成名”的神话，也刺激着大众的神经。对“成功”“成名”“暴发”“速成”的追逐，不断使人们的内心焦灼不安。在这样高速运转的转型社会之中，很多人偏离了既有的生活轨道，人生旅途的行囊中平添了几多焦虑、迷茫与失落。人们开始回望历史，打量传统，期望以此寻找来时的路，重拾内心的安宁。除了浮光掠影的娱乐消遣，我们更需要通过阅读来涤荡灵魂、品味情感、拓展思想维度；除了纷繁的快餐读物，我们还需要历经时光淬砺的经典著作、闪现睿智火花的时代精品。我便是其中最为热切的追逐者，虽然这条路上有些冷清，同行者寥寥，但《用文字捂暖教育生活》并不孤独，因为温暖她的，是“天下杏坛”的梦想恢宏。

今年又是暖冬，少有风雪。脉脉的阳光柔柔地透过严寒的包裹，清冷不失灵动，肃杀亦乏凌厉，像极了任性的女人，却让我催生出对人性的信赖和托付，我的随笔几经修改，暖阳下也增添了些许荡漾的余香。

段　伟

2013 年冬于黄冈